LA LEY DEL AMOR

& Su Fabulosa Frecuencia de Libertad

Derechos de autor de Self Empowerment Academy Pty Ltd

LA LEY DEL AMOR
& Su Fabulosa Frecuencia de Libertad

Editado por Jasmuheen y The Self Empowerment Academy
PO Box 1754, Buderim, QLD, 4556, Australia

Primera Publicación – enero 2005

ISBN: 978-1-876341-80-0

http://www.selfempowermentacademy.com.au
http://www.embassyofpeace.net/
& http://www.jasmuheen.com/

Book editado el 22-01-2005

Ilustración de la portada "Tao Transmissions"– acrílico sobre lienzo por Jasmuheen 2004
Pintura 'cosmificada' por Tommy en http://www.lightandcolor.org/jasmuheen-art/

Verso Sagrado Agni al comienzo de cada capítulo escrito por Eltrayan.

Traducido al español por Natalia M. Balaban

Dedicado

a los
buscadores de milagros
y a los
creadores de milagros
de nuestro mundo.

Actualización e Introducción

Tu voz interior te avisa claramente,
Una búsqueda de respuestas comienza nuevamente,
Es la mañana de la alquimia de la mente.

En muchas culturas y religiones abundan historias sobre seres que tienen gran sabiduría, amor ilimitado y poderes milagrosos, que van desde los ocho inmortales del taoísmo, hasta las hazañas de Buddha y las revelaciones de Mahoma y Cristo. Estas son solo algunas de las muchas maravillosas personas cuyas historias se pueden conocer fácilmente.

Algunos pueden creer que los poderes milagrosos están restringidos a unos pocos elegidos, que solamente ciertos individuos pre-elegidos pueden alzarse por encima del status quo y demostrar la libertad que viene de vivir la Ley del Amor. Esta es en sí es una creencia destinada a preservar la limitación, pues nuestra única limitación es la propia mente.

Algunos podrán decir que lo que propongo en este libro es imposible o milagroso. Otros podrán decir que todo esto desafía a las leyes de la naturaleza, pero eso es precisamente lo que los milagros hacen: actúan más allá de las leyes científicas *conocidas*. Sin embargo, se olvidan de que las leyes naturales y las leyes científicas están gobernadas por la Ley del Amor.

Durante mucho tiempo, me encontré a mí misma andando entre mundos, experimentando regalos de los reinos más sutiles, suficientes para saber que la Libertad es más que solamente una canción del corazón, y que al igual que el río de Gracia, la Libertad nos da pulso y ritmo en la sangre, un ritmo que baila en nuestra alma, un ritmo que, al liberarse, nos lleva a un estado de Ser ilimitado.

Como una persona metafísica he adherido a la teoría de que los elementos de los campos pueden entrelazarse en un ritmo tan armonioso y perfecto que el tiempo, la edad, la muerte y las limitaciones se suspenden y se reemplazan por el auto-rejuvenecedor río del ahora. De que existe un sitio de estar y un sitio de sentir, donde se puede presenciar y experimentar el verdadero Tantra del Tao, donde uno puede enriquecerse al enriquecerse este Tantra también, un sitio en el que, como observadores, podemos reconocer, experimentar y hasta crear milagros. También descubrí en este viaje que los milagros pertenecen al campo de la ciencia y que nuestra capacidad para reconocer esto está ligada a nuestra capacidad de comprender la Ley del Amor.

Para el Chamán de nuestro mundo, el arte de mover energía es el arte de la transformación lo cual podemos aplicar a nosotros mismos y a nuestras comunidades. Transformar la energía para que co-existamos en armonía mientras tratamos de alcanzar nuestro más alto potencial es el arte de crear un presente y un futuro más brillantes. Es el arte de alcanzar la libertad.

Cuando me inspiré para empezar a escribir *La Ley del Amor,* no tenía idea de que también me enfocaría en el arte de la transformación chamánica. Pero cuando leí el libro de John Perkins *Transformación: Técnicas para la transformación global y personal (Shapeshifting: Techniques for Global and Personal Transformation)* entendí, que muchos metafísicos ahora están enfocados justamente en eso – en encontrar y aplicar personalmente herramientas para la transformación personal y global y luego compartir esas herramientas. Naturalmente, todos lo hacemos a nuestro propio modo guiados por códigos pre-establecidos, que nos inspiran para alcanzar ciertas cosas. Mi viaje con la transformación se enfocó principalmente en la *Nutrición Divina* ya que, como hemos compartido en el manual *Nutrición Divina – El Alimento de los Dioses (The Food of Gods),* todos tenemos hambre de algo – amor, riqueza, sabiduría, paz, libertad o iluminación; la lista del hambre humana no tiene fin y, afortunadamente, hay maneras de satisfacerlas todas.

El tercer libro en la serie Nutrición Divina, *El Alimento de los Dioses,* ofrece métodos simples para saciar todas nuestras hambres. Por eso, cuando terminaba de escribirlo tenía la esperanza de que sería el último que querría escribir sobre este tema. Sin embargo, parece que siempre hay algo más y que estoy a punto de alcanzar otro nivel de iniciación personal que mi alma me está invitando a registrar.

En este viaje en el que compartimos nuestra investigación en los campos de la Nutrición Divina, continuamente encuentro personas que anhelan ser libres. Algunos quieren la Libertad de la necesidad de envejecer o morir, o la Libertad de la necesidad de enfermarse o incluso de comer, beber o dormir. Otros desean la Libertad para controlar las moléculas de nuestros cuerpos para que el universo nos ayude en un río ilimitado de sincronicidad, alegría y Gracia. Presenciar la formación de estas libertades muchas veces se llama un milagro.

En *Nutrición Divina* escribí que este tipo de libertad es lo que llamo el Nivel 3 en el programa de la Nutrición Divina, un nivel en el que sabemos cómo liberar suficiente Amor a través de nuestro sistema para que todo entre en un estado milagroso de equilibrio y armonía perfecta.

El baile de la Libertad es complejo hasta que comprendamos, no solamente la ciencia de los campos, sino también la forma en que el universo está programado para reconocernos y responder a todos nosotros. Cuando comprendamos esto, se nos revelarán puertas de posibilidades infinitas y se abrirán para que entremos y exploremos.

Este libro, entonces, será mi viaje a través de estas puertas; un viaje a lo que Buddha llama el País Puro, a lo que otros llaman Shamballa. Algunos podrán inspirarse a acompañarme en este viaje, si al leer estas páginas algo en ti responde con entusiasmo, porque quizás esto es parte de tu viaje también. Si es así, por favor ten en cuenta, que no deberías probar algunos aspectos de este viaje hasta que hayas entendido y aplicado los principios y meditaciones de nuestros otros manuales y hasta que hayas confirmado que estás dentro del área de calibración para hacer esto de una manera segura[1].

Algunas personas podrán ver este nivel de libertad como una elección de un estilo de vida restrictivo, porque hay ciertas acciones que se deben realizar y mantener a fin de manifestar estas libertades; para otras, este nivel de libertad abre puertas hasta ahora inimaginables, cuyo acceso otorga recompensas sublimes. Yo llamo a estas personas buscadores de milagros.

---

[1] Estos manuales se pueden encontrar en http://www.jasmuheen.com/books-mp3s/

Con el curso de este viaje, me encontré constantemente descargando información de *Mente Universal* (*Universal Mind*). Una vez que acepté el título *"La Ley del Amor"* y la idea de Sus libertades, fue como si una puerta se abriera y mis sueños y meditaciones se inundaran de golpe de información – información sobre el destino, sobre cómo podemos encontrar la libertad, cómo abrazarla, realizarla o dejarnos de lado a nosotros mismos, información y herramientas para alcanzar la verdadera libertad, datos y visiones sobre el Chamán transformador, información sobre cómo crear milagros y cómo aplicarlos a nuestro mundo, e incluso datos sobre la profecía y la encrucijada de la elección. También tuve una guía para resumir todas las herramientas de libertad que ofrecimos en nuestros manuales en la Academia durante los últimos años, y para ofrecer estas herramientas en la Parte 2, junto con las herramientas que obtuve durante un retiro de un mes en el que participé con Maestros Taoístas en Tailandia.

Finalmente, cuando este libro estuvo terminado, era hora de hacer una gira otra vez, pero mi voz interior me aconsejaba no publicarlo hasta después de mi gira. Normalmente, publicaría un libro antes de hacer la gira para enseñar sus principios; pero una voz interior me decía una y otra vez: "Espera, aún hay más." Este "más" me llegó como una maravillosa herramienta de confirmación, en forma del libro de David Hawkins *Poder vs. Fuerza* (*Power vs. Force*), para dar un poderoso modelo de seguridad a lo que proponemos dentro del aspecto de la agenda de la libertad de no comer y no beber y ofrecemos este mecanismo de prueba como un "posdata" al final del manual.

Y así, una vez más, este libro, como todos los libros que descargo, ha desarrollado una vida y un sabor único para sí mismo. Lo único que puedo hacer cuando se publique es confiar en que encuentre su espacio de relevancia dentro de nuestro mundo, que se está transformando constantemente. – Namaste Jasmuheen.

Índice

PARTE 1 – LA LEY DEL AMOR

Capítulo 1 – La Ley del Amor y La Vida de los Milagros

Todos los milagros nacen del amor,
Un refinamiento radiante que llega desde arriba,
El mensajero es una paloma blanca en su color.

En el siglo 7 D.C. nació en China una niña llamada Ho Hsien–Ku. Se dice que cuando tenía 14 años, se volvió inmortal tras conocer a Lu Tung-Pin, un Taoísta Inmortal que le enseñó los secretos de la alquimia interior. Luego de pasar tiempo con la gran Diosa China Hsi Wang Mu, Ho Hsien-Ku fue capaz de nutrirse solamente del rocío celestial y la omnipresente fuerza chi. Ella era capaz de materializarse y desmaterializarse según su voluntad y aquellos puros de corazón podían verla flotando sobre arcoíris. Ella se hace presente a los virtuosos y los inocentes y a las personas oprimidas que necesitan intervención divina. Ahora tiene más de 1.400 años.

La historia de Ho Hsien-Ku, ¿Es real o es ficción? ¿Es un milagro o una metáfora?
Quizás es solamente una leyenda que, como muchas otras fue creada para expandir nuestra imaginación y abrirnos a campos de posibilidades más fantásticos. Quizás estos son los atributos que obtenemos cuando comprendemos la Ley del Amor por completo.

A fines del 2002 me encontraba en el camino de la elección, un sitio donde sabes intuitivamente que estás a punto de cambiar la marcha e ir en otra dirección.
Para algunos, este es un lugar escalofriante.
Para otros es emocionante.
Para mí era intrigante.
Sabía que finalmente había terminado una década intensa en que todas las fuerzas astrológicas que trabajaban conmigo me habían apoyado para lanzar al escenario global el programa de la Nutrición Divina. También sabía que un nuevo capítulo en mi viaje estaba por empezar.
En un nivel, mi viaje personal para expandir mis propios límites había sido limitado porque me había llevado casi 11 años explorar y adaptarme al juego de Libertad de "no comer y no dormir" y llevar todas nuestras investigaciones personales y experimentales al escenario global y presentarlo de una manera en que otras personas pudieran captar el milagro de todo esto. Aquí hemos juntado miles de personas con un pensamiento similar, buscadores de

Libertad como yo que son activos en el juego de buscar o hacer milagros.

A veces avancé tres pasos para luego retroceder dos mientras aprendía el funcionamiento de los campos y el modo de utilizar sus flujos de energía interior y exterior para alcanzar mi máximo potencial y disfrutar del estado de Éxtasis Canónico. Todo esto ha sido inestimable. Aun así, 11 años es mucho tiempo para explorar algo en profundidad, para vivirlo, para manejar las repercusiones de la elección y también para proporcionar suficiente información educativa para ser libre de la ignorancia y sus miedos.

No ha sido un camino fácil, porque no había manuales para leer, ni directrices establecidas para seguir, ni reglas obvias, hasta que finalmente entendimos la ciencia de los campos, que significa entender como el flujo de energía dentro y alrededor de nosotros puede ser alterado a través de nuestra voluntad, nuestro pensamiento y nuestra acción. Se dice que la ciencia aparece cuando un modelo puede duplicarse y repetirse; entonces, si se descubre que los milagros se basan en un modelo, estos también pueden repetirse y ser entendidos como ciencia.

En un sentido metafísico, en este manual hablaremos sobre una forma de transformación Chamánica, que está basada en la realidad de que cada biosistema humano está dirigido por códigos de ADN divinos, que nos guían hacia la Libertad. Estos códigos forman parte de nuestra naturaleza, que nuestra cultura y nuestra experiencia humana cíclica parecen haber ignorado y escondido, cubriendo los códigos de Libertad que están en lo profundo dentro de nuestro ser, donde permanecen dormidos hasta que pedimos más. Y al pedir, algo cambia para dar a luz a los buscadores de milagros, quienes son impulsados a recordar estos códigos.

Hay cosas que algunas personas aceptan como normales – como la guerra y las enfermedades – mientras otros las ven como innecesarias, como anomalías en el campo, cosas que pueden ser re-sintonizadas a través de la transformación de la energía a un pulso más armonioso.

Aun así, para tener armonía externa tenemos que tener armonía interna; así fue que a fines de 2002 sentí el llamado a reorganizar mi vida externa para que mi vida interna pudiese alcanzar otro nivel de armonía, que traería un nuevo nivel de libertad a mi mundo.

Todo lo que podía sentir mientras reorganizaba mi vida era esta abrumadora necesidad de libertad, particularmente para explorar más de los niveles interiores y del reino infinito de Aquel, que respira y me da vida, Aquel que yo llamo mi SDI. Todo lo que escuchaba era una voz interior que me guiaba a explorar más de la Ley del Amor. Entonces escuché y empecé un nuevo capítulo como observadora y bailarina de la Ley del Amor.

Hace más o menos una década, cuando estaba escribiendo el libro *Resonancia (In Resonance)*, fui guiada a investigar y a añadir un capítulo sobre las Leyes Universales, de las cuales conocí aproximadamente veintiocho. Lo que también descubrí es que todas estas Leyes eran expresiones sutiles o refinadas de la Ley de la Unidad – que establece que todo está interconectado y por lo tanto todas las partes se relacionan entre sí y lo que afecta a una parte, afecta a todo.

Lo que impulsa o alimenta la Ley de la Unidad es la Ley del Amor.

La Ley del Amor establece que toda la vida, todos los átomos, todas las moléculas, todos los campos de energía nacieron gracias al Amor de la fuerza original de creación. También establece que cuando tratamos a la vida con amor, honor y respeto como si

fuera parte de nosotros, la Ley del Amor nos atraerá hacia Su río de Gracia y nos abrazará de vuelta hacia Sí misma como uno de los Suyos.

La Ley del Amor encuentra a los buscadores de milagros y Su Gracia nos enseña cómo reconocerlos y disfrutarlos y también cómo crearlos. Y cuando experimentamos estos milagros nos encontramos a nosotros mismos ya perfectos y libres.

Según la Enciclopedia Católica, los milagros son maravillas llevadas a cabo por poderes supernaturales, una seña o expresión de un don especial, explícitamente asignado a Dios. La palabra "milagro" deriva de la palabra latina 'miracula', y el presenciarlos genera asombro o emoción porque el acto se percibe como proveniente de la Gracia Divina.

Algunos dicen que la maravilla de un milagro está en el hecho de que su causa está oculta y su efecto es inesperado, y por lo tanto es algo extraordinario. Para mi hay expresiones de milagros grandes y pequeños por todo nuestro alrededor. Ambos tipos de milagros, grandes y pequeños, pueden poner al observador en un estado de "¡guau, esto es increíble!", un estado de apreciación y asombro, en el que nuestro corazón se emociona y se abre. Observar el nacimiento de un niño es como observar el nacimiento de un milagro; observar la salida y la puesta del sol cada día y los colores que irradia mágicamente en el cielo, es para mí un pequeño milagro, explicado por la ciencia, sí, parte de la naturaleza, sí, pero aun así merecedor de nuestras alabanzas y apreciación.

La vida para mí, incluso la parte científica, es un milagro. Nuestra información genética y nuestro potencial para expresiones más altas; la manera en que los átomos y las moléculas se mueven a través del espacio y del tiempo para proporcionar esta información. La profundidad y variedad de emociones que podemos alcanzar; nuestra capacidad ilimitada de pensar, junto con las herramientas para manifestar lo que nuestro corazón desea. Todo el mecanismo humano es, para mí, un milagro de expresión divina, especialmente cuando empezamos nuestro viaje para descubrir qué más está encerrado dentro de nosotros.

El camino de la libertad y los regalos que revelan la adherencia a la Ley del Amor a menudo pueden considerarse milagrosos.

- ¿Es un gran milagro algo que, aún inexplicado, parece expresar una conexión más alta, más divina?
- Si es así, cada ser humano tiene dentro de sí mismo grandes milagros esperando su expresión.
- ¿Qué pasa si cada gran milagro puede ser explicado?
- Entonces simplemente se convierte en la ciencia de la vida, un proceso que quizás está gobernado por algo tan básico como la Ley del Amor.

En los tiempos de Cristo se creía que el agua se transformaba en vino, que barras de pan se multiplicaban para que una barra pudiese alimentar a una multitud, que se curaba a los enfermos y que los creyentes resucitaban. Todos estos eran considerados grandes milagros y no fue sino hasta que Jesús empezó a realizarlos, que la grandeza de él empezó a notarse. No eran solamente sus palabras las que tocaban los corazones de sus seguidores, sino también sus hazañas 'milagrosas'; pero ¿Eran realmente milagros o eran solamente ejemplos de cómo las fuerzas universales responden a alguien que se ha anclado en el corazón de la compasión y del amor?

En el mundo metafísico, las moléculas de materia existen gracias a la Ley del Amor y son programadas para responder a esta ley, por lo que se les puede ordenar o se las puede invitar a reorganizarse en una infinidad de maneras. El Agua puede reunir los elementos de la atmósfera a su alrededor y, cambiando la mezcla energética de estos elementos, puede transformarse en vino. Una barra de pan puede duplicarse usando esos mismos elementos. Ambos actos necesitan ser dirigidos por un poder que tiene gran fe en su propio dominio para crear cosas semejantes, un poder consciente de la Ley del Amor y que vive según ella.

La pregunta no es tanto "¿Cómo es que ocurren estos milagros?", sino ¿Por qué hemos olvidado cómo trabajar de esta manera? Recuerda como Jesús decía en el Evangelio de Mateo: "Las cosas que hago, vosotros haréis e incluso mayores".

¿La habilidad de hacer esto está restringida únicamente a quienes poseen antiguos conocimientos secretos o al Chamán transformador de nuestro mundo?

¿Qué necesitan las moléculas y los átomos de un sistema biológico humano para reorganizarse o liberar una mezcla diferente de elementos? Una mezcla de aire, tierra, fuego, agua, luz astral, akasha y fuego cósmico – una mezcla de siete elementos que gobiernan nuestra existencia, una mezcla que puede reorganizarse dentro de nosotros para producir lo que parecen ser milagros. Toda la vida está compuesta de estos elementos y todos los elementos tienen consciencia; todos nacen gracias a la Ley del Amor y responden a ella. Trataremos el cómo y el por qué de todo más adelante en el libro, mientras nos transformamos y alcanzamos un nivel del ser más libre.

Los milagros tienen una vida que puede activarse, tienen un propósito y tienen un tiempo. Tienen un camino de desenvolvimiento, y la forma en que este camino se desencadena está en cada átomo, en el núcleo de la consciencia que le permite existir, una consciencia que configura un ADN divino, impulsado por la matemática de la Ley del Amor.

Y así empecé el año 2003 viviendo en un hermoso departamento en la costa, que se había convertido en mi propio ashram, un espacio sagrado, que reverberaba con niveles de armonía increíbles y que demostraba el poder del amor en acción. Amor propio significa escuchar la voz de nuestro SDI, aplicando sus consejos y confiando en que cualquier transformación que tengamos es perfecta para nosotros. Y así empezó un nuevo periodo en mi vida.

LA LEY DEL AMOR

La Ley del Amor establece que toda la vida, todos los átomos, todas las moléculas, todos los campos de energía nacieron gracias al Amor de la fuerza original de creación. También establece que cuando tratamos a la vida con amor, honor y respeto como si fuera parte de nosotros, la Ley del Amor nos atraerá hacia Su río de Gracia y nos abrazará de vuelta hacia Sí misma como uno de los Suyos.

La Ley del Amor encuentra a los buscadores de milagros y Su Gracia nos enseña como reconocerlos y disfrutarlos y cómo crearlos. Y cuando experimentamos estos milagros nos encontramos a nosotros mismos ya perfectos y también libres.

Según la Enciclopedia Católica, los milagros son maravillas llevadas a cabo por poderes supernaturales, una seña o expresión de un don especial, explícitamente asignado a Dios. La palabra "milagro" deriva de la palabra latina 'miracula', y el presenciar milagros genera asombro o emoción porque el acto se percibe como proveniente de la Gracia Divina.

LA GRACIA ES UNA SEÑAL DE QUE ESTAMOS
EN LÍNEA CON LA LEY DEL AMOR.

Capítulo 2 – Devotos del SDI [Ser Divino Interior] [DOW – Divine One Within] y del Sincro-destino

Saborea lo soso, realza lo pequeño,
Para poder ver por encima del muro del jardín,
Tienes que estirarte y en lo alto sobresalir.

En el siglo 11 D.C. había una Emperatriz Sung, que tenía dos hermanos. Uno de ellos era un hedonista asesino y el otro se hizo un buscador del Tao. Su nombre era Tsao Kuo-Chiu. Un día cuando deambulaba en las montañas, Tsao se encontró con dos de los ocho inmortales – Chung-Li y Lu Tung-Pin – que le preguntaron qué estaba haciendo. Les explico que estaba buscando el Tao y estudiando el camino hacia él. Cuando uno de ellos le pregunto dónde estaba el Tao, Tsao señaló al cielo; cuando le preguntaron dónde estaba el cielo, Tsao Ku-Chiu señaló su corazón.

Ante esto, Chung-Li sonrió con alegría y dijo:

"El corazón es el cielo y el cielo es el Tao. Has encontrado la verdad y el camino. Has comprendido el origen de las cosas."

Entonces invitaron a Tsao Ku-Chiu a viajar con los inmortales y a que se les uniera en el viaje a través del universo. Se dice que Tsao Ku-Chiu todavía vive hoy.

¿Fue una coincidencia lo que unió a este trío?

¿Fue el destino?

¿O fue simplemente una respuesta del universo a la vida que Tsao estaba eligiendo, una vida que lo hizo inclinarse hacia a la esfera de los inmortales, lo suficiente para que estos lo notaran?

Cuando empecé mi vida de ashram en la playa, me sentía como una monja célibe puesto que mi único deseo era explorar los campos del silencio interior. Después de años viajando entre una multitud de curiosos, comprensivos y escépticos, la soledad se hizo mi amiga y mi alimento. Parecía que todo era perfecto, completo, que ya me había encargado de todo y que ahora estaba de vacaciones; y que en este espacio ya nada era real. A medida que me desenganchaba poco a poco de mi juego mundano, de mi persona global y de mi afición al trabajo, me encontré a mí misma en un vacío que yo misma había creado. En lugar de trabajar

22 horas al día, arreglándome a consciencia y descargando información de la mente Universal, me desprendí de todo; de todos los hábitos, de todos los programas, de la concentración y comencé a habitar un vacío creado por mí misma.

Como si sintiera que necesitaba desengancharme también de mi ocupada agenda de servicio, se cerraron también mis conexiones telepáticas como si hubiese colgado un cartel de "Cerrado por vacaciones" en las puertas de mi mundo interior, que normalmente dejaba abierto para mis colegas cósmicos.

El silencio y la soledad eran liberadores; así empecé a entrar en un espacio de una quietud tal que todo lo que podía sentir era la apreciación por la belleza de la playa natural que me rodeaba.

Después de 30 años viviendo en ciudades contaminadas y viajando a otras iguales, en las que la transformación normal de los campos se volvía habitual, la vida en la playa me pareció una bendición. Las caminatas diarias sobre arena blanca al amanecer o al atardecer, con agua cálida lamiendo mis pies, eran uno de los regalos más grandiosos que me hice a mí misma; al pasar el tiempo empecé a ver la alimentación de una manera totalmente diferente y así nació el libro *Nutrición Divina*.

En la quietud de mi nueva vida, no fue difícil explorar la naturaleza en un nivel más profundo, y pude sentir y ver el prana en acción. Cuanto más profundo buceaba en el mundo natural de mi DI, más podía sentir y ver Ley del Amor en acción.

La apreciación dio lugar a la gratitud, y esto profundizó mi devoción. Muy pronto, lo único que se veía real para mí era la sonrisa de mi SDI.

Para el devoto del Ser Divino Interior – nuestro SDI – las sonrisas del SDI son una de las evidencias físicas más sólidas de nuestra alineación perfecta con la fuerza que nos hace respirar. Una sonrisa del SDI siempre empieza en el corazón. Comienza como una sensación de felicidad que llega a estremecer, o como una alegría profunda, o simplemente como una sensación de 'estar bien'. Este sentimiento inunda el corazón, trepa por nuestro pecho y nuestra garganta y luego instruye a nuestra boca para que se convierta en la sonrisa más grande que podamos imaginar, una sonrisa que parece extenderse en nuestra cara y que hace que nuestra boca parezca más y más grande y que hace que nuestros músculos se estiren hasta sentir que no podemos sonreír más. Esta sonrisa del corazón de nuestro SDI queda anclada en nuestra cara durante lo que se puede sentir como una eternidad, y no podrá evitarse, sin importar cuánto se trate de no sonreír. Es como si otra fuerza alegremente tomara el control de los músculos de nuestra cara.

En esos momentos solo sentimos que todo es perfecto en nuestro mundo.

Las sonrisas del SDI son mi barómetro, pues cuando aparecen sé que estoy exactamente donde necesito estar y que el que me está haciendo respirar está feliz, y que cuando mi SDI tiene un control tal sobre mi ser que puede expresarse de esta manera, todo mi yo está alegre.

Los devotos del SDI son devotos del Tao y generalmente ambos buscan algún nivel de realización de la agenda de libertad. El Tao en la filosofía China es una forma de ser, de vivir en un flujo armonioso con todos los elementos de la vida y el flujo del Tao es la Ley del Amor en acción.

Los devotos del SDI son individuos que han logrado reconocer la naturaleza amante y la inteligencia suprema del Ser Divino Interior que es también el Ser Divino Exterior – o que nos rodea– de todos nosotros.

Ser devoto de algo significa darle el tiempo y la atención suficientes para mantenerlo vivo y sano. La devoción tiene un aspecto de reverencia, o por lo menos implica respetar y reconocer que el animal, hobby o persona, del que somos devotos merece nuestra atención.

Muchos metafísicos han entendido que para maximizar la Gracia del flujo del Tao necesitamos estar completamente alineados con el poder de nuestro SDI, porque cuando este ser interior recibe nuestra atención florece y se enciende dentro de nosotros de una manera tan asombrosa, que nuestra vida crece en todos los niveles, dado que nuestro SDI nos ama, nos hace respirar y nos da la vida. La esfera de nuestro SDI es nuestro cielo y, como decía el inmortal Taoista Chung-Li, la entrada a este cielo es a través de nuestro corazón.

Me hice devota de mi SDI cuando empecé a meditar. En ese mismo momento tuve una de mis primeras experiencias en lo que el Dr. Deepak Chopra llama sincro-destino, cuando los eventos relacionados a mi introducción a la meditación parecían ser orquestados de manera perfecta e incluso apoyados de manera divina para que yo pudiese ser parte de esta antigua iniciación con mi SDI.

Aviones que estaban totalmente vendidos, de repente tenían asientos libres; aparecía dinero para el billete; encontraba alojamiento de repente y había un flujo total de apoyo cuando atravesaba los miles de kilómetros que me separaban del instructor de meditación, cuyas herramientas me alienarían con mi SDI. Como esto era el deseo de mi corazón, todo se orquestó para surgir de una manera sincrónica.

Desde entonces, he descubierto que si nuestros deseos se conectan con el descubrimiento y la experiencia de nuestro SDI, todas las fuerzas del universo apoyarán este encuentro con una armonía tal que no podemos más que sonreír.

A pesar de que hace más de tres décadas que estoy completamente enfocada en mi SDI disfrutando de sus muchos regalos, hay sólo una cosa que capta mi atención, y es la sonrisa del SDI y ese instante en que todo se siente bien dentro de mi mundo.

Otra ocasión en que sentimos que todo está bien en nuestro mundo y que estamos mágicamente alienados con el Tao, es el momento en que presenciamos y experimentamos la Gracia, pues esto es presenciar la fuerza del sincro-destino en acción.

La historia de cómo conocí la palabra 'sincro-destino' es en sí misma un ejemplo de cómo la Ley del Amor – a través de la sincronicidad – reparte su fabulosa frecuencia de libertad, libertad de crear de una manera llena de Gracia y libre de esfuerzo, libertad de presenciar milagros grandes y pequeños.

A principios de 2004 estaba en mi bar favorito en la playa editando algunas de las descargas que había empezado a recibir para este libro, cuando una mujer sonrió y dijo:

"Hola, ¿Te acuerdas de mí?" Su cara me era familiar, así que contesté: "Claro, ¿Cómo estás?" Después de un poco de charla cordial ella dijo: "Espero que no te moleste, pero estoy sentada con una mujer inglesa a la que le gustaría mucho conocerte". Cuando la mujer y su esposo vinieron a mi mesa, ella sonreía y mientras se sentaba dijo: "¡Guau, esto es un perfecto ejemplo de lo que Deepak Chopra dice en su último libro "Sincro-destino"! ¡Tengo tu libro *Vivir de la Luz* [*Living on Light*] y hace muchísimo tiempo que quería conocerte!"

Resulta que hacía poco había conocido a Kim, la mujer que se me acercó; había congeniado con ella y habían decidido tomar un café y charlar. Estaban hablando sobre el libro de Deepak cuando Anita, la mujer inglesa, mencionó mi trabajo sobre el poder del SDI. A esto Kim respondió diciendo: "Oh, creo que la conozco, viene a mi tienda de vez en cuando." Justamente cuando Anita le preguntaba si podría organizar un encuentro, Kim levantó la cabeza, me vio a un par de mesas de distancia y dijo: "De hecho, ¡Creo que esa es Jasmuheen, allí sentada!"

Cuando Anita mencionó el nuevo libro de Deepak, mi voz interior me dijo: "Leelo y menciónalo en 'La Ley del Amor'".

Aunque recomiendo mucho leer el libro de Deepak sobre este tema, me gustaría tomarme unos momentos aquí para aclarar cómo se relaciona con la Ley del Amor y su frecuencia fabulosa de la libertad y cómo funciona el sincro-destino con los buscadores de milagros y los creadores de milagros de nuestro mundo. El sincro-destino también es un regalo que recibimos al alinearnos con nuestro SDI.

Naturalmente, después de este pequeño encuentro casual compré el libro de Deepak y descubrí que tenía información que yo necesitaba para poder explicar más sobre la Ley del Amor. En este libro, Deepak clasifica la vida en tres niveles de existencia de tres campos – el físico, el cuántico y el virtual; todos estos son niveles de expresión en el campo de la inteligencia universal, la esfera de nuestro SDI ilimitado.

El campo físico es "el mundo que mejor conocemos, al que llamamos mundo real. Contiene materia y objetos con límites precisos, todo lo tridimensional y lo que percibimos con los cinco sentidos: lo que podemos tocar, ver, escuchar, sentir, probar u oler... El mundo físico como lo experimentamos está gobernado por leyes inmutables de causa y efecto, por lo que todo es predecible".

En este campo, el tipo de libertades sobre las que hablaremos en este manual parecen improbables.

El Dr. Chopra luego dice: "En el segundo nivel de existencia, todo consiste en información y energía. Se le llama *ámbito cuántico*. En este nivel todo es insustancial, lo que significa que no puede tocarse ni percibirse con ninguno de los cinco sentidos. Tu mente, tus pensamientos, tu ego y la parte de ti que normalmente consideras que es tu ser, son parte del ámbito cuántico. Estas cosas carecen de solidez; sin embargo, sabes que tu ser y tus pensamientos son reales".

Continuando con este concepto, en la página 38 el Dr. Chopra dice: "los sucesos en el ámbito cuántico ocurren a la velocidad de la luz; y a esa velocidad, nuestros sentidos simplemente no pueden procesar todo influye en nuestra experiencia sensible". Dice también que "la energía está codificada para ofrecer información diferente, según cómo vibra. De esta manera, el mundo físico, el mundo de los objetos y la materia, está hecho de información contenida en una energía que vibra en diferentes frecuencias".

"El tercer nivel de existencia es la inteligencia o consciencia. Se le ha llamado *ámbito virtual*, ámbito espiritual, campo de potencial, ser universal o inteligencia no circunscrita. Aquí es donde la información y la energía surgen de un mar de posibilidades. El nivel más fundamental y básico de la naturaleza no es material. Ni siquiera es un caldo de energía e información; es potencial puro. Este nivel de realidad no circunscrita opera más allá del espacio y el tiempo porque sencillamente no existen en él. Lo llamamos no circunscrito porque no puede confinarse a un lugar... simplemente es".

"La inteligencia del campo espiritual es la que organiza el caldo de energía en entidades conocibles. Es lo que agrupa las partículas cuánticas en átomos, los átomos en moléculas, las moléculas en estructuras. Es la fuerza organizadora que está detrás de todas las cosas".

Estos tres campos existen gracias a la Ley del Amor y cada campo deja legados a sus habitantes. Si restringimos nuestra consciencia al campo físico, podremos experimentar el regalo de la vida a través de nuestros cinco sentidos. Explorar el campo cuántico y el virtual activando dos sentidos adicionales a los cinco que nos permiten experimentar el campo físico, requiere una acción consciente de expansión de nuestra consciencia para que podemos obtener más libertades a través de la Ley del Amor. El regalo de experimentar un flujo de Gracia y sincronicidad constante puede ser adictivo y una fuerte motivación para volcarnos más hacia nuestro SDI.

En el libro Nutrición Divina, hablo sobre el ritmo musical de las células, como estas recogen información y almacenan huellas emocionales a lo largo del viaje de la vida; si no se tratan, e incluso cuando se las trata, se las comprende y se aprende sobre ellas, estas huellas pueden convertirse en ruidos discordantes mientras el biosistema sigue adelante emocionalmente; estas huellas quedan almacenadas en las células ocupando espacio y superponiendo una cierta frecuencia, que yo llamo 'música heavy metal'. Debajo de cada átomo y de cada célula hay un ritmo de música clásica del espíritu Divino que nos hace respirar y que da la esencia de la vida a cada átomo, esencia que después alimenta la estructura celular del cuerpo.

A causa de los altos niveles de caos y la falta de orden e instrucciones en nuestro mundo, esta música clásica se vuelve tan débil e ineficaz, que finalmente todo el sistema se quiebra y muere.

Muchas veces me referí a la cadena de órdenes dentro de un sistema humano; cómo el cuerpo físico es como un soldado de infantería, el cuerpo emocional es como el Coronel y el cuerpo mental es como el General; cómo cada uno puede ignorar al otro para hacer lo que desee, y cómo siempre están impulsados por algo que hace el General en su rol de comandante. Por ejemplo, la mente tiene una percepción, que da lugar a una actitud que libera una respuesta emocional, las cuales se absorben en el sistema físico – pensamientos tóxicos dan lugar a sentimientos tóxicos que crean toxicidad en el cuerpo. Añade toxicidad de mecanismos de alimentación que muchas veces están impulsados por razones emocionalmente tóxicas y tienes un sistema que está trabajando para expresar todo nivel de su divinidad y que queda atrapado en un círculo vicioso de enfermedades y muerte.

De nuestra investigación experimental previa sabemos que el SDI está anclado a través del portal en el corazón y que emite preciosos filamentos de luz, como una matriz, a través de todos nuestros átomos y células – un pulso de música clásica. Sabemos que este Ser divino ha construido para sí mismo, como una manera de atraer moléculas, un cuerpo precioso de luz que emite pulsos a través de nuestro sistema de chacras y a través de nuestro sistema de meridianos. Estas son verdades básicas dentro de ciertas tradiciones metafísicas.

También sabemos que nuestra comprensión occidental del sistema biológico generalmente ignora al SDI e ignora su cuerpo etérico – ignorando la existencia de tales cosas. También sabemos que a causa del pulso y la música que constantemente lo está bombardeando y llenando sus células, el biosistema promedio tiene que reducirse a ciclos normales de muerte, porque no tiene suficiente energía o resplandor para sostenerse en la realidad de la inmortalidad física y las libertades tratadas en este manual.

También sabemos que en muchas enseñanzas religiosas existe la idea de que esta esencia divina, nuestro SDI, ya es inmortal. Es perfecto, es puro, es iluminado, es todopoderoso, omnisciente, omnipresente, está dentro de nosotros, alrededor de nosotros, existe a través de la matriz luz-cuerpo, nos habla a través del sistema meridiano, a través del sistema de los chacras y a través de nuestra estructura atómica misma. Qué tan alto nos hable dependerá completamente de nuestros pensamientos, nuestras palabras y nuestras acciones; dependerá también de las cosas que nos dirigen – cuanta música 'heavy metal' permitimos que ingrese a nuestro sistema o si vivimos un estilo de vida que permite que el 'pulso divino y natural del SDI' suene más alto y fuerte.

Las enseñanzas de los maestros del Tao dicen que la mayoría de los biosistemas están en caos y no tienen una cadena de instrucciones clara; que se desatan unos a otros aleatoriamente con órganos llenos de energía que no nos nutre; y que el espíritu divino dentro de nosotros es totalmente ignorado y por lo tanto no puede residir dentro de nuestro sistema físico con todo el potencial que tiene.

Dicen que solo cuando empezamos a reconocerlo, prestarle atención, despertarlo, trabajar con él, invitarlo a presentarse de una manera más fuerte dentro de nosotros y también a apoyar todo esto limpiando el sistema y preparándolo a través de la meditación, etc., nuestro SDI tendrá espacio para crecer. A este proceso inicial lo llaman el comienzo del cuerpo inmortal.

Visualizan e imaginan el despertar del feto o el bebé del cuerpo inmortal alimentado por las practicas del Kan y Li Menor, Grande y Mayor, alimentado por nuestro estilo de vida y por los procesos sobre los que hablaremos en el capítulo 'Tao y Herramientas'.

Los taoístas dicen que con el tiempo y con el cuidado y la práctica adecuados, crecerá este feto inmortal –nuestro SDI-, ubicado entre el primer y el segundo chacra, en paralelo a nuestro vientre. Lo que quieren decir con esto es que cuanto más nos alineamos con nuestro SDI, más lugar damos a pensamientos, palabras y acciones que lo alimentan y le dan espacio para crecer con fuerza dentro nuestro; en consecuencia, más puede trabajar a través de nosotros y hacernos sentir su presencia.

Sabemos, que el SDI trabaja a través de nuestro sexto y séptimo sentido de intuición y conocimiento, que son su voz superior, y podemos suponer que reside enteramente en una banda de energía más fina dentro de nosotros, en el cosmos interior, profundamente dentro de otra capa de nuestro ser, una capa, que normalmente no se manifiesta en este campo físico. Entonces sabemos que se viaja a través del espacio y el tiempo y las dimensiones hacia nuestro sistema físico – a veces solamente como una intuición, a veces como un claro impulso telepático. Esta manifestación opera de muchas maneras, especialmente cuando un ser humano hace preguntas como ¿Quién soy?, ¿Qué hago aquí?, ¿Hay algo más que la vida?, ¿Podemos vivir en armonía y paz? etc. Como he dicho muchas veces, estas son las preguntas esenciales que despiertan nuestra naturaleza inmortal interna y que nos permiten alcanzar un ritmo y un flujo con la vida tan perfecto que todo se despliega con Gracia.

En su libro *Sincro-destino,* Deepak Chopra dice que "Las coincidencias son mensajes. Son pistas provenientes de Dios, espíritu o realidad no circunscrita, que te instan a liberarte de tu condicionamiento kármico, de los patrones habituales de pensamiento. Te ofrecen una oportunidad de acceder a un ámbito de consciencia donde te sientes amado y cuidado por la inteligencia infinita de la que emanas. Las tradiciones espirituales llaman a esto Gracia".

Como cada vez más personas desean descubrir y experimentar su potencial más alto– tanto como seres humanos como espirituales – es más la información que atraen hacia su campo personal a través de la mente del SDI. Como dice Deepak: "Las coincidencias son mensajes del ámbito no circunscrito que nos indican cómo actuar para hacer que nuestros sueños – intenciones- se manifiesten".

Al final de su libro *Sincro-destino* – en la página 254 – Deepak analiza los siete niveles de consciencia que podemos experimentar en tanto nos alienamos de manera más consciente con nuestro SDI. Estos también están relacionados con los patrones de ondas cerebrales que tratamos en detalle en el libro Nutrición Divina.

En resumen, el **primer nivel** de consciencia que un ser humano alcanza es el sueño profundo; el **segundo nivel** es el soñar; el **tercero** se alcanza cuando estamos despiertos; el **cuarto** ocurre cuando entramos en el estado Alfa de ondas cerebrales y comenzamos, a través de la meditación, a volcarnos hacia nuestra alma. Es en este nivel que podemos empezar a vislumbrar la sincronicidad en acción.

Al **quinto nivel** Deepak lo llama la consciencia cósmica. Este se da cuando nuestros patrones de ondas cerebrales atravesaron el estado Alfa y entraron en el campo de Zeta (Theta). En este nivel vemos que nuestra intuición crece y tenemos consciencia tanto del campo de inteligencia local como del no local y nos volvemos más creativos y perspicaces.

Al **sexto** nivel se lo llama consciencia divina y es aquel en que salimos del patrón de ondas cerebrales Zeta para entrar al Delta; este es un nivel de telepatía natural, donde nos sentimos interconectados y en 'unidad' con todo.

El **séptimo nivel** de consciencia es la consciencia de la unidad o 'iluminación', donde, como dice Deepak, aquel que percibe se vuelve uno con aquello que percibe y el mundo se vuelve una extensión de nuestro ser. En este estado transcendemos la vida y la muerte y descubrimos que los milagros son comunes porque nuestras glándulas pituitarias y pineales ahora operan en su pleno potencial.

Actualmente, la humanidad está siendo impulsada por un sueño masivo de un mundo mejor, un mundo en que seamos libres de vivir en armonía mientras expresamos nuestra naturaleza superior. Solamente por esta razón, la mente del SDI del campo virtual apoya nuestro deseo de libertad verdadera y nos dará todo lo que necesitamos para alcanzarla. Cuanto antes comprendamos la Ley del Amor, antes sucederá.

Teniendo en cuenta todo esto, resulta obvio que lo real o verdadero depende completamente del estado de consciencia de una persona. Para quien se encuentra en los niveles 1 a 3, los tipos de libertades que vamos a tratar pueden parecer incomprensibles. Para aquellos que están explorando y experimentando los niveles 4 a 7, esto es algo completamente diferente. En estos niveles, la idea del Chamán que transforma se vuelve intrigante en tanto un nuevo campo de estudio llamado **antropología de la consciencia** empieza a acoger el poder de algunas de los caminos antiguos.

LA LEY DEL AMOR
PULSOS DEL CAMPO CELLULAR

- **Células llenas de música HEAVY METAL, RITMO DEL MUNDO DEL CAMPO BETA sentimiento de YO, MI, MIO**

- **VIRTUDES – CARENCIA – desequilibrio - disonancia**

- **Células llenas de RITMO de música CLÁSICA de nuestro DOW**

- **Consciencia de NOSOTROS y un sentimiento de que TODO ES UNO y está INTERCONECTADO**

- **VIRTUDES – ABUNDANCIA**

- **– armonía – actitud de Gratitud y Aprecio**

- **¿¿¿El ritmo de qué campo es el que domina???**

HERRAMIENTAS PARA VOLVER A AFINAR EL RITMO CELULAR

- **SONIDOS CURATIVOS para limpiar – capítulo 16**

- **PERDÓN –**
    **aprender y soltar y
    seguir adelante además AMOR AL CUERPO y
    VOLVER A AFINAR LA RESPIRACIÓN DEL AMOR (como en El
    Alimento de los Dioses).**

- **INUNDACIÓN DE LUZ VIOLETA**

- **EL CÓDIGO DE LA ARMONÍA – capítulo 20.**

Lleno de escoria y emoción
EL PULSO BETA de nuestros CÉLULAS
Lleno de memorias de eventos pasados
Lleno de ENFERMEDADES (des-alivio)
Lleno de gratitud
Lleno de compasión
Lleno de luz violeta
EL PULSO DI de nuestros CÉLULAS
Lleno de aprecio hacia el pasado
Actitud de ALEGRÍA y ALIVIO

LOS SIETE NIVELES DE CONSCIENCIA

LA LEY DEL AMOR

RESUMEN: Según el Dr. Deepak Chopra podemos actuar a través de 7 niveles de consciencia. En resumen, el **primer nivel** de consciencia que un ser humano alcanza es el sueño profundo; el **segundo nivel** es el soñar; el **tercero** se alcanza cuando estamos despiertos; el **cuarto** ocurre cuando entramos en el estado Alfa de ondas cerebrales y comenzamos, a través de la meditación, a volcarnos hacia nuestra alma. Es en este nivel que podemos empezar a vislumbrar la sincronicidad en acción.

Al **quinto nivel** Deepak lo llama la consciencia cósmica. Este se da cuando nuestros patrones de ondas cerebrales atravesaron el estado Alfa y entraron en el campo de Zeta (Theta). En este nivel vemos que nuestra intuición crece y tenemos consciencia tanto del campo de inteligencia local como del no local y nos volvemos más creativos y perspicaces.

Al **sexto** nivel se lo llama consciencia divina y es aquel en que salimos del patrón de ondas cerebrales Zeta para entrar al Delta; este es un nivel de telepatía natural, donde nos sentimos interconectados y en 'unidad' con todo.

El **séptimo nivel** de consciencia es la consciencia de la unidad o 'iluminación', donde, como dice Deepak, aquel que percibe se vuelve uno con aquello que percibe y el mundo se vuelve una extensión de nuestro ser. En este estado transcendemos la vida y la muerte y descubrimos que los milagros son comunes porque nuestras glándulas pituitarias y pineales ahora operan en su pleno potencial.

Capítulo 3 – El Chamán que transforma: La danza de la Libertad

Meditar y ver más allá,
Del reino del sombrero y la varita mágica son,
En la profundidad del estanque queda nadando el pez mayor.

En el siglo 2 D.C. en la dinastía Han, hubo un hombre llamado Li Tieh-Kuai, a quien el sabio Lao Tsu introdujo a las prácticas taoístas. Se dice, que durante los 40 años que Li vivió en las montañas, hubo muchas ocasiones en que estuvo tan absorto en sus meditaciones, que se olvidaba de comer o dormir, hasta que finalmente la Diosa Hsi Wang Mu le enseñó las prácticas de alquimia interna para alcanzarla inmortalidad.

Un día, cuando Li decidió visitar a Lao Tsu en los campos etéricos mediante la práctica de la bilocación, le pidió a uno de sus alumnos que vigilara su cuerpo y lo protegiera de los animales salvajes. Al parecer, el alumno recibió un mensaje informándole que su madre estaba muriendo, por lo que quemó el cuerpo de Li para poder irse y atenderla. Cuando Li volvió 7 días más tarde y encontró su cuerpo inhabitable, trasladó su consciencia al cuerpo de un mendigo cojo que acaba de morir. Así, Li pasó de ser un hombre guapo y sano a un hombre cojo y no atractivo físicamente.

Al mismo tiempo, Li transformó el viejo bastón de bambú del mendigo en una muleta de hierro y una varita mágica, capaz de transformar la materia y crear pociones mágicas. Li Tieh-Kuai era un sabio famoso por su benevolencia, se ocupaba de los pobres y los enfermos y fue capaz de hacerse tan pequeño, que podía vivir dentro de un pequeño recipiente que llevaba. Se dice que aunque ascendió al el cielo en la forma de dragón, a menudo vuelve a la tierra para ayudar a los necesitados.

Li Tieh-Kuai es el perfecto ejemplo de un ser que conocía la libertad de los límites humanos, pues sabía lo suficiente sobre alquimia interna para ser libre de la necesidad de comer o dormir o ser confinado a su forma física.

El viaje de la libertad nos llama a todos en maneras muy diferentes. Para mí fue un llamado a trasladarme a un lugar más natural en la costa, para desengancharme de mi vida de servicio ocupada– esto último lo conseguiría finalmente después de un año; pero antes de eso, tenía otra misión.

En un día invernal de diciembre de 2003, estaba caminando por la avenida de la Plaçe de

Gracia en Barcelona, pensando "qué nombre más maravilloso para una calle", cuando me sentí llamada a entrar en una tienda de joyas y atraída por un anillo de amatista con una forma perfecta de corazón, sobre una banda de oro. Incrustado con cristales rosados de turmalina, el corazón de amatista y su engarce eran exquisitos y el anillo me atraía hacia sí como un talismán potencial suele hacer. Un talismán atrae, dirige y amplifica la energía, que muchas veces tiene una forma simbólica. Muy pronto tuve el anillo cómodamente en el dedo mayor de mi mano derecha – el que domina el corazón del mago – y mientras continuaba mi camino por la Avenida de Gracia en la luz del anochecer, una voz de mi nivel interior empezó a hacerse presente.

"La amatista representa la Libertad y viene en forma de corazón porque solo cuando el amor fluye puedes empezar a sentirte libre. Cuanto más Amor fluye, más Libertad y milagros podrás experimentar." Y así, la conversación continuaba entre mí misma, estudiante de los elementos, y el universo que me rodeaba. En algún lugar profundo de este diálogo me encontré llegando a nuevos acuerdos.

"3 años. Un compromiso por los próximos 3 años."
"¿Compromiso de qué?"
"De libertad, por supuesto; diversión y Libertad."
"¿Libertad?"
"De toda la limitación humana."
"¿Sueño?"
"Sí."
"¿Comida y líquido?"
"Sí."
"¿Envejecimiento?"
"Sí."
"¿Tiempo?"
"Sí."
"¿Libertad para crear milagros?"
"Sí."
"¿Libertad de la limitación humana básica?"
"Sí."
"¿Por qué?"
"Porque puedes y porque lo has pre-acordado y porque ya es tiempo."

No puedo decir que estuviese aburrida con mi viaje personal, porque la última década ha sido como una montaña rusa, en la que he visto tantos milagros; aun así, entendí que ya era tiempo de seguir adelante y que quería adentrarme aún más en mi propio campo de fe. Alcanzar el campo de la fe, o atravesarlo, era algo que no había hecho en mucho tiempo, aunque eso no quiere decir que mi viaje personal no requiriese de vez en cuando de grandes saltos de fe y confianza. Sin embargo, no es lo mismo tener una experiencia tan real y tan auténtica y mantener tu fe en dicha experiencia y compartirla con aquellos con ojos más escépticos, que saltar hacia lo desconocido por un camino por el que nunca antes habías transitado.

Para explorar lo desconocido siempre se requiere un salto de fe, y yo decidí tomar mi nuevo desafío de Libertad y hacer lo que podía para estar preparada. Una parte de este libro cubre algo del viaje de esta preparación; en vez de escribirlo en retrospectiva como hice con el libro *Vivir de la Luz*, fui guiada a escribir este viaje paso a paso – independientemente del resultado, que en este momento todavía es incierto.

¿Es posible para mí alcanzar este tipo de libertad?

Sí, creo que sí. ¿Cómo? Esto todavía está por definirse, porque hay muchos caminos para explorar.

Además, ¿Es posible encontrar un camino que otras personas, también pre-programadas para alcanzar estos tipos de libertad, puedan reproducir de una manera segura y exitosa?

También esto está todavía por definirse.

¿Estos tipos de libertades son milagrosos?

Para algunas personas quizás lo son; pero para otras, que eligen expandir su propia consciencia, son solamente estados naturales del ser y un beneficio de abrazar una vida gobernada conscientemente por la Ley del Amor. Para el Chamán de este mundo, se trata solamente de alguna transformación interna.

No puedo recordar el momento en que por primera vez empecé a descubrir y a vivir más dentro del mundo del Chamán. Para algunos de nosotros, el Chamanismo es algo que llevamos dentro desde otros tiempos, una huella que nos sirve y que retenemos en nuestra profundidad, dejando que nos guíe través de nuestros sentidos superiores. Entre los nativos tradicionalmente se conoce al Chaman como un curandero, un visionario que puede inspirar o guiar a la tribu mediante la habilidad del Chamán de volcarse hacia los campos nunca vistos o a través de su conectividad con la Voz Universal que guía toda la vida. En algunas tradiciones, un Chamán es un mago o un metafísico. Lo que determina el estatus de un Chamán en todas las tradiciones es su experiencia personal, que le otorga una expansión de la consciencia y el conocimiento del camino a través de los siete niveles de la consciencia que hemos tratado en capítulo 2.

Entre los Chamanes hay un término llamado éxtasis Canónico, una experiencia que comienza cuando el Chamán se alinea con la Ley del Amor. Para el Chamán, el éxtasis es alcanzar un estado de exaltación en el que una persona literalmente transciende su limitado yo y se sumerge en los niveles seis y siete de la consciencia; en el que se vuelve verdaderamente libre. Este estado de exaltación llega tras mucho entrenamiento y diferentes iniciaciones diseñadas para fusionar la naturaleza más básica del Chamán con su SDI. Cuando esta fusión ocurre, la alegría y el éxtasis inundan el ser y se revela otra manera de Ser.

Hay otro término en la tradición Chamánica llamado transformación, que consiste en reorganizar los campos de energía en diferentes patrones. La transformación es una habilidad que se puede aplicar a sistemas humanos o en comunidades o campos globales usando técnicas como las que tratamos en la Trilogía *Bio-campos y Bendición (Biofields & Bliss)*. La transformación requiere fe y ausencia de miedo, así como la certeza de que es posible, particularmente cuando se aplica a la habilidad de los Chamanes de transformarse en un pájaro u otro animal.

El secreto del éxito de la transformación del Chamán está directamente relacionado con su comprensión de la Ley del Amor. La transformación exitosa – ya sea la modificación de la forma o la habilidad de redirigir la energía para crear un nuevo mundo interno o externo– también está determinada por la comprensión que un transformador tiene de la unidad y del nivel de consciencia en que actúan.

Aceptar la realidad de que toda la vida
a) stá interconectada,
b) es parte de un todo, y
c) forma células en el cuerpo superior del campo cuántico y virtual; es solamente el punto de partida para un Chamán y un transformador, y es algo que les permite alcanzar las cosas que hacen.

Los Chamanes exitosos creen en el poder del sueño y saben que
a) para crear un cambio primero necesitamos cambiar nuestros sueños;
b) la felicidad depende de la conexión con nuestro SDI, como la fuerza que da vida;
c) la transformación exitosa solamente puede ocurrir a través de la utilización directa de esta fuerza, conociéndola, experimentándola y alineándose con ella.

Para el Chamán de nuestro mundo, el trabajo a través de la Ley del Amor es el camino de la creación de una vida libre de enfermedades y de un futuro sustentable. Aire, agua, tierra y fuego son conocidos por los Chamanes de América del Sur como las cuatro Hermanas Sagradas. Para ellos, solo el acto de honrar estos elementos y el respeto por la vida y la preservación de ella– incluyendo las plantas y el agua de la tierra –puede permitirnos alcanzar la libertad. Sin embargo, esta libertad será limitada hasta que honremos también los elementos superiores de los campos más sutiles y trabajemos con ellos.

El trabajo con la Luz Astral, Akasha y el Fuego Cósmico lleva otro nivel de éxito al Chamán que transforma. Podemos trabajar con estos elementos a través de
a) un proceso de alquimia consciente,
b) ajustes con los porcentajes del tiempo y el modo en que lo empleamos,
c) saber dónde enfocamos nuestra atención en cada momento y
d) el sueño.

Todo esto determina los elementos que magnetizaremos a nuestro campo y cómo fluirán a través y alrededor de nosotros y, en consecuencia, a qué campo nos transformaremos – como individuos y como especie.

Ya sea que el papel de un Chaman es apoyar la transformación de su propio ser o apoyar la transformación de una especie y su planeta, el éxito solamente podrá alcanzarse con la intención de armonía y la aceptación de la fuerza unificada que maneja todos los mundos. Es esta fuerza unificada la que nos permite atraer a nosotros la sabiduría de Buddha, la compasión de Cristo, la percepción de Mahoma y la fuerza y la visión para cambiar el sueño – los sueños que tenemos para nosotros mismos, nuestros niños y nuestro futuro.

No todo el mundo desea la libertad para transformarse en los campos sobre los que hablaremos en este manual, no todo el mundo busca un estado eufórico del ser, no todo el mundo busca ver la Divinidad en toda la vida y no todo el mundo desea crear un mundo sustentable y sano; para aquellos que sí lo desean, vivir según la Ley del Amor es el primer paso. Sin embargo, primero tenemos que **soñar el cambio y luego actuar para hacerlo realidad.**

Primero soñé con cambiar la manera en que vivía mi vida hasta el final de 2002. Al tomarme un período sabático que originalmente duraría un par de meses en que viviría en la playa, continué un viaje de introspección más profundo y más honesto, un viaje de evaluación de todo lo que había creado. Cuando nos encontramos en un espacio de menor Gracia, es hora de hacer una evaluación honesta porque nosotros lo creamos todo.

Durante este tiempo me di cuenta de que mi trabajo en el mundo con el Programa de Nutrición Divina como yo lo conocía estaba completo, y de que la Gracia se había reposicionado y me estaba llamando para que la siguiera y que hiciera un cambio interior para mantenerme en Su flujo glorioso. Una vez que entendí esto, escuché a mi voz interior y seguí los pasos necesarios para crear el cambio que me llevara de vuelta hacia Su campo. Aunque nada de esto suena desafiante, para mí significaba una gran reorganización de mi vida física y emocional; una reorganización que involucraba a personas que amaba y que tenía que llevar a cabo con sensibilidad, dignidad y apoyo para todos.

Mi Yo interior me había llamado:

a) a mudarme a la costa, a un ashram de mi propia creación, donde podría aumentar mi tiempo en soledad y en silencio para preparar las energías que necesitaba para el próximo paso, sin interrupciones innecesarias

b) a disminuir en un 50% mis obligaciones de viajar y a abrir un espacio de tiempo para tener un entrenamiento personal más profundo con el que también pudiera explorar la fórmula para hacer milagros, mientras completaba más de mi propia agenda de libertad personal

c) a llevarme a mí misma de vuelta a un estado de sonrisas diarias del SDI.

Cuando vivimos en un mundo físico, tenemos que cumplir las leyes y las acciones del mundo físico. Cuando vivimos entre mundos, como muchos metafísicos hacen, podemos trabajar con las leyes universales y aplicarlas, por lo que podemos, literalmente, trabajar en todos los niveles. Para hacer cambios y milagros, primero tenemos que tener una visión clara de lo que queremos alcanzar, luego tenemos que crear el espacio y poner la energía en su sitio, luego necesitamos atraer todas las estructuras de apoyo necesarias y aplicarlas, y luego tenemos que abrirnos a un estado de permiso. A veces solamente obtener una imagen clara de lo que queremos crear puede ser difícil, porque muchas veces las cosas se revelan de a un paso a la vez, un paso que tenemos que tener la confianza de dar y que, una vez que lo hemos dado, necesitamos confianza otra vez en que el siguiente paso será revelado.

Mudarme de una ciudad con mucho movimiento a un ambiente de playa de altos niveles de prana era físicamente fácil, porque implicaba tener a mi equipo de ángeles de ubicación conmigo, encontrar el apartamento perfecto, dejarme guiar hacia él y mudarme. Los ángeles muchas veces son el primer sistema de apoyo sagrado al que un devoto del SDI tiene acceso. Emocionalmente, dejar a mi esposo y nuestra casa familiar era un asunto totalmente diferente porque sabía que el estilo de vida que habíamos creado juntos no era la frecuencia adecuada para apoyarme en mi próximo paso. También sabía que no tenía derecho a pedirle que hiciera cambios en su vida hasta un nivel que apoyara la maduración de mi próximo nivel. ¿Por qué? Simplemente porque no es parte de su destino y no está interesado en una vida así de extrema.

Como todo sabemos, las cosas son fáciles en retrospectiva cuando abundan la claridad y el entendimiento y hubiera dado todo por tener entonces la perspicacia que tengo hoy. Sin embargo, dar el próximo paso es una prueba en sí misma – una prueba de nuestra fe, de nuestro deseo, de dónde, en qué y en quién ponemos nuestra lealtad. Siempre supe que no me había involucrado en esto para encontrar a mi 'media naranja', casarme y ser parte del juego 'familia/carrera'. Pero sé que tener estas cosas de manera tal que apoyen lo que he venido a hacer es un bonus maravilloso. Reconozco que todas estas cosas me han dado grandes regalos de perspicacia y comprensión de la Ley del Amor y que para muchas personas no hay iniciación espiritual más grande que aprender el baile de armonizar relaciones humanas, un baile que yo aún estoy aprendiendo.

La elección para nosotros es estar despiertos o dormidos. Para algunos, esto significa estar despierto en el sueño de una realidad masiva de limitación humana, influir el despertar del sueño e inspirar el nacimiento de otro sueño en que la realidad masiva de la humanidad es una vida sin lucha. En mi caso, la vida libre de lucha me llegó cuando desperté al amor y poder de mi SDI.

En su libro *La Maestría del Amor (The Mastery of Love)* Don Miguel Ruiz habla sobre el 'sueño' como un estado ilusorio, donde las personas no están conscientes de su propia naturaleza y sobre cómo podemos despertar a nuestro SDI y liberarnos de ilusiones restrictivas. Basado en las enseñanzas de los Toltecas, en su libro narra que no estamos conscientes de la gloria de nuestra naturaleza divina, cómo estamos influenciados por realidades basadas en miedo y cómo en nuestra búsqueda de amor y aceptación podemos ponernos en situaciones desalentadoras. Estas situaciones de la vida siempre nos regalan aprendizaje y sabiduría, mientras descubrimos finalmente la fuente inagotable de amor que tenemos dentro.

Creo que mi cuento favorito en el libro *La Maestría de Amor* es el que trata sobre la cocina mágica, en el que Don Miguel narra sobre una persona que tiene una cocina mágica de abundancia, una cocina que tiene la habilidad de manifestar instantáneamente un suministro infinito de cualquier comida en la que pienses. Un día, llega una persona y te ofrece un suministro eterno de pizzas a condición de que le entregues el control de tu vida y hagas todo lo que te dice. Como tienes esta cocina mágica que hace la mejor pizza del mundo, rechazas la oferta y, en lugar de eso, le invitas a comer contigo.

Don Miguel continúa y dice que si estuvieses muriendo de hambre y sin comida y el hombre viniera con su eterno suministro de pizzas y su petición de controlar tu vida, tal vez aceptarías. La esencia del cuento es que hemos olvidado la cocina mágica de nuestro corazón y cómo todos tenemos acceso a una fuente ilimitada de comida – amor – y por lo tanto no tenemos que ponernos en situaciones desalentadoras o deshonrosas para recibir amor; porque todos nosotros tenemos una fuente inagotable dentro. Mejorarnos para que este amor inagotable pueda fluir libremente es algo que ocurre de manera natural a medida que buscamos conocer nuestro SDI, pues es el creador de nuestra cocina mágica y su comida es el amor.

El camino del Chamán y del devoto del SDI es un camino de auto-dominio y cuando empezamos la transformación hacia este estado nos convertimos en buscadores de milagros.

LA LEY DEL AMOR
EL CHAMÁN QUE TRANSFORMA – sinopsis

Éxtasis chamánico: Para el Chamán, el éxtasis consiste en alcanzar un estado de exaltación en el que una persona literalmente transciende su limitado yo y se sumerge en los niveles seis y siete de la consciencia; en el que se vuelve verdaderamente libre. Este estado de exaltación llega tras mucho entrenamiento y diferentes iniciaciones diseñadas para fusionar la naturaleza más básica del Chamán con su SDI. Cuando esta fusión ocurre, la alegría y el éxtasis inundan el ser y se revela otra manera de Ser. Hay otro término en la tradición Chamánica llamado transformación, que consiste en reorganizar los campos de energía en diferentes patrones. La transformación es una habilidad que se puede aplicar a sistemas humanos o en comunidades o campos globales usando técnicas como las que tratamos en la Trilogía *Bio-campos y Bendición*. La transformación requiere fe y ausencia de miedo, así como la certeza de que es posible, particularmente cuando se aplica a la habilidad de los Chamanes de transformarse en un pájaro u otro animal.

El secreto del éxito de la transformación del Chamán está directamente relacionado con su comprensión de la Ley del Amor. La transformación exitosa – ya sea la modificación de la forma o la habilidad de redirigir la energía para crear un nuevo mundo interno o externo– también está determinada por la comprensión que un transformador tiene de la unidad y del nivel de consciencia en que actúan. Aceptar la realidad de que toda la vida a) está interconectada, b) es parte de un todo, y c) forma células en el cuerpo superior del campo cuántico y virtual; es solamente el punto de partida para un Chamán y un transformador, y es algo que les permite alcanzar las cosas que hacen. Los Chamanes exitosos creen en el poder del sueño y saben que a) para crear un cambio primero necesitamos cambiar nuestros sueños; b) la felicidad depende de la conexión con nuestro SDI, como la fuerza que da vida; c) la transformación exitosa solamente puede ocurrir a través de la utilización directa de esta fuerza, conociéndola, experimentándola y alineándose con ella.

Para el Chamán de nuestro mundo, el trabajo a través de la Ley del Amor es el camino de la creación de una vida libre de enfermedades y de un futuro sustentable. Aire, agua, tierra y fuego son conocidos por los Chamanes de América del Sur como las cuatro Hermanas Sagradas. Para ellos, solo el acto de honrar estos elementos y el respeto por la vida y la preservación de ella– incluyendo las plantas y el agua de la tierra –puede permitirnos alcanzar la libertad. Sin embargo, esta libertad será limitada hasta que honremos también los elementos superiores de los campos más sutiles y trabajemos con ellos. El trabajo con la Luz Astral, Akasha y el Fuego Cósmico lleva otro nivel de éxito al Chamán que transforma. Podemos trabajar con estos elementos a través de a) un proceso de alquimia consciente, b) ajustes con los porcentajes del tiempo y el modo en que lo empleamos, c) saber   dónde enfocamos nuestra atención en cada momento y d) el sueño. Todo esto determina los elementos que magnetizaremos a nuestro campo y cómo fluirán a través y alrededor de nosotros y, en consecuencia, a qué campo nos transformaremos – como individuos y como especie.

Capítulo 4 – Los Buscadores de los Milagros

Todo aquí lo crea el ser,
Su carrera ofrece el no-ser,
Al moverse entre ambos el vidente puede prever.

Érase una vez, un sabio que podía hacer el milagro de transformar a su caballo en una forma de papel plegable, para doblarlo y guardarlo en su bolsillo. Cuando el hombre estaba listo para viajar otra vez, mojaba el caballo de papel con agua y lo transformaba nuevamente a su tamaño y forma original. Pero este caballo era mágico también porque podía viajar miles de kilómetros en solo unos instantes.

Nacido en el siglo 8 D.C., el sabio llamado Chung Kuo-Lao estaba destinado a convertirse en uno de los taoístas inmortales cuyo trabajo, aparte de predecir el futuro, era ayudar a las almas a reencarnar.

Tal como el caso de los otros tres inmortales cuyas vidas hemos tratado brevemente, hay muchos cuentos de las habilidades de Chung Kuo-Lao y los milagros que hacía. Pero, ¿Qué pasa con las personas nacidas en este siglo, personas que existen aquí y ahora? Personas que podemos conocer, que residen principalmente en este plano, en lugar de seres que residen en los campos etéricos, en dimensiones superiores y que nos visitan de vez en cuando.

Durante mucho tiempo yo fui una buscadora de milagros hasta que presencié lo suficiente como para a convertirme en una creadora de milagros, con mi fe confirmada. En este momento, el milagro más grande que yo podría hacer sería inspirar a la humanidad a recordar su SDI.

Personalmente, he visto tanto que todos mis sueños se han cumplido y no hay nada más que buscar. Sin embargo, este es un estado del ser que también puede tener sus limitaciones.

A pesar de que en mis viajes he conocido a muchas personas increíbles, personas pre-programadas para expandir los límites del status quo, difícilmente haya conocido a alguien que realmente me inspirara a ir a otro nivel en mi propio viaje de libertad, hasta que conocí a Zinaida.

Oí la historia de Zinaida por primera vez en Varsovia, Polonia, en el verano 2002. Yo estaba sentada en la parte de atrás de la sala esperando a que comenzara mi evento, cuando apareció un hombre pequeño y raro con una barba desaliñada y ojos azules pequeños y brillantes, se sentó cerca de mí y empezó a hablar conmigo, intérprete mediante, en una mezcla de ruso, alemán e inglés mal hablado. Era como si intentase encontrar la manera adecuada de comunicar sus palabras y yo sentí que tenía algo importante que decir.

Al parecer había caminado cientos de kilómetros desde los estados del sur de Rusia hasta Polonia para contarme sus novedades. Llegó cansado y desaliñado de su viaje, pero aun así logró pasar la seguridad de mi organizador y presentarse en mi campo. El caos de su entrada me pareció divertido y convencí a la gente que estaba conmigo de que lo dejaran quedarse porque sabía que la única razón por la que el universo hubiese permitido semejante entrada era que yo necesitaba escuchar lo que él tenía para decirme. Hace tiempo aprendí a prestar atención a las personas que encontraban la manera de llegar a mi campo y también a protegerme de las intrusiones innecesarias. Quiero decir que recuerdo especialmente su nombre porque me encontré con él uno18 meses más tarde cuando finalmente fui a San Petersburgo y aun estando ante la presencia real de Zinaida eran su mensaje y su cara lo que yo tenía presente.

Parte de nuestra conversación fue algo como esto:

"¿Sabes que eres el quinto?"

"¿El quinto?"

"Sí, el quinto sistema que he encontrado."

"¿El quinto sistema?"

"Sí, de Alimentación Divina."

"Ahh..." Comprendí.

Y luego me contó sobre Zinaida Baranova. Mucho de lo que decía solo me llegaba de manera superficial por la barrera de idiomas entre nosotros. Aun así, pude entenderle que Rusia estaba recibiendo algunas descargas interesantes dado que los pioneros estaban explorando las Puertas Divinas. El intercambio que tuvimos durante el fin de semana siguiente permitió que se abriera otra de mis puertas interiores, aunque yo estaba acostumbrada a escuchar historias milagrosas. Se dice que los buscadores de milagros muchas veces los encuentran.

Durante mucho tiempo he practicado dos realidades; la primera es:

- Prestar atención a las personas que entran en mi campo. No importa cómo luzcan, si el universo los ayuda lo suficiente como para poder acercarse tanto a mí entonces debe tener un mensaje valioso, así que es aconsejable prestar atención y escuchar.
- La segunda realidad que acepto es el conocimiento de que la magia y los milagros de la vida se revelan a su debido tiempo y que si las cosas están destinadas a ser, van a ser. Todo lo que tengo que hacer entonces es reconocer esto a través de una plegaria de intención, abrir la puerta a la posibilidad y permitirlo.

Esta segunda realidad ha ayudado a florecer a muchas de mis relaciones más importantes. A veces conocemos a alguien y sentimos que vamos a tener algo que ver con ellos en el futuro; a veces no estamos seguros del modo en que un baile con ellos podría encajar en nuestra vida, pues no todas las piezas de nuestro rompecabezas nos han sido presentadas claramente en el primer encuentro. La plegaria, entonces, es la siguiente.

Cuando me siento así – o ellos se sienten así– nos tomamos de las manos y decimos:

"Querida Madre/Padre Dios: si está en nuestro Patrón Divino el servir juntos, pedimos el apoyo de todas las fuerzas universales para realizar esto con alegría, comodidad y Gracia.

Pedimos por la conexión perfecta de Yo Divino a Yo Divino y que todos los recursos que necesitamos – tiempo, dinero, sabiduría, gente, inspiración – lleguen a nosotros en el momento perfecto. Así es. Así es. Así es".

Este programa de intención es suficiente para llevar a aquel que está predestinado a ello a un estado suave de estar, más allá de las restricciones y limitaciones de nuestra mente.

Así que le presté atención a este hombrecito pintoresco que había viajado desde tan lejos para verme, guiado por la alegría que había dentro de su corazón y feliz de ser parte de los tiempos venideros del cambio, pues él era un buscador de milagros que había sido testigo de la creación de uno.

Dieciocho meses más tarde, me encontraba en el viejo templo de Hare Krishna en San Petersburgo dando otra conferencia de prensa a la que parecía que habían asistido más curiosos que periodistas. El show continuaba hasta que en un momento se dio el espacio para que una mujer muy regia pudiera no solo acercarse a mí, sino también darme un cálido y tierno abrazo. La multitud de la sala aplaudió y se les llenaron los ojos de lágrimas. El nombre de la mujer era Zinaida y durante los siguientes días pude conocer más sobre su historia.

Al parecer, cuando ella tenía cuarenta y tantos años, su hijo fue asesinado; la pérdida y el dolor que sentía eran tan intensos, que virtualmente se le rompió el corazón. Lo único que podía hacer en ese momento, y mucho tiempo después, era rezar. Durante los 20 años siguientes, su rezo fue el alimento de su alma y su santuario contra las duras realidades de la vida. Durante ese tiempo, su devoción a Cristo creció sin descanso hasta que un día, una voz interior le dijo que había llegado la hora de que dejara que el Amor de Cristo alimentara su cuerpo físico. Sin saber de mi viaje y de mi investigación con el programa de Nutrición Divina, Zinaida escuchó esa voz y dejó de comer. Un mes más tarde, esa misma voz interior la animaba a dejar de beber líquidos también.

"¿Entonces qué hiciste?" Pregunté.

"Lo dejé, naturalmente." Brillaba como alguien que siempre confiaba en su voz interior sin cuestionar nada. Me dejó asombrada a mí también porque mucho tiempo atrás yo también había recibido las mismas instrucciones; sin embargo, yo me aferré a mi vieja forma de ser y me negué a ir un poco más allá y dar otro salto de fe. Solamente ahora, casi 11 años más tarde, puedo considerar aquel pedido original.

Hablamos durante un rato sobre los ajustes físicos y sociales que tuvo que hacer antes de que me revelara la respuesta a un dilema personal. Cuando le pregunté si sentía alguna incomodidad física por no ingerir líquidos, me respondió:

"Solamente la comezón."

"¿La comezón?" Le pregunté intrigada dado que la comezón me había molestado constantemente durante años.

"Sí," me respondió, "pero por suerte ya no la tengo. Durante 3 años tuve comezón todos los días, pero desde hace 6 meses dejé de sentirla".

"¿Qué crees que era? ¿Los deshechos que se quemaban?" me arriesgué, y ella dijo: "Era simplemente un alineamiento de frecuencia a una vibración más fina en las células del cuerpo".

Mientras charlábamos, fuimos interrumpidas cuando me trajeron mi bebida favorita cuando estoy de viaje– el cappuccino –que para mí representa una comida de 3 platos. Por costumbre le pregunté si quería tomar algo y ella se quedó allí sentada en su nube regia y dijo suavemente:

"No, gracias. Yo tomo del aire todo lo que necesito". E hizo un gesto con sus manos para señalar la atmósfera alrededor de nosotros.

El viaje de Zinaida puede parecer un milagro y a la vez es algo que no se puede replicar fácilmente. La experiencia de una madre de mediana edad que experimenta un shock y un dolor tan grandes que se refugia en la plegaria, lo que a su vez libera tanto amor y tanta devoción a través de su sistema que ella se libera de algunas de sus limitaciones más humanas, no es algo que se pueda repetir. En un nivel, lo que pasó con Zinaida es fácil de comprender porque, como hemos tratado en el libro *Nutrición Divina*, cuanto más Amor Divino permitimos que fluya a través de nuestro sistema, más Gracia y milagros percibimos y experimentamos en la vida.

Hace tiempo he aprendido a confiar y a trabajar con la realidad de que "todo es siempre perfecto", reconociendo que como seres con libre albedrío siempre tenemos elección. Hace una década elegí ignorar a mi voz interior que – al igual que el consejo intuitivo de Zinaida– me llegó exactamente un mes después de haberme liberado de la necesidad de nutrirme de comida física. Era una voz que decía: "Sabes que tampoco necesitas beber", una voz que me invitaba a ser incluso más extrema en mi elección de estilo de vida y que, como no estaba personalmente preparada, permaneció ignorada a pesar de ser una voz que podría crear milagros. Casi una década más tarde, Zinaida sí escuchó a su voz interior, no la puso en duda ni la negó e hizo su transición estoicamente con el corazón puro de una persona con gran fe. Así, el buscador de milagros se convirtió en el creador de milagros.

Durante esos pocos días, tuve el placer de estar en presencia de esta mujer que, según las pruebas, tiene una edad biológica de 30 años, aunque su apariencia física es la de una mujer de unos 68 años, edad que tenía cuando nos conocimos. Es cierto que su piel se veía un poco deshidratada y que había perdido 20 kilogramos antes de que su peso se estabilizara, pero con un peso original de más de 90 kilogramos, perder 20 fue beneficioso. Dice que nunca se había sentido más feliz ni más saludable y que todas las personas a su alrededor la respetan completamente y apoyan su elección de estilo de vida, aunque muchas se asombran por el milagro. Yo también muchas veces he tenido una apariencia un poco menos brillante de lo que podría haber tenido, ya que los viajes constantes y un trabajo de 20 horas diarias han pasado factura, incluso a pesar de que mi flujo pránico interno me había alimentado bien.

Ahora sé que si hubiese escuchado a mi voz interior hace tiempo, si hubiese superado la necesidad de tomar líquidos, mi vida ahora sería muy diferente; sin embargo, también sé que tenemos que dar todos los saltos de fe cuando estamos preparados y que no podemos ser empujados, tentados u obligados, especialmente si queremos que el cambio sea duradero. También sé que me ha tomado una década poder compartir lo que he aprendido después de vivirlo y aprender a encontrar un espacio para vivir el milagro de la Libertad de la vida, porque algunos tipos de Libertades, paradójicamente, pueden crear restricciones, especialmente en un mundo en que la Libertad de este tipo desafía las viejas creencias.

Recuerdo la tercera vez que mi SDI me invitó a ir un nivel más allá en el programa de la

Nutrición Divina y a liberarme de la necesidad de tomar líquidos, porque contesté:

"Cuando el mundo se vuelva vegetariano, entonces daré ese próximo paso". Era una respuesta conveniente que me compraba algo de tiempo. De alguna manera ha sido importante para mi realizar estos cambios lentamente; además, he estado distraída actuando como vocera pública para del Servicio Global del programa de Nutrición Divina y lidiando con las respuestas que este tipo de investigación provoca.

La Libertad de la necesidad de comer, de beber, de envejecer, de dormir o de enfermarse nunca había sido fascinante para mí. Mucho más interesante me parecía el desarrollar un control suficiente sobre la estructura molecular de mi cuerpo como para ser capaz de desmaterializarme y rematerializarme según mi voluntad. Sin embargo, mi investigación sobre la liberación de las limitaciones humanas me ha iluminado mucho más sobre los beneficios de semejantes niveles de control molecular, y más aún sobre los regalos de la Ley del Amor y los milagros que Esta trae cuando le permitimos estar completamente operativa en nuestra vida.

No obstante, todo ser humano está impulsado por algo interno muy profundo que le permite realizar lo que llamo su Patrón Divino. Esto es una especie de manifiesto cósmico acordado previamente que podrá realizarse con nuestra participación y en el que cada paso del viaje de realización nos trae recompensas y virtudes; esto es, quizás, un regalo todavía más grande que la alegría de la terminación del viaje. La Libertad, como la iluminación, es un viaje que nunca termina, pues nuestra capacidad de expandirnos y aceptar más luz crece continuamente.

Como compartí en mis otros libros, cuando algo es parte de la evolución humana, su potencial se libera en canales etéricos que rodean la tierra en donde las personas, cuyos campos personales están abiertos a posibilidades milagrosas como esas, pueden conectarse y descargar los datos necesarios para llevarlo a una realidad más global.

El navegar la red interior durante el momento de la contemplación, introspección y meditación le da al navegante un gran abanico de perspicacia, elecciones, recordatorios y posibilidades, muchos de los cuales conllevan un gran apoyo energético para ser manifestado. Así, utilizar la Ley del Amor para explorar la Libertad de las limitaciones percibidas es algo que siempre será apoyado cósmicamente. De la misma manera, los buscadores de milagros siempre reciben las herramientas para reconocerlos y experimentarlos.

Prahlad

Yo había oído hablar de otra mujer en Paris que no había comido ni bebido nada durante más de 20 años. En el camino a Rumania tras mi visita a Rusia y mi encuentro con Zinaida, me enteré de un hombre indio llamado Prahlad Jani, que tenía 76 años y que no había ingerido nada durante unos 68 años.

Al parecer, cuando tenía 8 años una Diosa india se le presentó y liberó su sistema de la necesidad de ingerir comida o líquidos. No sabía cómo podría hacerlo y lo único que dijo fue que tenía un agujero en la parte superior de su boca a través del que podría fluir el alimento Divino. Él llamaba a este alimento 'el elixir de la vida'.

Naturalmente estaba hablando del Amrita, el néctar producido por la glándula pituitaria, lo que los Yoguis llaman la fuente de la juventud. Cuando se la estimula, la glándula pituitaria produce más del néctar que es la fuente del cuerpo de alimento Divino. En el caso de Prahlad, su cuerpo liberaba néctar suficiente para proporcionarle estas libertades. El viaje de Prahlad fue investigado y publicado por el mismo equipo de investigadores médicos con el que yo colaboraba, el Dr. Sudhir Shah y su equipo, y en la parte 2 de este manual vamos a compartir una nueva herramienta taoísta para estimular y crear este flujo de néctar.

Hira

En el amanecer de un nuevo milenio, un yogui indio trabajaba intensamente con un grupo de investigadores médicos en Ahmedabad, India, donde permaneció durante un periodo de 411 días bajo observación constante, las 24 horas del día, mientras su sistema era monitorizado y él se alimentaba con energía solar y un poco de agua. "¡Un milagro!" concluían los médicos involucrados. Por alguna razón, los resultados de este trabajo llegaron sincrónicamente a mí y yo los incluí en mi libro *Embajadores de la luz (Ambassadors of Light)*. El nombre de este hombre era Hira Ratan Manek.

Alrededor de un año más tarde, me encontré afuera de un hotel en Ahmedabad, al lado de este yogui muy alto, ambos mirando fijamente el sol abrazador del mediodía, mientras los fotógrafos de los periódicos locales tomaban sus fotos. Yo no podía sostener la mirada por más de unos segundos mientras observaba incrédula cómo Hira se alimentaba indulgentemente de esta manera, cómo nunca parpadeó y cómo miraba y miraba fijamente como si fuera capaz de hacerlo todo el día. Su capacidad de absorber prana directamente de la energía solar está ahora bien documentada y demostrada.

Una vez me contó que cualquier persona puede hacer esto, independientemente de su estilo de vida, y que el sol era tan puro y tan poderoso, que sus rayos se absorben directamente en el cerebro a través de los ojos, donde inundan el sistema interior del cuerpo y queman todo lo que no sea de esta luz pura – así se da la transformación. Mirar fijamente al sol durante nueve meses, incrementando lentamente tu capacidad, trabajando unos segundos cada día – haciéndolo solamente al amanecer y al atardecer – es suficiente para alimentar un sistema físico de otra manera, siempre que esto se complemente con contacto directo de nuestros pies con la tierra por unos 45 minutos al día. No voy a extenderme más sobre la metodología de Hira, dado que esto está en su página web www.solarhealing.com (y que la investigación médica ha sido compartida en mis trabajos previos); basta decir que alimentar nuestros sistemas físicos solo con energía solar parece milagroso, aun cuando en los círculos metafísicos sabemos que el sol es un generador cósmico de la luz del Cristo y que esta es tan pura y da tanto amor que los milagros suceden a un nivel personal y global cuando se la estimula para incrementar su flujo a través de nosotros.

En 2003, en una entrevista con Hira para nuestra revista online gratuita, The ELRAANIS Voice* (*La Voz de ELRAANIS*), Hira, o HRM como se lo conoce más comúnmente, dijo lo siguiente sobre el acto de mirar fijamente al sol: "Le permite a uno armonizarse y recargar el cuerpo con la energía de la vida a la vez que despierta muy fácilmente los poderes ilimitados de la mente. Le permite fácilmente a uno alcanzar la liberación de los tres sufrimientos de la vida; es decir, el mental, las enfermedades físicas y la ignorancia espiritual". *http://www.jasmuheen.com/wp-content/uploads/Article-Prahlad-Jani-LOL.pdf

Con respecto a los beneficios globales de la alimentación solar para nuestro mundo y nuestro futuro, Hira respondió lo siguiente: "El beneficio global es la sanación global en todo sentido. Habrá paz, paz y paz por en todos lados. No habrán crisis energéticas porque la energía solar no se acaba. No habrá contaminación porque la energía solar no contamina. No habrá obesidad ni hambre. No habrá SIDA ni cáncer. Todo estará en su lugar física, mental y espiritualmente. La salud absoluta reinará en el mundo. Veo un mundo con bienestar humano y paz mundial".

Si, como Hira ha demostrado, un biosistema humano puede alimentarse directamente del sol y por lo tanto experimentar una salud tal que el cuerpo se libere de la necesidad de comer, ¿Podemos hacer eso mismo sin utilizar el sol? ¿Podemos abrir los átomos de nuestra estructura celular para atraer la energía del prana desde los universos interiores y experimentar la libertad de la dependencia del sol? Este es el tipo de preguntas que la investigación de Hira generó en mí.

3 años después de haber conocido a Hira, durante una búsqueda para contestar estas preguntas me encontré explorando y experimentando las enseñanzas de los antiguos maestros inmortales del Tao cuando estuve 3 semanas en completa oscuridad mejorando mi cuerpo para poder alimentarme sin la luz solar o comida física; en la parte 2 de este manual trataremos esto más detalladamente.

Es cierto que un milagro parece desafiar toda explicación racional, como en el caso de Zinaida. Sin embargo, Hira y su equipo de médicos han hecho grandes avances en el estudio del mecanismo humano, particularmente en el papel de la glándula pituitaria y la glándula pineal, lo que hemos tratado en detalle en el libro *Nutrición Divina*. En este libro vamos un poco más allá y añadimos técnicas antiguas de los maestros taoístas para asegurar nuestro viaje de libertad.

Como he dicho muchas veces, una de las fantásticas recompensas de la devoción y el alineamiento con el SDI es el flujo mágico y constante de Gracia en la vida. La Gracia es una energía que parece llevarnos sobre su ola para que no solamente seamos buscadores de milagros, sino que podamos también encontrarlos. Sincrónicamente, en la misma época en que me encontré con Zinaida, recibí un libro maravilloso de Michael Newton llamado *Destino de las Almas (Destiny of Souls)*, y más tarde descubrí su primer libro *El Viaje de las Almas (Journey of Souls)*. Menciono estos dos libros aquí porque la investigación que se trata en ellos es de gran utilidad para nuestro mundo.

Una de las energías más debilitantes de nuestro mundo y de nuestra vida es el miedo, y es a la vez uno de los mecanismos de control más grandes para mantener a las personas y las sociedades en un estado de limitación, un estado en que la libertad verdadera es imposible. Para muchas personas, uno de los miedos más grandes en la vida es la muerte, la idea de que no tendremos consciencia y forma. ¿Te imaginas el milagro que sería para algunas personas si se les diera la libertad de la inmortalidad instantánea?

Lo que me encantaba de los libros de Michael es que este es exactamente el tipo de libertad que su investigación nos proporciona. Tras haber entrevistado a cientos de personas en una hipnosis profunda, Michael nos ilumina de manera fascinante con respecto a lo que pasa cuando morimos físicamente, a dónde se va nuestra consciencia, los seres que conocemos y que nos guían, grupos de almas, acuerdos kármicos, planes para reencarnaciones y mucho más, hasta que la naturaleza inmortal de nuestro ser sea auto-evidente.

En mi campo, hablar sobre la reencarnación y la indestructibilidad de la energía y la vida entre las vidas, es predicar a los conversos, porque todo esto es una realidad comúnmente aceptada por las personas, que se acercan a mi investigación. Lo que me encantó de estos dos libros es que confirmaban mucho de lo que yo había recibido directamente de la mente universal en mis meditaciones, mientras buscaba las respuestas al funcionamiento matemático de los campos de la vida.

Los sujetos de trabajo de Newton que estaban bajo hipnosis nos iluminaron en la realidad de líneas y cuadrículas de luz, puertas dimensionales, fundamentos y muchos otros aspectos, todo lo cual añade una base maravillosa para la Parte 2 de este libro. Por todo esto es que recomiendo altamente que lean estos libros, pues iluminan al lector y le dan libertad de muchos miedos y limitaciones. Y cuando estamos libres de estas cosas, nos abrimos para experimentar más milagros.

Hay muchas historias maravillosas de buscadores de milagros y creadores de milagros en nuestro mundo de hoy y también en nuestra historia. Elegí solamente a Zinaida, Hira y Prahlad, porque sus historias apoyan algunos de los temas de este libro.

LA LEY DEL AMOR – resumen

NIÑOS LOTO
NIÑOS ÍNDIGO
NIÑOS CRISTAL

BUSCADORES DE MILAGROS Y CREADORES DE MILAGROS
CO-CREANDO UN FUTURO SANO - FELIZ

Los Niños Loto – niños del maya o el barro.
Desafío – Ser maestros radiantes en un mundo de ilusión.
Los Niños Índigo – portadores de caos y cambio.
Desafío – Ser entendidos y apoyados con sensibilidad.
Los Niños Cristal – sanan y alivianan el camino.
Desafío – Ser reconocidos, escuchados y apreciados.

::A lo largo de este siglo, han nacido diferentes modelos de humanidad y cada modelo tenía un propósito específico. Los niños del loto son la ola de "baby boomers" (niños nacidos después de la Segunda Guerra Mundial), que venían con un gran deseo de paz interior y exterior, la cual, sabían, solamente podría llegar a través del auto-conocimiento; así abrazaban el amor libre y/o el misticismo oriental con sus principios de yoga y meditación y la subsiguiente terapia de autoayuda. Su misión consistía en ser los buscadores de milagros y sentar las bases para un nuevo milenio de co-existencia pacífica y sensible y en ser un ejemplo radiante de maestros que pueden existir en armonía y felicidad en un mundo de ilusión. Los niños del LOTO vienen para construir puentes entre los mundos.

::Cuando los "baby boomers" crecieron, quizás se cansaron y se volvieron más complacientes, los niños INDIGO llegaron para sacudir aún más nuestros sistemas y decir *"Oye, las cosas podrían ir un poco mejor aquí para todos. Mis estándares son más altos que esto y mis necesidades no están satisfechas."* Son muy creativos y sensibles y están demandando que se los escuche; piden un refinamiento de nuestros sistemas educativos y sociales, pues vienen como los portadores del cambio. No se los entiende bien y muchas veces los Niños Índigo acaban ignorados y se los considera 'demasiado difíciles' o sedados, aunque ellos también son solamente buscadores de milagros.

::Luego llegaron los Creadores de Milagros, los niños CRISTAL, niños despiertos a la naturaleza de su SDI, niños que traen muchos regalos. Suelen estar libres de desequilibrios kármicos y vienen para inspirar, para sanar, para establecer un puente entre el mundo animal y el mundo humanos honrando y amando toda la vida y el entorno de la tierra. Eligen dietas livianas, muchos son telepáticos, todos son empáticos y muchos son ejemplos del poder del amor incondicional. Su tarea es suavizar el camino después de que los baby boomers y los Índigos, ambos discordantes, hayan agitado los sistemas y reiniciado los estándares. Los niños Cristal vienen para ser ejemplos inspiradores del amor en acción y no necesitan mucho de nosotros, solo nuestro amor y aprecio.

Capítulo 5 – Creadores de Milagros Atributos y Acción

Sin mirar, todo lo ve el sabio
Por completo cautiva el Tao,
No existe la idea de muros auto-creados.

Otro ser nacido en el siglo 8 D.C., de quien se dice que todavía está vivo, es el maestro Taoísta Lu Tung-Pin. Muchas veces se lo ha visto montando un tigre y fue iniciado en los secretos de la alquimia interna por su colega inmortal Chung-Li Chun. Es capaz de volar y de caminar sobre las nubes y lleva una espada sobrenatural que le regaló un dragón para que pueda ser invisible a los espíritus malvados.

Lu Tung-Pin vagaba por China buscando a los puros de corazón; encontraba a aquellos que ponían en riesgo su propia comodidad y muchas veces su seguridad para ayudar a otros, y usaba sus poderes para ayudarles a transformarse en colegas inmortales. Por el contrario, castigaba a aquellos que oprimían a los débiles o los pobres. Es venerado y respetado por las masas. Lu estuvo en esta tierra 400 años y todavía aparece periódicamente.

Aplicar prácticas como la alquimia interna de los maestros taoístas es una forma de transformar nuestro bio-sistema en un sistema que deje de estar condicionado por enfermedades o por el tiempo; las vidas del Chamán que transforma y de los buscadores de milagros son muchas veces bastante diferentes a las vidas que se viven en nuestro mundo occidental más 'normal'.

Los buscadores de milagros vienen en todo tipo de paquetes, pero en general están simplemente abiertos. Están abiertos para ser testigos, abiertos para recibir, para saber, para disfrutar, para permitir y para crecer. Estos atributos de apertura van de la mano con otros atributos y otras acciones que necesitan los buscadores de milagros para acceder a la Ley del Amor y manejarla de manera que puedan alcanzar otro nivel y ser transformadores o creadores de milagros. La vida de un creador de milagros está llena de ejemplos de sincro-destino, ejemplos que ocurren más regularmente a medida que utilizamos la Ley del Amor.

Buscar milagros, descubrirlos, experimentarlos, disfrutarlos y crearlos depende de los atributos que poseemos y desarrollamos y de las nuestras acciones en la vida. Me gustaría mencionar algunas de las cosas que son parte de la vida de un creador de milagros y luego elaboraré más detalladamente sobre estas cosas:

- Permiso
- Alineamiento y Acción
- Aceptación a través del Reconocimiento y la Experiencia
- Apreciación y Bio-retroalimentación
- Demostración
- Descargas
- Dirección y aumento del campo
- Sueño del Resultado

Permiso

Los creadores de milagros permiten que los campos de posibilidad se presenten para ser explorados y reconocidos. Este permiso se trata de estar abierto, preguntar y atraer lo suficiente para presenciar cómo el universo puede revelar su magia y sus milagros a todos y cómo efectivamente los revela. Se trata de crear un espacio para que estas cosas puedan entrar en nuestro campo y manteniendo un corazón y una mente abierta y capaz de discernir.

Alineamiento y Acción

El alineamiento se trata de ponerse en línea con el canal en el que los milagros suceden lo bastante regularmente como para que podemos disfrutarlos. Así, el alineamiento viene a través de un programa de acción, como el Programa del Estilo de Vida Exquisito (Luscious Lifestyles Program), que forma parte de Receta 2000> (Recipe 2000>) con sus códigos de programa específicos. Hablamos en detalle sobre este programa en el libro *Cuatro Cuerpos Sanos: Bio-campos y Bendición (Four Body Fitness: Biofields & Bliss);* este es un programa diseñado para alinear nuestros campos de energía al canal de la Gracia y permitirnos actuar en una manera más consciente a través de la Ley del Amor. Los creadores de milagros se toman el tiempo de alinearse al Canal del Amor Divino y mantenerse alineados a él lo que nos pone en el camino de su Gracia, que es donde todos los milagros suceden naturalmente.

Aceptación a través del Reconocimiento y la Experiencia

Para muchos, es fácil dar, pero tal vez no es tan fácil recibir. La capacidad de estar abierto a los milagros y de aceptarlos es imperativa, si queremos reconocerlos y experimentarlos en nuestra vida. Paradójicamente, nuestra experiencia con los milagros nos abre a aceptar que existen y que quizás podemos obtener más de ellos. El reconocimiento y la aceptación de que vivimos dentro de un campo cuántico de amor e inteligencia es un paso básico en el juego de la libertad.

Apreciación y Bio-retroalimentación

Los creadores de milagros tienen una actitud de gratitud, porque saben que la gratitud abre nuestros campos a recibir más milagros. También sabemos que lo mismo ocurre al apreciar el flujo de Gracia de los milagros que presenciamos y disfrutamos. La apreciación también nos regala la capacidad de estar completamente presentes en el ahora y de comprometernos con una bio-retroalimentación activa en un campo universal consciente. Aprender a escuchar a los campos de energía y a leerlos es una habilidad desarrollada por los creadores de milagros y la apreciación de semejantes intercambios agrega otra capa más profunda.

Demostración

Los creadores de milagros pueden mostrar milagros en sus vidas; sin embargo, lo que ellos perciben como milagroso y lo que otros perciben de esa manera será diferente para cada uno. Algunos podrán decir que una vida libre de enfermedades es un milagro, sobre todo si han transformado su propia vida de una con muchas enfermedades a una de tranquilidad. Otros podrán sentir que el hecho de que parezcan rejuvenecer o que han frenado el proceso de envejecimiento es un milagro, en especial cuando esto se confirma mediante pruebas de edad biológica.

Descargas

Los creadores de milagros tienen la capacidad de descargar todos los datos que necesitan para crear milagros. Descargan estos datos a través del contacto directo con La Mente Universal y los patrones que tienen allí para ello. Estas descargas se realizan a través de nuestro sexto y séptimo sentido de intuición y conocimiento, y a través de nuestra capacidad de escuchar la reacción de este campo a las respuestas a preguntas específicas que hemos aprendido a formular y preguntar. Aprender la sutileza de preguntar correctamente es un arte altamente cualificado.

Dirección y Aumento del Campo

Los creadores de milagros aprenden el arte de dirigir la energía a través del pensamiento, la voluntad y la intención y aprenden a usar las cuadrículas energéticas para cambiar, realzar y/o fortalecer ciertos campos y así garantizar ciertos resultados. Los campos son las realidades que atraemos y en las que nos sumergimos como resultado de la manera en que elegimos sintonizar nuestra nota o frecuencia personal. En La Ciencia de Bio-campos Dimensionales cada ser vivo emite una frecuencia que puede ser ajustada.

Sueño del Resultado

El arte de visualizar y soñar nuevas realidades es parte del kit de herramientas de la vida de un transformador y de un Creador de Milagros. Los Creadores de Milagros, como el Chamán, conocen el poder de tener una visión clara, enfocarse en ella, apoyarla energéticamente y luego dejarla para que puede alinearse con la visión más amplia, que apoya todos los patrones de la vida.

Los Creadores de Milagros trabajan con todas las Leyes Universales y comprenden la alquimia detrás de la Ley del Amor a base de su experiencia. La vida de un Creador de Milagros es un ejemplo de la Ley del Amor en acción: obtienen lo que buscan con alegría, tranquilidad y Gracia, libres del sufrimiento de la lucha.

Todo lo mencionado arriba es parte de lo que yo llamo Mecánica de Matriz, una ciencia que actúa bajo los principios que se tratan en la Serie Bio-campos y Felicidad. En la parte 2 de este libro resumiremos todos los mecanismos de matriz necesarios para la agenda de la libertad.

Capítulo 6 – Metas & Estatus

Las leyes de la naturaleza son pensamientos de Dios,
El universo se creó al asentir,
Y una barra flexible se usa para regir.

Han Hsien-Ku, el sobrino del gran poeta Tang y sabio Han Vu, era conocido como un niño salvaje que también despreciaba la naturaleza superficial del mundo. A pesar de que había sido expulsado del monasterio budista por hacer travesuras, Han era un adolescente de corazón puro y fue iniciado en las prácticas de alquimia interna por Lu Tung-Pin. Explorando los misterios del cielo y las Cinco Fases o elementos de la Energía, Han se embriagó del amor del Tao, palabra que significa la manera o el camino. Han, a quien muchas veces se lo vio montado sobre un búfalo, llevando una flauta que emite sonidos curativos, también hacía hazañas maravillosas como crear una flor con versos escritos en oro sobre sus pétalos, versos que predecían el futuro de su tío.

Los futuros se basan en los sueños que tenemos en el ahora.

Durante mi primer año viviendo en la playa descargué *Nutrición Divina* y finalmente sentí que todo lo que tenía para decir con respecto a la habilidad de nuestro SDI de alimentarnos ya había sido dicho. Recibir mi nueva tarea en Barcelona significaba abrirme nuevamente a otro nivel; sin embargo, para avanzar hacia un nuevo futuro, a veces necesitamos primero reconocer el pasado y dejarlo ir. Así me encontré mirando en profundidad lo que ya había logrado en mi propia agenda de Libertad.

Entendí, que ya no me interesaba seguir dando pruebas de mi viaje o de mis teorías pues ya había proveído suficientes para el mundo en mis últimos 18 manuales. También sentí que ahora era tarea de nuestros científicos crear el puente hacia esta realidad metafísica y sabía que el tiempo lo haría. Mientras mi vida se desarrollaba en la playa, entendí que todo lo que deseaba era ser una narradora de historias, un conejillo de Indias y una creadora de modelos, y que con esto estaba contenta.

A finales de noviembre 2003, en Basilea, Suiza, estaba entusiasmada porque pronto empezaría un período de diez meses sin viajar y también estaba feliz de cumplir con mi habitual contrato de compartir mi discurso/investigación con PSI, cuyo tema de conferencia de aquel año era la Curación Espiritual. Cada año, miles de personas se reúnen para escuchar a médicos, científicos e investigadores metafísicos de vanguardia que comparten sus investigaciones sobre el potencial humano, mientras todos intentamos crear lazos entre mundos y crear un mundo humano más honorable en la tierra. Es un buen sitio para conocer tanto a los buscadores como a los creadores de milagros.

En este evento, di mi primer discurso después de la presentación del médico ruso Konstantin Korotkov, quien disertó sobre el poder de la radiación del Amor y cómo este actúa en los campos de energía, así como la forma en que este Amor trabaja con los electrones y fotones en el cuerpo para proporcionar prana suficiente para alimentarlo. Cuando se mostraron en pantalla imágenes de esta radiación tomadas con la técnica fotográfica Kirlian, la audiencia pudo ver hasta qué punto había llegado la investigación, que ya estaba demostrando mi teoría de que "prana es Amor y el Amor como prana puede alimentar un biosistema humano lo suficiente para liberarlo de la necesidad de comer", teoría según la cual yo había vivido y que había compartido durante la última década. El hecho de que esta información hubiese sido compartida antes de mi presentación, obviamente abría a la audiencia a aceptar más algunas de mis proposiciones sobre lo que pasa en el cuerpo humano cuando incrementamos nuestra radiación de amor. Sé entonces de esta experiencia reciente, que hay médicos, científicos e investigadores cuya tarea es arrojar una luz diferente sobre nuestros viajes experimentales, y que, con el tiempo, las cosas que estoy sugiriendo aquí serán algo común para todos y ya no serán vistas como milagros.

Como he compartido en mis libros anteriores, mi papel principal con el campo de la "Ley del Amor" es comprender e investigar sus regalos de libertades, aplicarlos personalmente, vivir sanamente durante los cambios, crear modelos y luego refinarlos para que puedan ser aplicados por otros de manera segura y después regalar estos modelos al mundo. En otro nivel, mi papel ha sido sobre buscar, encontrar y crear milagros para poder inspirar un poco más a nuestro mundo a transformarse en una verdadera civilización, un planeta donde todos estén sanos y sean felices.

Así que aclaremos de manera sencilla nuestras metas para este nuevo viaje y resumamos también lo que hemos logrado hasta ahora en la última década:

Meta: **El refinamiento de un biosistema humano en los 7 niveles de Libertad mencionados a continuación y la creación de un prototipo seguro que pueda ser aplicado por otros que están pre-programados para este camino.**
Objeto de la prueba – Yo.
Libertades que llegan a los devotos del SDI:
1. Libertad de enfermarse.
2. Libertad del envejecimiento del sistema físico.
3. Libertad de las "necesidades normales" de sueño.
4. Libertad de las restricciones del tiempo.
5. Libertad de la necesidad de comida física.
6. Libertad de la necesidad de líquidos.
7. Libertad de las leyes del mundo físico, que restringen el movimiento a través del tiempo y espacio de un sistema físico, es decir bi-locación, desmaterialización.

Tiempo estimado desde la fecha consciente de comienzo: Mínimo: 3 meses; máximo: 3 años

Propósito: La Libertad y expansión personal (y diversión).

Beneficio global: Demostración del milagro del Poder Divino y sus regalos. (Con suerte inspirar también a aquellos que estén interesados en ir más allá de las limitaciones personales).

Herramientas: Voluntad personal, disciplina, poder mental, tiempo, poder del SDI a través de la elección del estilo de vida y la mecánica de matriz.

Ayuda: Nivel Interior – Los guías, los ángeles y los Santos predestinados a apoyarme. **Nivel Exterior** – Trabajadores talentosos y enérgicos destinados a ser parte de este viaje.

LIBERTADES PERSONALES
Estado actual de investigación oficial y no oficial

Libertades conseguidas hasta enero 2004:

1. Libertad de enfermarse.
Comentario y Estado: Después de años de investigación tengo confianza en que el estilo de vida que recomiendo en el libro *La Salud* de los *Cuatro Cuerpos – Bio-campos y Bendición* me ha liberado de enfermarme y puede liberar a otros también. Ahora sé cómo mantener una perfecta salud física, emocional, mental y espiritual y no hace falta investigar más sobre esto. Una evidencia de haber alcanzado una salud semejante es el flujo continuo de Gracia en mi vida, porque la Gracia es indicio de un biosistema humano demostrando la Ley del Amor. Para mí, la salud también es estar en armonía en todos los niveles, lo cual se refleja en el modo en que el mundo responde a nosotros y nosotros a él.

2. Libertad del envejecimiento del sistema físico.
Comentario y Estado: Las bio-resonancias y los chequeos kinesiológicos revelan que mi edad cronológica es 48 años mientras que mi edad biológica es 31. No hace falta más investigación por mi parte, pues es obvio que todas mis herramientas de reprogramación y mis acciones del estilo de vida están funcionando. Mi cuerpo desea alcanzar una edad biológica de 25 y, eventualmente, se apoyará para llegar a expresarla. Esta edad también ha sido confirmada por mi cuerpo a través de la kinesiología. El uso de mecanismos de matriz rejuvenecedores, como el Sistema Curativo de 11 Hilos – se trata en el capítulo Tao Y Herramientas – ayuda aún más a apoyar esto.

3. Libertad de la necesidad de dormir.
Comentario y Estado: Tras experimentar una reducción del 50 - 90 % de las necesidades de sueño de mi estilo de vida 'pre-prana solamente' y los beneficios en administración del tiempo que esto puede traer, he decidido no hacer más investigación en este campo. Esto así pues después de años de dormir una a cuatro horas cada noche, descubrí que extrañaba mis horas de sueño, así como el tiempo para estar fuera de mi cuerpo y ejercitar del que disfrutaba regularmente, cuando mi cuerpo dormía más. También confío en que a medida que elimine líquidos, mi cuerpo se adaptará a estos nuevos patrones de energía con respecto al sueño. Estoy preparada para aceptar las consecuencias de la falta de sueño como algo natural y he aprendido a entretenerme 24 horas al día, 7 días a la semana para evitar un aburrimiento

potencial. La libertad de la necesidad de dormir, así como el vivir puramente del prana, tiene sus beneficios y sus desafíos.

4. Libertad de las restricciones del tiempo.

Comentario y Estado: He aprendido a existir y a actuar multi-dimensionalmente y a cruzar las líneas del tiempo para poder acceder a lo que necesito de las líneas de energía del pasado y del futuro. Al momento, he enseñado esto a otros exitosamente y he probado y usado personalmente las técnicas de expansión del tiempo. También he comprendido la importancia de estar en el 'ahora' y los milagros y el poder que traen este enfoque y alineamiento. Comparto algunas de mis herramientas de administración del tiempo en el libro *La Salud* de los *Cuatro Cuerpos – Bio-campos y Bendición*.

5. Libertad de la necesidad de comida.

Comentario y Estado: Después de 11 años de experimentar personalmente todos los aspectos de este ámbito, ahora puedo declarar categóricamente y con confianza que aun si mi cuerpo físico no tuviese acceso a la alimentación a través de la comida, yo no moriría – siempre y cuando yo pueda mantener ciertos niveles de flujo interior de prana. Hay detalles de este investigación en la trilogía de Nutrición Divina: *Alimentación Pránica - Nutrición para el Nuevo Milenio (Pranic Nourishment – Nutrition for the New Millennium), Embajadores de Luz - Proyecto de Salud Mundial, Hambre Mundial (Ambassadors of Light – World Health, World Hunger Project)* y *El Alimento de los Dioses (The Food of Gods)*.

6. Libertad de la necesidad de líquidos.

Comentario y Estado: Uno de los enfoques iniciales de este libro será mi viaje hacia mi libertad de la dependencia de los líquidos, tanto emocional como mental. Mi investigación personal y mi experimentación a largo plazo en este ámbito está comenzando ahora, tras haber experimentado introspecciones a corto plazo sobre esta libertad. He investigado lo suficiente para comprender la teoría, y ahora necesito comprobarla experimentalmente a la vez que mantengo una salud perfecta en todos los niveles. Empezaré a aplicar estos principios, los códigos de programación y el trabajo corporal durante el retiro de 21 días en una habitación oscura en Tailandia mientras trabajo con el maestro de energía taoísta Mantak Chia. Aplicaré cualquier otra cosa que haga falta para rastrear, apoyar y evidenciar este cambio y trataré esto más profundamente más adelante en este libro.

7. Libertad de las leyes del mundo físico, que restringen el movimiento de un sistema físico a través del tiempo y espacio.

Comentario y Estado: Durante las últimas décadas he experimentado suficientes momentos espontáneos 'fuera del cuerpo' como para confirmar la existencia de otros campos, otros seres y otras inteligencias en otros niveles de consciencia.[2] Ya no quiero explorar más esto porque ya no tengo preguntas sin respuesta y todavía necesito integrar por completo algunas de las experiencias que he tratado en el libro *Radiación Divina - Viajando con los Maestros de la Mágia (Divine Radiance – On the Road with the Masters of Magic)* . Mi único deseo ahora es ser capaz de controlar mi estructura molecular lo suficiente para poder

---

[2] También confirmado en los libros de Michael Newton.

desmaterializarme y re-materializarme conscientemente a voluntad. No es mi intención lograr esto mientras escribo este libro. Confío en que este regalo me llegará una vez que haya dominado el flujo armonioso de los elementos que se encuentran dentro de mi propio sistema; sin embargo, sospecho que como sucede con todo lo demás, tengo que comprender la mecánica de los campos de todo y encontrar una fórmula o un camino fácil que pueda ser duplicado por otros. Esto se debe a que estoy creando modelos de masas (he hablado brevemente sobre las herramientas de bi-locación y algunas técnicas básicas de desmaterialización en el libro *En Resonancia*. La bi-locación es la habilidad de estar en dos sitios al mismo tiempo).

Cambiar nuestra frecuencia y alienarnos más con nuestro SDI y su flujo de Gracia – a través de nuestro estilo de vida – es una manera simple y segura de determinar qué tan bien estamos trabajando con la Ley del Amor. También es una manera segura de probar y promover nuestros niveles de confianza antes de emprender algo tan drástico como el juego de 'no comer y no beber'.

Si bien he resumido mi estado personal con las libertades mencionadas arriba, lo que pretendo hacer en este libro es también resumir las diferentes técnicas que todos podemos aplicar de manera segura para alcanzar estas libertades y, cuando sea necesario, me extenderé en estas técnicas.

LA LEY DEL AMOR

DEVOTOS DEL SDI
LIBERTADES –
Resumen

- Libertad de enfermarse.
- Libertad del envejecimiento del sistema físico.
- Libertad de las "necesidades normales" de sueño.
- Libertad de las restricciones del tiempo.
- Libertad de la necesidad de comida física.
- Libertad de la necesidad de líquidos.
- Libertad de las leyes del mundo físico, que restringen el movimiento a través del tiempo y espacio de un sistema físico, es decir bi-locación, desmaterialización.

El milagro de estas libertades se obtiene a través de:
- Permiso
- Alineamiento y Acción
- Aceptación a través del Reconocimiento y la Experiencia
- Apreciación y Bio-retroalimentación
- Demostración
- Descargas
- Dirección y Aumento del campo
- Sueño del Resultado

LA LEY DEL AMOR
VIVIR DE LUZ
sinopsis

PRANA = CHI =
FUERZA VITAL UNIVERSAL

Resumen del libro
Nutrición Divina:

- PRE-PROGRAMACIÓN Y PIONERO
- FRECUENCIA & FUNDAMENTO – ESTILO DE VIDA –espacio interno y externo desintoxicado
- ONDAS DEL CEREBRO – ALFA - ZETA - DELTA
- LOS 7 SENTIDOS Y LOS 7 ELEMENTOS
- INMORTALIDAD Y REJUVENECIMIENTO
- AMOR AL CUERPO – RESPIRACIÓN DEL AMOR Y EL PODER DEL NOMBRE DEL SDI
- MATEMÁTICAS DEL CORAZÓN – Apreciación, gratitud, incorporación
- RADIACIÓN VS. ABSORCIÓN

- PASADO, PRESENTE Y FUTURO – REALIDAD PERSONAL Y GLOBAL
- REPROGRAMACIÓN Y LIBERTAD DE ELECCIÓN
- COME MENOS, VIVE MÁS TIEMPO
- AGUA Y CONSCIENCIA DEL CUERPO
- MEDICINA PREVENTIVA DE LA SALUD
- SUSTENTABILIDAD DE RECURSOS

MECÁNICA DE MATRIZ:
- COLUMNA VERTEBRAL DEL CHACRA Y ALIMENTACIÓN DEL NIVEL INTERIOR
- BIO-ESCUDO PERSONAL
- MODELOS AUTOSUSTENTABLES –
- Creación y Activación
- CUADRÍCULA DIGESTIVA
- SISTEMA CURATIVO DE 11 HILOS DE ALIMENTACIÓN E HIDRATACIÓN
- PROGRAMACIÓN DEL FLUJO DE PRANA

Capítulo 7 – Sincronicidad y Sistemas de Apoyo Sagrado

No interferir al guiar,
Oír más allá de escuchar,
La maleza ayudar a limpiar.

En el siglo 3 de la dinastía Han hubo un general del ejército u Oficial del Imperio, llamado Chaun Chung-Li, que tenía un corazón lo suficientemente puro para que un viejo hombre le enseñara el Tao. Después de dejar el servicio al gobierno, Chaun caminaba por los montes hasta que, un día, mientras meditaba, encontró una caja vieja de jade que tenía instrucciones secretas para volverse inmortal. Se dice que Chaun Chung-Li siguió las instrucciones religiosamente hasta que un día su habitación se llenó de nubes de arco iris y música celestial, y una grúa apareció y se llevó a Chaun a los campos de la inmortalidad.

Era capaz de deambular solo por los cielos y aun así era atraído a servir en la tierra y ayudaba a miles de personas a liberarse de sus sufrimientos. Muchas veces convirtió el cobre y el peltre en oro y plata para dar a los pobres. Fue Chaun quien le enseñó a Lu Tung-Pin los secretos de la inmortalidad después de persuadirlo sobre el vacío de la vida y sobre la naturaleza bendita de los campos más altos. Con más de 1800 años de edad, muchas veces se ha visto a Chaun en la tierra como un mensajero del cielo, llevando un abanico y montando una quimera – un animal mítico que es sagrado para Hsi Wang Mu, la Diosa de la inmortalidad.

Tener amigos y conexiones en la vida que sean de ayuda es valioso para todos nosotros, porque a veces nuestro viaje aquí requiere sistemas de apoyo que pueden recargarnos o redirigirnos.

A finales del 2002, justo antes de mudarme a la playa, me encontré en la nada envidiable situación de haber perdido literalmente mi alegría y mi habilidad de presenciar milagros. Peor aún, también había logrado de alguna manera removerme del flujo glorioso del canal de Gracia.

Para un alquimista acostumbrado a estar radiante de alegría y apoyado por la Gracia Divina, esta situación era desalentadora. Por alguna razón, había creado una realidad que gritaba 'victima potencial', pues en mi viaje de servicio global nutriendo a otros, me había olvidado de crear tiempo para nutrirme a mí misma. También había dejado de buscar milagros y había perdido el arte de crear nuevos en mi vida.

Era más que solo esto, porque el flujo de Gracia naturalmente rodea un proyecto que está destinado a manifestarse, especialmente cuando el proyecto es una parte necesaria en la evolución humana. Así, el programa de la Nutrición Divina había sido divinamente apoyado por la Gracia desde el principio. Del mismo modo, la Gracia disminuye su foco a medida que se van completando las partes del proyecto y se reposiciona para alimentar y apoyar la evolución del paso siguiente. Esta energía de Gracia es como una pizarra que nosotros, los artistas, podemos utilizar para dar lugar a una nueva creación. La fuerza del apoyo que recibamos dependerá de lo siguiente:

  a) la importancia que esta nueva creación tenga en el gran diseño de las cosas; y
  b) el grado de consciencia y claridad con que nos alineemos a esto.

Nuestro papel como maestros o Creadores de Milagros trabajando con este flujo de Gracia es estar en el sitio correcto en el momento correcto y estar en armonía con la Ley del Amor y con nuestro Creador. Logramos esto a través de nuestra frecuencia, la cual controlamos a través de nuestro estilo de vida, nuestras percepciones y actitudes, y las cosas que hemos tratado en el capítulo previo.

La Libertad viene del dejar ir y del desapego, y emocionalmente he aprendido algunas cosas increíbles con respecto a mi mudanza física. A veces, estar preparados para soltar las cosas nos permite mantenerlas. Así fue con mi mudanza a la playa; ahora, un año más tarde, mi relación con mi familia está mejor que nunca, especialmente con mi marido, que se quedó en la ciudad para ocuparse de su negocio. Ahora ambos estamos disfrutando de un estilo de vida semi-célibe y basado en el yoga, viviendo cada uno en nuestros propios ashrams. Al modificar las matemáticas de los porcentajes y establecer prioridades, me ubiqué nuevamente en el río de Gracia. Hablaré sobre los beneficios de aplicar las matemáticas de los porcentajes y de la forma de hacerlo en capítulos posteriores.

Podría divagar y hablar de la realidad de tener Amor suficiente en una relación – tanto para nosotros mismos como para otros – para permitirnos tener la Libertad de explorar nuestros deseos más grandes, puesto que el primer sistema sagrado de apoyo que tenemos es aquel con nuestro SDI y el amor hacia nosotros mismos y el deseo de conocernos a nosotros mismos es el principio de esta relación. Sin embargo, también hay sistemas de apoyo a nuestro alcance, que pueden ayudar a facilitar nuestro papel como buscadores y creadores de milagros.

Además de nuestro SDI y nuestro equipo de Santos y ángeles en un nivel interior, también tenemos un equipo en un nivel exterior.

Uno de mis sistemas sincrónicos de apoyo en esta parte de mi viaje es Lucinda. Lucinda, descubrí, era una joya escondida en un spa/salón de belleza, cuyo espíritu me guio a ayudarme mientras transitaba esta nueva fase de la Libertad. Consciente del tipo de estrés, que la elección de 'ser libre de comida y líquidos' podría tener en mi biosistema, quería estar bien preparada, aunque en el momento en que conocí a Lucinda todavía necesitaba preparar mi entorno físico externo para apoyar esta próxima etapa.

No podría siquiera empezar a explicar lo valioso que fue que alguien como Lucinda entrara en mi vida. Trabajar con alguien en la visión más amplia que entiende los grandes juegos del destino y de la evolución humana es una bendición. El hecho de que también tiene su equipo cósmico y que sea una trabajadora de talentos de la energía, es otro regalo. Y así trabajé intensamente durante un año realineando neuronas y electrones básicos y reajustando mi campo de aura en todos los niveles de mi ser para apoyar esta transición incipiente porque, a diferencia de Zinaida con su salto de fe, una de mis tareas con esto es crear un modelo seguro, que pueda ser replicado.

La razón de mencionar mi encuentro con Lucinda aquí es la siguiente:

a) Hay mucho que podemos hacer y que necesitamos hacer para preparar nuestros sistemas para los niveles de Libertad que sugiero aquí. Hablé mucho sobre esta preparación en mi libro *Nutrición Divina;*

b) Utilizar sistemas como la kinesiología nos confirma nuestra preparación para cumplir la agenda de la libertad; y

c) También hay mucha ayuda a nuestra disposición en el mundo físico y en el mundo no-físico; ayuda que llegará cuando la reconozcamos y la invitemos, ayuda que estará encantada de apoyar nuestra apuesta por la Libertad. Yo llamo a esta ayuda un sistema sincrónico de apoyo sagrado.

Sistemas sincrónicos de apoyo son aquellos que parecen materializarse ante nosotros o a nuestro alrededor sin ningún esfuerzo por nuestra parte. Llegan porque se los necesita, como si de alguna manera estuviesen predestinados a entrar en el juego. Los sistemas de apoyo sagrados llegan como una confirmación del Campo Universal de la Inteligencia Infinita y son sistemas que también entran en el juego con sincronicidad, puesto que son sistemas de apoyo que asegurarán que cumplamos algo que hemos acordado hacer, algo que no solo es beneficioso para nosotros personalmente, sino también globalmente. Trataremos esto más detalladamente en el capítulo "Percepción".

Hay tantas modalidades de preparación para la libertad y de confirmación, que estamos listos para empezar o bien ya estamos en camino de alcanzar estas libertades. Estas modalidades oscilan desde máquinas de Bio-resonancia que pueden detectar cualquier desequilibrio de energía en cualquier nivel de nuestro sistema y luego reequilibrarlos a través de las vibraciones, hasta sistemas de análisis de sangre tales como Hemaview, kinesiología, iridología y otros. Todo esto nos proporciona información sobre nuestro estado personal de preparación para entrar en semejantes Libertades y es importante que estemos bien preparados para actuar de manera suficientemente responsable para de evitar un daño potencial en nuestro biosistema cuando desafiamos a los llamados límites "normales" de las fronteras humanas.

Cuando escribí mi primer libro en esta serie de Libertad, *Vivir de Luz*, supuse que cualquier persona atraída a emprender el viaje para obtener estas Libertades automáticamente se había preparado sensata y responsablemente. Desafortunadamente, he descubierto que este no es el caso y que las personas muchas veces toman grandes riesgos en su apuesta por la libertad.

El biosistema humano es un instrumento complejo y precioso. Es un templo diseñado para irradiar la naturaleza Divina de Aquel que nos hace respirar, Aquel que impulsa Su amor a través de nuestras células y que nos alimenta lo suficiente para regalarnos la vida. Es en esencia inmortal y auto-sustentable, aunque ya no le damos el reconocimiento que necesita para manifestarse y revelar estos regalos. El momento en que creamos un espacio para que nuestro SDI manifieste completamente Sus regalos en nuestra vida es también el momento en que nos encontramos a nosotros mismos experimentando milagros y libertades como las que hemos tratado anteriormente.

Uno de los regalos que me dio Lucinda tenía que ver con la realidad de las prioridades porque, como me había dicho muchas veces, cuando empieza a trabajar con una persona, ella se conecta y pregunta a su ser Divino cuál es la prioridad a tratar con respecto a su proceso actual de sanación, crecimiento y cambio. La prioridad se trata de estar en línea con el ahora y con el sitio en que nuestro SDI nos requiere estar.

La manera en que un terapeuta o proveedor de sistemas de apoyo trabaja con nosotros es crucial. Cuando le pregunté a Lucinda sobre esto, ella dijo: "con sensibilidad y con todas estas energías trabajando conmigo soy capaz de conectar con alguien que elige pedir asistencia y juntos como cliente y terapeuta – si podemos decir así – compartimos nuestros potenciales para el cambio. Con fe pregunto a mis clientes y a mis asociados de la vida en el nivel interior cómo podemos ayudar al mecanismo de sanación innato de esa persona a hacer un cambio positivo de modo tal que la tecnología de sanación o de sabiduría que esta persona lleva consigo para siempre se active y puedan entonces tomar lo que necesitan, lo que deseen y lo que puedan manejar en ese momento".

Lucinda empezó nuestro trabajo explicando un poco más sobre su metodología. "La kinesiología básica para mi es la bio-retroalimentación que puede identificar el lugar en que pueden haber desequilibrios energéticos que crean síntomas físicos, emocionales o espirituales. Luego podemos trabajar con el sistema en todos los niveles y dimensiones para identificar estos desafíos que el cuerpo contiene.

"Cuando trabajo con otros, mi sistema se convierte en una antena, una antena bio-eléctrica, lo que es en sí mismo un potencial para todos nosotros. Es sensibilidad con respecto a 'todo lo que es'. Es una conexión con 'todo lo que es'. Entonces, trabajando como una antena con alguien, reacciono a sus respuestas bio-eléctricas y al hacerlo puedo compartir con esa persona su propia expansión y comprensión de sí misma."

Durante la última década aproximadamente, he vivido conscientemente según la Ley universal de Resonancia. La comprensión y la dinámica de ella la he explicado con más detalles en mi libro *En Resonancia*. Por lo tanto, tiene sentido que durante esa década haya atraído, y me haya sentido atraída, a personas con una frecuencia similar – buscadores de milagros y creadores de milagros.

Ha sido fascinante estar 9 años de gira compartiendo mi investigación y entrevistando al público para descubrir qué es lo que los impulsa y los motiva. Aunque aquellos que se sentían atraídos o inspirados a compartir su tiempo conmigo venían de una buena posición social con respecto a sus profesiones – desde artistas y músicos a médicos, abogados y científicos – ellos no representan el estatus quo social típico con respecto a sus intereses personales, que ciertamente no son la 'regla', e incluso dentro de estos grupos hay una variedad de intereses asombrosa. Nuevamente, se puede categorizar a la mayoría de estas personas como los buscadores de milagros o los buscadores de las herramientas del Chamán que transforma.

En general, el 95 % de los que me visitan son vegetarianos, el 98 % meditan, el 60 % ha comprometido sus vidas al servicio para crear un mundo mejor, el 40 % está comprometido a actuar impecablemente, el 95 % comprende intelectualmente que crean su propia realidad y el 100 % quiere existir en un mundo de paz y prosperidad, salud y felicidad para todos, y la mayoría de ellos están dispuestos a trabajar responsablemente en sus propias vidas para alcanzar esto y hacerlo de una manera que sea buena para todos – incluido nuestro planeta – Gaia.

Aunque todos están interesados en la salud y la felicidad y en sentirse esotéricamente completos, en el campo de la libertad de la limitación humana estos grupos se subclasifican naturalmente.

a) Algunos siempre han sentido que vivir solamente de prana, o chi, no era solamente posible para ellos, sino un estado natural de existencia. Los beneficios personales y globales son obvios y deseables para ellos. Dentro de este grupo, algunos sienten el deseo de ser libres no solamente de la necesidad de comer, sino también de la necesidad de tomar líquidos.

b) Otro grupo – que puede incluir a algunos miembros del grupo a), siempre ha estado fascinado por la inmortalidad física y ama la idea de crear y mantener un sistema auto-regenerativo que sea libre de la necesidad de envejecer o morir. A muchas personas en este grupo todavía les gusta el placer de la comida y los líquidos y no tienen interés en dejar de ingerirlos.

c) Luego tenemos el grupo que se interesa por la desmaterialización y la rematerialización al estilo "Star Trek". A ellos les atrae la realidad de poder mover su cuerpo por todo el planeta sin ayuda externa física. Muchas personas en este grupo se ven también como parte de una cultura inteligente y universal que no está restringida a la tierra.

d) Otro grupo puede ser el de aquellos que aman la idea de ser capaces de vivir sanamente durante largos periodos con un mínimo de sueño, o de ser capaces de controlar la temperatura corporal sin el uso de mecanismos de calefacción o refrigeración externos y sin el uso de capas de ropa.

Muchas personas no ven estas cosas como milagros, sino como atributos naturales que han obtenido en su camino de la libertad, pues ellos son los que han sido pre-programados a ir más allá de lo que otros ven como limites humanos normales y aceptables.

Como el 90% de la población mundial todavía está luchando para sobrevivir, los temas mencionados arriba no tienen una prioridad muy alta en sus agendas, aunque estos tipos de libertades puedan traer beneficios para todas las razas y grupos socio-económicos en nuestro mundo. Trabajar con la Ley del Amor y permitirle que nos atraiga a su flujo significa que también podemos liberarnos de todo sufrimiento humano – personal y global – puesto que entender mejor la dinámica de la Ley del Amor nos dará también una mayor Libertad de elección.

Personalmente he sido guiada a experimentar con las categorías a) a d) y todavía lo hago. Cuando hube experimentado mi propia capacidad de dirigir suficiente prana a través de mi cuerpo para alimentarme con éxito y luego comunicarlo públicamente, rápidamente me asombré por la carencia de amor que mostraban muchos a mi alrededor. Primero experimenté el enojo y la incredulidad que mi elección y la discusión sobre ella producía en otros y en el mundo; luego fui testigo de la falta de amor que algunas personas mostraban hacia sus propios cuerpos cuando intentaban hacer lo que yo había hecho. Por carencia de amor me refiero a la carencia de auto-responsabilidad, dado que:

a) no haber aprendido a conectar con la voz de su cuerpo y a honrar sus necesidades muestra carencia de esto; y

b) empujar tu cuerpo a una manera de ser para la que no está preparado con amor es también irresponsable, y así surge la necesidad de poner sistemas sincrónicos de apoyo sagrados en su sitio, siendo el primero el de nuestro SDI.

Cuando empecé el siguiente nivel de preparación, que para mí era la libertad no solamente de comer sino también de tomar líquidos, decidí no solo escuchar a mi propio guía interior con respecto a esto, sino también contar con la ayuda de un trabajador del cuerpo para actuar como un sistema de confirmación adicional en el segundo nivel y también para ayudarme a prepararme. Aunque inicialmente busqué a Lucinda por otros motivos, rápidamente se volvió obvio que el universo la había traído a mí para que construyéramos una relación que fuera beneficiosa para ambas. Instintivamente supe que el equipo del nivel interior del Programa de Asistencia Médica estaba destinado a ayudarme en mi preparación física para este viaje.

Una vez más, cuando estás destinado a estar o a trabajar con alguien, las fuerzas del universo se aseguran de que ustedes se conecten en el momento perfecto. Por eso, aquellos de ustedes que deseen prepararse con amor y responsabilidad para este tipo de libertades, díganle al universo:

"Tráeme ahora el sistema perfecto de apoyo sagrado que necesito – tanto en el plano interior como en el exterior – para hacer esta transición con alegría, seguridad y calma". También puedes añadir:

"Si trabajar con un sanador o un kinesiólogo para que me ayuden con esta preparación es beneficioso para mí, tráeme ahora a la persona perfecta y cuando nos encontremos, permítenos conectar a través de nuestros SDI y que trabajemos en armonía de una manera que resulte beneficiosa mutuamente".

Además de la prueba muscular a través de las respuestas bio-eléctricas de tu cuerpo, hay otra manera muy simple de probarte a ti mismo si estás listo para explorar estas Libertades. Esta prueba consiste en la forma en que el universo te responde. Si el amor suficiente fluye a través de ti y a tu alrededor de modo tal que puedas hacer todo telepáticamente y obtener resultados beneficiosos, entonces, en un cierto nivel, estás listo.

Hay dos maneras de trabajar en este mundo; una es con esfuerzo físico y la otra es sin esfuerzo. En este caso, la Gracia simplemente lee las señales de energía de tu bio-sistema y te entrega todo lo que necesitas para apoyarte. Por ejemplo, para encontrar a una trabajadora de energía para tu equipo como Lucinda, puedes mirar en la guía telefónica o en el periódico, llamar a diferentes personas, encontrarte con ellos y entrevistarlos sobre su idoneidad; o bien puedes usar las instrucciones mencionadas arriba y encontrarla a través de la sincronicidad y la Gracia.

Me gustaría contar una historia para ahondar un poco más en este tema, porque la manera en que el universo te responde es una gran prueba de tu capacidad para trabajar con la Ley del Amor y demostrarla.

Un año después de mudarme a la playa y crear mi espacio ashram sagrado, mi departamento se vendió. El rumor que corría era que la compradora quería convertir el complejo en una gran residencia privada. Como la agencia de venta era diferente a la de alquiler, parecía imposible que alguien pudiera darnos más información. Dado que yo estaba a punto de ir a mi retiro de un mes en Tailandia y mi contrato de alquiler había terminado, quería saber aproximadamente cuánto tiempo tenía para dejar la propiedad, encontrar otro sitio en el que quedarme y aún estar en condiciones de viajar a Tailandia. Mi guía interior me decía que convirtiera mi sitio en la playa, del que había disfrutado el año anterior, en mi lugar permanente y que volviera a comprar mi propio apartamento. En el plazo de una semana, los ángeles telepáticamente me habían dado una descripción de lo que yo quería y me habían guiado a ello, había firmado los contratos, mis finanzas estaban en orden y faltaba menos de una semana para que volara a Tailandia a un retiro de oscuridad por un mes (es decir, sin luz para leer o firmar documentos etc.)

Lo único que faltaba en esta transición de Gracia era contactarme con la mujer que había comprado mi departamento anterior y definir una fecha de salida: así que le pedí al universo que nos juntara para poder obtener las respuestas que necesitaba.

Al día siguiente fui guiada a entrar en una joyería donde intuitivamente sentí que tenía que preguntarle a la mujer detrás del mostrador si había comprado ese apartamento en el que yo había vivido. Sí, lo había comprado.

Todo esto puede ser denominado sincronicidad; sin embargo, es simplemente la Ley del Amor y su regalo de Gracia, por el cual *aquellos que sirven al Amor serán, a su vez, servidos por el Amor.*

Cuando estamos en la frecuencia del Amor, la Gracia nos apoya en cada paso del camino y nada es un problema para nosotros. Si esta no es tu realidad, sigue practicando el Programa del Estilo de Vida Exquisito – con su dieta vegetariana liviana– hasta que la Gracia sea tu compañera constante y luego mira las libertades a) a d). *Especialmente* no trates de alcanzar la Libertad de comida y/o líquidos del grupo a) hasta que la Ley del Amor esté colmando tus días con Su Gracia.

La presencia de Lucinda me ha ayudado a acelerar mi preparación y me ha permitido trabajar con capas en mis campos que eran muy complejos y estaban ocultos. Por ejemplo, después de 10 años bajo la mirada del público, actuando como portavoz para el programa de Nutrición Divina necesitaba bajar de mi campo "la energía de incredulidad de la realidad de las masas". Esto era energía que, como resultado de mi exposición mediática, había sido dirigida psíquicamente hacia mí por millones de personas cuya educación todavía no les había permitido alcanzar la realidad de estas Libertades.

También necesitaba liberarme de un virus de energía que yo misma había creado y que provenía del permiso que yo daba a otros cerca de mí para desarrollar un cierto comportamiento. No necesito tratar esto aquí en más detalle; basta decir que un buen trabajador o kinesiólogo de la energía que está destinado a trabajar contigo de esta manera, leerá las señales de tu cuerpo y de tu Yo Divino con respecto a las cosas dentro de ti que necesitas cambiar para poder abrazar estos niveles de Libertad de manera segura y responsable.

En una sesión con Lucinda, mi cuerpo nos demostró muy claramente que hasta que yo no me liberara de este virus y no dejara de crearlo, no sería posible que yo viviera sin agua de manera segura; intentarlo daría lugar a una discordancia interior tal, que corría el riesgo de que mi sistema colapsara.

La Ley del Amor no solo nos invita a comprender el poder del Amor y su capacidad de alimentarnos, sino también a aplicar la Ley del Amor en el amor que compartimos con otros y, no menos importante, con nosotros mismos; por lo tanto, resulta imperativo tener la capacidad de conectarnos con nuestro cuerpo y de escuchar su consciencia. Sin embargo, escuchar a la voz de nuestro cuerpo y nuestro Yo Divino interior no es suficiente. También tenemos que hacer las preguntas correctas para obtener las respuestas correctas y la guía adecuada.

Aquellos que han estudiado mis libros de investigación anteriores y/o que han estado conmigo en mis seminarios saben que soy una gran defensora de dos cosas:
   a) Que tu felicidad no dependa de nada ni nadie fuera de ti mismo – especialmente porque el amante/maestro/amigo/guía/curandero etc. más grande que tenemos ya reside dentro de nosotros; y
   b) Que mirar lo bueno y el Dios en todo, incluido dentro de nosotros mismos, nos resulta más beneficioso que mirar lo malo en nosotros o en el mundo – porque aquello en lo que nos enfocamos lo alimentamos y, por lo tanto, crecerá.

Algunos podrán preguntarse, "¿Entonces para qué hiciste un acuerdo como este con Lucinda?"

Fui guiada a hacerlo por dos razones. En primer lugar, aunque confío en mi capacidad de vivir sin comida, mi cuerpo es demasiado precioso como para eliminar los líquidos de mi dieta sin antes haber preparado mi sistema y haber corroborado su preparación a través del sistema de confirmación de "verificación doble" que la kinesiología ofrece.

Segundo, he visto a demasiadas personas emprender el proceso de Vivir de la Luz sin la preparación adecuada. También conocía a muchas personas que conscientemente habían ignorado las directrices que ofrezco en aquel libro. Aunque esto constituye su Libertad de elección y para muchos nada de esto ha sido un problema, para otros ha habido algunas repercusiones físicas negativas que pudieron haberse evitado si hubiesen chequeado con su cuerpo si estaban lo suficientemente preparados para dar un paso como ese y mantenerlo. Escribir un libro de Libertad como este y guiar a las personas hacía una realización – a través del ejemplo – de que un cuerpo también puede existir sin líquidos puede traer grandes ramificaciones.

Invitar a aquellos de ustedes que están pre-programados para hacer esto a asegurarse de que obtengan la confirmación de que su sistema puede apoyar esta elección es simplemente ser responsable hacia ustedes mismos, hacía mí y hacía el mundo. Esta confirmación la obtendrán primero mediante su propia voz interior, habiendo aprendido ya a escucharla y a confiar en ella, y luego quizás usando también un kinesiólogo bien preparado que confirme tu propia intuición *(en un próximo capítulo hablaré sobre el uso de herramientas de preparación y presentaré un sistema de re-hidratación natural para nuestro cuerpo para que pueda apoyar la libertad de tomar líquidos)*.

Hay una línea muy fina entre la genialidad y la locura. Miles de millones de personas dirían que intentar ser libre de líquidos y comida es simple locura. Sin embargo, es locura solamente cuando el sistema no está preparado, no conoce la Ley del Amor y no la ha experimentado – no hablo del Amor humano, sino del Amor Divino, el amor con que el Creador de nuestro ser ha impregnado cada una de las células de nuestros sistemas. Un Amor que cuando se libera en toda Su gloria, sabemos que trae milagros. Naturalmente, para el Chamán que transforma este tipo de viajes con nuestro SDI es una parte natural de la vida, pues la devoción al SDI trae cosas extraordinarias.

LA LEY DEL AMOR

SISTEMAS DE APOYO SAGRADOS

Preparación de la agenda de Libertad

- o Nuestro SDI – 1° nivel y guía más confiable.
- o PLANO EXTERIOR 2° nivel. Confirmación de aquellos que son de confianza y están entrenados.
- o PLANO INTERIOR – 3° nivel de apoyo, aunque a veces puede ser el primero. Ángeles, Guías, Ayuda Sagrada a través de la R.C.N (Red Cósmica de Nirvana) [C.N.N. – the Cosmic Nirvana Network][3]. Todos son parte del amoroso campo de la inteligencia universal.
- o Purificar los espacios internos y externos mediante una introspección honesta con respecto a la necesidad de cambiar y luego mediante cambios en el estilo de vida y en la actitud.

---

[3] *Los sistemas del plano interior se tratan en el libro Nutrición Divina.*

Capítulo 8 – La Atracción del Amor

Cómo amo tu rostro sonriente,
El aroma dulce de tu abrazo caliente,
La ola de Gracia que en tu bondad se siente.

En la época de la dinastía Tang, había un joven inmortal de 16 años llamado Lan Tsai-Ho. Él era un artista al que le gustaba vestirse con ropa de mujer y usar maquillaje mientras cantaba y mendigaba en las calles, y daba todo su dinero a los´pobres. Sus canciones cuestionaban la vida y su naturaleza ilusoria. Esto, junto con su apariencia, le dio el nombre de El Santo Loco. Se dice que en el invierno Lan dormía en la nieve y que se podía ver vapor saliendo de su cuerpo cuando dormía, una señal de que dominaba las técnicas de la alquimia interna. Muchas veces se lo ha visto montando un elefante, símbolo de fuerza y sabiduría. Lan recibió las enseñanzas de Lao Tsu, y una vez una multitud atónita lo vio montando sobre una grulla que había descendido para buscarlo en medio de coros celestiales.

Al igual que Lan Tsai-ho soy una loca por el Amor Santo.

A veces hay cosas que tenemos que hacer por acuerdos pre-establecidos que tenemos que cumplir – cosas que nuestra alma promete alcanzar en esta encarnación. También hay cosas que naturalmente nos cautivan y despiertan nuestro interés. A veces son las mismas cosas – a veces no lo son. Por ejemplo, mi viaje de Libertad para alcanzar el estado de 'no beber, no comer y no envejecer' es para mí algo que estoy predestinada a hacer y lo hago como un experimento social. Sin embargo, explorar el arte de la desmaterialización es algo en que estoy interesada por mí misma, por diversión, solamente porque creo que puedo. A eso le llamo el encanto del Amor.

Me cautiva esta experiencia simplemente porque amo la idea; de manera similar, el Amor atrae a mis moléculas a seguir a mi consciencia a medida que esta se mueve de mi cuerpo a otro espacio en el tiempo. El Amor es el pegamento que une a nuestras moléculas con el Amor; es lo que llena el 99,999 % del espacio de cada átomo. El Amor es lo que nos alimenta y lo que nos libera. Demostrar el poder de este Amor, demostrar y experimentar los milagros que este Amor puede traer es el verdadero encanto de mi viaje de Libertad. Idealmente, es fantástico cuando todo lo que hacemos está motivado por el Amor.

Muchas veces he dicho que una de las maneras más rápidas para recordar y re-experimentar el poder del Amor que nos hace respirar y que nos permite demostrar nuestra naturaleza Divina y superior es el tiempo de hacer ejercicio fuera de tu cuerpo por la noche. Me encanta cuando esto sucede y también cuando despierto temprano con la luz de la mañana, mi ser todavía envuelto en las ondas Zeta, volviendo al mundo Alfa con plena consciencia de haber aprendido algo que me había generado una gran excitación. Me encanta aprender por el simple hecho de aprender y me encanta presionarme para disolver mis limitaciones auto-impuestas – o culturalmente aceptadas. Para mí, esto añade otro nivel de excitación a mi vida y me da también el preciado regalo del entusiasmo por existir. Me encanta descubrir nuevas cosas sobre mí y sobre este mundo.

Hoy mientras caminaba en mi playa favorita al anochecer vi algo que nunca había visto antes. Una bandada de pelícanos volaba en un ritmo de tal armonía que formaban una manta ondulante sobre las olas, una manta de movimiento violeta sobre el cielo rosa del atardecer, una manta que bailaba y subía del océano y se sumergía en él para capturar peces y alimentarse con ellos, peces que eran arrastrados por la marea de la tarde. Realmente era un espectáculo mágico pues la unidad y la armonía de estos pájaros demostraba el poder de la mente trabajando en conjunto por una causa común. Yo no sabía que las aves pescaban de esa manera – en grupos de ondas de gracia de movimientos fluidos, como una mente. Yo no sabía que sus plumas podían brillar con ese tono violeta sobre el cielo del atardecer. No sabía que un grupo podía unirse tan armoniosamente de manera de mantener un patrón de vuelo tan rítmico. Todo esto me hizo sonreír porque había sido testigo de algo nuevo.

Ser testigo de tu propio ser revelando algo nuevo sobre ti mismo también es milagroso y sobrecogedor; también lo es explorar los regalos, que vienen de estar en armonía con la Ley del Amor. Para alcanzar Libertades como las que he tratado también debemos ser prácticos y una de las primeras cosas que necesitamos hacer es crear para nosotros un espacio sagrado de apoyo, que nos da el tiempo y la Libertad para este tipo de exploración, y crear también un espacio seguro – un espacio, que pueda nutrirnos sin obstáculos.

Para mí, el entusiasmo y la exaltación por la existencia van de la mano con la gratitud y el aprecio por nuestra existencia. Estos sentimientos son estados naturales del ser cuando permitimos que el Amor que nuestro Ser Divino Interior – nuestro SDI – tiene para nosotros nos atraiga a su presencia. Mi primera experiencia de meditación formal se dio cuando unas ondas de Amor Divino muy poderosas me envolvieron e inmediatamente me volví adicta a ese Amor. Afortunadamente es una adicción que nos libera y nos alimenta.

Hace un tiempo me desperté una mañana completamente cautivada y todavía atrapada por lo que yo llamo una descarga de mi SDI. Me fascinaba encontrarme aprendiendo más de la naturaleza intrincada de la mecánica de los campos. Mientras era testigo, en ese estado de sueño semi-lúcido justo antes de despertar, del poder de la mente y del modo en que la programación específica puede alterar y manipular la manera con que la energía fluye a través de la materia y a través de nosotros en la vida, encontré el final de una sesión de entrenamiento del SDI y me imaginé que había anotado cada detalle, no solamente capturando la memoria completa de una sesión de entrenamiento fuera del cuerpo brillante, sino también escribiendo un artículo revelador sobre esto. Desgraciadamente, solo estaba escrito en los registros Akáshicos en los niveles etéricos, para ponerlos en palabras más adelante en este libro.

Trabajar con la mecánica de los campos, saber cómo interactúan los diferentes campos de energía y elegir que interactúen de una manera beneficiosa para todos invitando a nuestro SDI a demostrar Su poder es un arte que el estudiante sincero puede aprender fácilmente.

También es un viaje sin fin que revela niveles más grandes de humildad a cada paso. Aun así, dar estos pasos sin alegría o sin la motivación del Amor es como elegir no tener música en la vida –algo bastante aburrido.

La reconstrucción de un campo para que alcance la agenda de Libertad requiere primero la desconstrucción consciente del campo existente. Es por esto que se da la antigua ciencia sagrada de Feng Shui.

Entonces, el primer paso en el proceso de preparación para el juego de la Libertad es: *Feng Shui tu espacio interno y externo para vivir.*

Dar Feng Shui a nuestro campo de energía interno significa vivir un estilo de vida que permita al flujo de energía interior fluir a su máxima capacidad apoyando por completo nuestra agenda de Libertad de una manera que asegure el resultado que deseamos. Luego de 33 años de investigación consciente sobre estilo de vida perfecto para alcanzar esto, finalmente fui capaz de ofrecer al mundo nuestro Programa del Estilo de Vida Exquisito de 8 puntos – P.E.V.E. – Con una combinación de 8 acciones diarias de estilo de vida, el P.E.V.E. transforma nuestro flujo de energía interno de una manera tal que también realza nuestro flujo de energía externo lo suficiente para eliminar de nuestro mundo cosas como enfermedades, guerras y violencia.

No voy a voy a entrar en detalle sobre esto porque el programa de P.E.V.E. está tratado en gran detalle en mi libro *Cuatro Cuerpos Fitness: Bio-campos y Felicidad,* que se puede encontrar en https://www.jasmuheen.com/books-mp3s/.

En resumen, este estilo de vida implica:
1. Meditación,
2. rezos,
3. dominio de la mente y programación consciente de nuestros campos de energía internos y externos,
4. una dieta vegetariana ligera,
5. hacer ejercicio y tratar al cuerpo como un templo,
6. servicio y actos de amabilidad y compasión en el mundo,
7. tiempo en silencio en el campo nutritivo de la naturaleza, y
8. recitar canciones devotas y sagradas y mantras sagrados.

Toda persona que combine y utilice estos 8 puntos podrá ver que su vida cambia radicalmente para mejor puesto que su nivel de salud física, emocional, mental y espiritual incrementa y que sus señales de transmisión de energía personal se alteran se alienan con el canal de Libertad de la Gracia Divina.

Mientras que el P.E.V.E. reinicia nuestro flujo de energía interno y externo nosotros podemos re-calibrar nuestros campos de energía externos aún más mirando de cerca el espacio en que vivimos, nuestra casa y los campos de la comunidad. Una vez más, tratamos esto en detalle en la Trilogía Bio-campos y Bendición, pero, en pocas palabras, significa primero deshacerse del desorden y todos los objetos en tu casa que:
1) no son prácticos o no tienen un sentido, o
2) no realzan la idea de 'mi casa es mi santuario sagrado que me alimenta y nutre'.

El año 2003 trajo grandes cambios para mí pues a finales del 2002 había escuchado a mi guía interior y había creado un espacio seguro para abrazar estos nuevos niveles de Libertad y completar mi próxima iniciación. Una de las razones por las que fui guiada a irme de la ciudad a la playa era que necesitaba romper con algunos hábitos restrictivos que había formado en respuesta a mi vida en la ciudad. Principalmente me había permitido a mí misma convertirme en una adicta al trabajo pues mi manera preferida de pasar el tiempo era escribir y hacer trabajo de servicio, dado que la ciudad tenía poco para ofrecerme, en comparación con el estilo de vida del que puedo disfrutar en un ambiente como la playa, con una alta carga natural.

Dije antes que elijo ver cada momento, cada situación que atraemos a nuestro campo como perfecto. Y fue perfecto para mí muchas veces a trabajar 20 horas al día para introducir la primera etapa del juego de la Libertad en el mundo. La primera etapa es parte del nivel tres del programa de Nutrición Divina en el que mi papel era primero aprender personalmente a ser libre de la necesidad de alimentarme de comida física, luego reunirme con otros y compartir mi investigación con ellos y luego enseñar una metodología simple para que otros puedan emprender este viaje cuando ellos descubran que es parte de los acuerdos pre-establecidos de sus almas, si es que eso ocurre. Parte de esto también consistía en investigar a través de experiencias personales otras Libertades como la habilidad de parar el proceso de envejecimiento y reducir considerablemente nuestra necesidad de dormir.

Durante casi 30 años he vivido en ciudades enfrentando el desafío de ser una yogui en una cueva de la ciudad y aprendiendo a trabajar con mis campos de energía interior y exterior para obtener una salud perfecta en todos los niveles y mantenerla. Finalmente, a fines del 2002, lo había hecho todo, todo estaba completo, todo era perfecto y sin embargo había creado unos hábitos en el proceso que necesitaba dejar para poder avanzar hacia el siguiente nivel.

Y así fue que dejé la ciudad, dejé la casa de mi familia y me mudé a 100 kilómetros al norte para crear mi ashram en la playa, un espacio sin televisión y sin comida, que me ha regalado la Libertad física de tiempo para explorar una vez más los campos del Amor que se generan por el poder del SDI y su espacio de Gracia.

Liberarnos del desorden innecesario en nuestras vidas no significa dejar nuestras responsabilidades familiares, porque hay un ciclo, un tiempo y un sitio natural para que todas las cosas se manifiesten. Tenemos que mantener la intención de que todo se desarrolle con todos en nuestra vida, con alegría, tranquilidad y Gracia y también con dignidad para todos. Es en esta premisa básica en que la Ley del Amor puede entregarnos Su regalo de la Libertad, así que tenemos que construir estos espacios sagrados con la realidad de beneficio para todos.

En el campo de la mente metafísica, las cosas solamente son tan limitadas como nosotros elegimos creer que son. Recuerdo mis primeros tiempos practicando yoga, cuando yo era guiada por un deseo de estar en silencio y soledad para explorar los campos interiores a través de la meditación; recuerdo cómo este deseo parecía estar en conflicto con mi realidad física. En mi mundo externo, en ese entonces, yo era una madre joven con dos niños pequeños, activos y ruidosos, y estaba literalmente luchando por sobrevivir. Estaba atrapada en un matrimonio difícil con recursos extremadamente limitados de tiempo o dinero y sin EL silencio y la soledad que deseaba y no podía ver que todo lo que había creado lo había pre-acordado antes de mi encarnación para recibir las habilidades y virtudes específicas que necesitaba. Todo esto, la lucha, las pruebas, el sufrimiento, todo era alimento para mi alma.

La Ley del Amor & Su Fabulosa Frecuencia de Libertad
de Jasmuheen

Nos fortalecemos cuando dejamos el juego de la culpa y el juicio y aceptamos:

a) que los campos universales literalmente se reorganizan para reflejar nuestra propia consciencia;

b) que nosotros efectivamente creamos todo;

c) que podemos recrearlo en cualquier manera que elijamos con solo retocar nuestro flujo de energía interno; y

d) que hay grandes regalos para nosotros a través de todas nuestras pruebas y que nada se pierde y nada es intrascendente.

Cuando adoptamos este tipo de actitud, que se basa en verdades metafísicas, podemos alcanzar otro nivel de Libertad y permitirnos Amar verdaderamente. Amar a nuestras familias, a nosotros mismos y a nuestras elecciones, sin importar lo locas que puedan parecer a veces, amar la manera en que las fuerzas universales pueden jugar con nosotros, y amar exactamente el lugar en que estamos ahora mismo. Parar, dar un paso atrás y evaluar con honestidad quiénes somos, por qué somos, dónde estamos y qué hemos creado y luego amar todo; eso es otro paso en nuestro camino personal de Libertad, pues la alegría de soltar y el crecimiento vienen con la aceptación.

La Gracia de la Familia, los Amantes, los Amigos:

Pensar en los regalos que recibí al asociarme con Lucinda me llevó a pensar en los regalos que me ha dado el Amor compartido con otros, con la familia y los amigos. También me di cuenta de que es Gracia pura que tengamos la oportunidad de compartir el amor con los demás. Tener un cuerpo con sus siete sentidos, tener la inteligencia para vivir una vida que nos sensibiliza lo suficiente para sentir y ser testigos de la Ley del Amor en acción, eso es un milagro. La vida, nuestra respiración y la manera en que podemos usar esto para afinarnos a través de los campos son milagros porque nos dan la oportunidad de expresar una parte de nuestra naturaleza que solamente conoce el Amor y la libertad ilimitada.

Parar, quedarse quieto y evaluar nuestra vida y sentir gratitud sincera para con todas las personas que nos hemos encontrado y que nos han ayudado a modelarnos en lo que somos ahora, es otro paso necesario en el camino hacia la libertad. Sin este reconocimiento y esta gratitud podemos encontrarnos atascados e incapaces de seguir adelante. La gratitud y la aceptación a veces requieren perdón y un reconocimiento del papel que todos han tenido para que podamos apreciar el aprendizaje y los regalos que esta interacción ha traído consigo y para que puede producirse la sanación a través de un cambio en la perspectiva.

Un Chamán sabe que la interacción con toda la vida se produce gracias a la Gracia de la Ley del Amor y a la libertad que viene cuando reconocemos que esto puede ser alucinante. No quiero irme de tema y hablar sobre el campo de la mente de la curación emocional. Basta decir que los tomadores de libertad y los creadores de milagros actúan a través del juego de la auto-responsabilidad, un juego en el que reconocemos que todo es creado por uno mismo y por lo tanto no hay víctimas, nadie a quien culpar, y que todo es simplemente la interacción del flujo de los campos y que esa interacción puede ser transformada con solo cambiar nuestra percepción. Por lo tanto, la actitud de gratitud es un sitio maravilloso para empezar a cambiar hacia una vida de libertad.

Entonces tomate un momento, mira a todos en tu vida y enfócate en la luz y en los regalos que te han dado. Aprecia el papel y la influencia que tienen en tu vida y luego haz el compromiso de estar en resonancia con la Ley del Amor y de experimentar sus libertades.

El Amor que nuestro SDI tiene para nosotros es lo que nos empuja a la evolución. Su dulce voz interior nos tienta a explorar nuestro potencial, su Amor nos incita a dejar ir nuestras limitaciones y su amor nos empuja a mostrar quiénes somos realmente. No nuestra naturaleza basada en el ego, sino nuestra naturaleza divina con todos sus regalos y libertades.

Casi todas las personas que conozco y a las que encuentro en mis viajes sienten curiosidad por su destino y por las cosas acordaron alcanzar en esta vida antes de su encarnación. Leer un libro como *Destino de las Almas (Destiny of Souls),* de Michael Newton, es una fuente de perspicacia maravillosa para el tiempo entre vidas, aunque todos necesitamos nuestra información personal. Exactamente, ¿Qué es lo que hemos acordado hacer y cómo descubriremos esto? La mejor respuesta proviene de nuestro SDI. Esta información está almacenada en las células de nuestro cuerpo y puede liberarse cuando preguntamos con sinceridad y cuando es el momento de saber para nosotros.

Tu SDI sabe cuáles son tus acuerdos pre-establecidos – por ejemplo:
1. si has pre-acordado que serías capaz de transformar tus campos de energía internos de una manera tal que te permitiera ser libre de la necesidad de ingerir comida física;
2. si has pre-acordado que serías capaz de transformar tus campos de energía internos de una manera tal que te permitiera ser libre de la necesidad de tomar líquidos;
3. si has pre-acordado que serías capaz de transformar tus campos de energía internos de una manera tal que te permitiera ser libre de la necesidad envejecer o enfermarte o si estás destinado a ser físicamente inmortal en esta vida;
4. si has pre-acordado que serías capaz de transformar tus campos de energía internos de una manera tal que te permitiera dominar el arte de la desmaterialización y re-materialización en esta vida.

Cuando meditas también puedes preguntarle a tu SDI si parte de tu matriz es ser un alma de armonía. Un alma de armonía es un ser que ha acordado hacer dos cosas:
a) armonizar su propio flujo de energía interno lo suficiente para experimentar los beneficios del flujo constante de Gracia y milagros, que fluye cuando estamos armonizados con la Ley del Amor; y
b) permitir que nuestra presencia armonizada armonice los campos de energía del mundo en que nos movemos.

En la parte 2 de este manual daremos un ejercicio para encontrar las respuestas a lo mencionado arriba.

Me gustaría decir que ahora entiendo completamente todas las fuerzas que guían y me apoyan mientras continúo este viaje; pero no puedo. Por lo menos, no de una manera consciente.

- Sé que todo está interconectado y que nuestra especie humana seguirá evolucionando en una manera que para algunos puede parecer milagrosa.
- Sé que tenemos el poder del libre albedrío y de la elección.
- Sé que como individuos y como grupo tenemos el poder de crear cualquier tipo de realidad personal y planetaria que deseemos.
- Sé que cambiar el funcionamiento de un hogar, una comunidad o un sistema planetario es tan básico como cambiar la consciencia de aquellos que habitan dentro de estos sistemas.
- Sé que ya no hay necesidad de sufrir en nuestro planeta.
- Sé que tenemos a nuestro alcance toda la sabiduría, las herramientas y la ayuda para transformar todo.
- Sé que podemos existir y que de hecho existimos en un mundo de gran amor donde los milagros, la magia, la Gracia y la alegría pueden ser nuestras compañeras constantes si se los permitimos.
- Sé que todo esto es mi verdad – no solo intelectualmente, sino también empíricamente.
- Sé que haber vivido este último año en este entorno de playa altamente cargado de prana y haber soltado mis patrones de adicta al trabajo ha sido exactamente lo que necesitaba a hacer, porque he recibido la evidencia de los beneficios del amor propio y del cuidado hacia uno mismo. El hecho de que aun así haya podido viajar 5 meses durante aquel año, que haya escrito dos nuevos libros y que todavía estuviese activamente involucrada en la A.C.I. (Academia Cósmica de Internet) [Cosmic Internet Academy] y que haya podido hacer todo esto apoyada por un río de Gracia donde de repente otra vez lo hacía todo sin esfuerzo, me agregaba otro nivel de prueba con respecto a las recompensas y la felicidad que llega cuando escuchamos a nuestro SDI y seguimos sus indicaciones.
- Sé que ahora estoy lista para dar otro paso.

LA LEY DEL AMOR – resumen

PATRONES DE ONDAS CEREBRALES

La amplitud o la altura de la onda indica el número total de neuronas en funcionamiento uniéndose con respecto a un problema o sentimiento en cualquier momento dado. La frecuencia de la onda es la frecuencia dominante o el pulso del cerebro en cada área estudiada, y básicamente nos dice, "¿A qué velocidad funciona la maquina?"

BETA: Beta 1 - 13 a 20; Beta 2 - 20 a 40 cps
Completamente despierto, alerta, excitado, tenso. Veloz, no 'centrado'. Campo de la consciencia de las masas.

ALFA : 8 - 13 cps - ciclos por segundo
Profundamente relajado, pasivo pero alerta, sereno, estado al despertar y justo antes de dormirse. Programación del tiempo perfecta. Estado meditativo en la primera fase, patrón de entrada en la consciencia más alta. Función cerebral hemisférica integrada. Función mental/cerebral subconsciente.

ZETA : 4 - 7 cps
Meditación más profunda. Somnoliento, estado de soñar despierto. Asociado con estados de sentimientos. Portal al aprendizaje y a la memoria. Estado aumentado de creatividad e intuición. Estados conscientes y subliminales - ESP, canalización, perspicacia, entendimiento profundo.

DELTA : 0,5 a 3 cps
Patrón de ondas lento y frecuencia de firma del tronco del encéfalo. Estado de sueño profundo. Realidad absoluta - meditación 'más allá de la mente'. Frecuencias del rango delta desencadenan la curación y el rejuvenecimiento. El portal al 'satori' o la iluminación y consciencia cuántica.

A estos patrones de frecuencia de las ondas cerebrales los consideramos índices de los niveles de la consciencia. Delta es la primera línea (la frecuencia de signatura del tronco del encéfalo); Zeta es característico del sentimiento o el nivel límbico en la segunda línea; y Alfa es el nivel cortical en la tercera línea.

Cuando el cerebro está excesivamente ocupado, pensando y carburando, cuando está obsesivo o preocupado con ilusiones, puede haber actividad de Beta-1 y Beta-2. Beta-2 traiciona a la mente veloz, tal como ocurre por la noche cuando nos preocupamos por algo y no podemos dormir. Cuando el cerebro se concentra, suele estar sincronizado y todas las partes trabajan en estrecha armonía. Suele construir la amplitud dado que se suma el potencial eléctrico de cada neurona. La danza giratoria de los Sufis promueve la coherencia de las ondas cerebrales y permite al cerebro vibrar en armonía.

Capítulo 9 – El Corazón Armonioso

Más allá de la muerte vivir,
Cuestión de magia y Gracia es,
Cambiar al espacio abierto quiere decir.

Y así, en mi nuevo espacio sagrado continué mi investigación, la que me llevó a descubrir el poder del corazón armonioso. Uno de los regalos de mi mudanza a la playa fue que mi hija mayor finalmente decidió unirse a mí y eligió vivir a diez minutos de distancia. Ella había vuelto a casa después de siete años viajando y se había enamorado de un hombre amable del área que llevaba el sueño de los aborígenes en la sangre.

Un día, mientras caminábamos en nuestra playa favorita y disfrutando otro atardecer mágico, ella me dijo: "¿Sientes la necesidad de tener más amigos aquí?"

Le expliqué que me había venido a la playa en busca de soledad y silencio y que mi interés en tener compañía de calidad era satisfecho cuando estaba con un grupo brillante de amigos en mis viajes por Europa dos veces al año y cuando compartía tiempo con la familia. Sin embargo, su comentario fue valioso para mí y decidí no limitarme y le dije al universo: "Si tener amigos aquí, ahora que estoy de vuelta en Australia con algo de tiempo para compartir, puede ser beneficioso para mí, por favor, envíame a las personas perfectas, si es adecuado."

Al día siguiente, una mujer maravillosa a la que había conocido 12 años antes y con quien había compartido la experiencia de 21 días, literalmente llegó a mi puerta. El encuentro fue de una sincronía y una casualidad increíblemente perfectas. Tomando café y encontrándonos en la playa para ponernos al día, hemos compartido gran conocimiento, que dio otro nivel de apoyo a nuestros viajes.

Uno de los regalos que me trajo fue información del Instituto HeartMath, donde habían descubierto que cuando nuestro pulso del corazón es armonioso, disfrutamos de salud en todos los niveles – físico, emocional, mental y espiritual. Para mí lo armonioso que sea el latido del corazón depende de lo poderoso que nuestro SDI pueda irradiar a través del corazón.

Sabemos, que nuestro SDI se ancla en nuestro chacra del corazón y luego emite sus rayos desde los niveles interiores hacía nuestro mundo físico, navegando a través de nuestros órganos, nuestro cuerpo de luz, meridianos, sangre, esqueleto y todo el biosistema para apoyar nuestro sistema en un flujo continuo de vida. Sabemos que cuanto más poderosamente pueda irradiar nuestro SDI a través de nosotros, más sanos seremos; sabemos también que cuando nuestro SDI retira sus rayos nuestro sistema físico no puede existir más.

También sabemos que cuanto más poderosamente nuestro SDI pueda irradiarse armoniosamente a través de nuestro corazón y nuestro sistema físico y hacía nuestro mundo, más Gracia y milagros experimentaremos. Alcanzar niveles de irradiación armoniosas de poder del SDI requiere enfoque, voluntad e intención claros. También sabemos que una manera de incrementar la irradiación de nuestro SDI a través de nosotros y hacía nuestro mundo es la Meditación de la Respiración del Amor (*Love Breath Meditation*) (http://www.jasmuheen.com/books-mp3s/), como se enseña en el libro *Nutrición Divina*.

También sabemos que un corazón en armonía tiene una gran influencia para volcarnos a los campos de la libertad.

Cuanto más me concentraba en mi propio corazón, en lo que era real y significativo para mí en este tiempo de transición, más actuaba de una manera que traía sonrisas del SDI, más feliz era y más Gracia empezaba a fluir en mi vida otra vez. Es como si la Gracia está siempre está con nosotros, pero a veces no es posible conectar, hay demasiada estática para poder obtener señales claras.

Pronto me pareció obvio que un verdadero devoto del SDI habita donde habita y ancla el SDI. En las enseñanzas del Tao, los antiguos coinciden en que la esencia Divina ancla en el centro de nuestro corazón desde donde, dicen, irradia hacia los diferentes órganos donde cada rayo de energía reside como un espíritu con virtudes que los taoístas ven como parecidos a las virtudes de ciertos animales. Por ejemplo, si los riñones almacenan la emoción no resuelta del miedo y la emoción beneficiosa opuesta al miedo es la calma, entonces el animal que para los taoístas es el más calmado y amable es el ciervo. Para ellos, el color más tranquilo es el color del agua, el azul. Luego hablaremos más sobre usar las virtudes de los animales y los colores para reequilibrar todos los órganos hacia la salud.

El corazón es un órgano que alberga la emoción de arrogancia; la emoción contraria para los taoístas es la compasión. Por lo tanto, para reequilibrar a una persona o una cultura arrogante, el sistema tiene que ser inspirado a ser más compasivo. Ser compasivo inunda al corazón con esta emoción y cambia su campo de frecuencia que, a través del proceso de la incorporación, que discutiremos pronto, lleva a todos los órganos hacia un estado de armonía.

En su libro *La Sonrisa Interior (Cosmic Inner Smile)* Mantak Chia dice: "La compasión es la expresión más grande de emoción humana y energía virtuosa. Es un nivel de desarrollo que requiere trabajo duro y meditación seria antes de florecer en la vida. No es una virtud única, sino la destilación y culminación de todas las virtudes, expresadas en cualquier momento dado como una mezcla de justicia, bondad, amabilidad, honestidad, respeto, valentía y amor. Es la energía más beneficiosa para compartir con otros. El poder de expresar cualquier de estas virtudes o todas ellas en el momento adecuado indica que una persona se ha unificado internamente en un estado de compasión".

El corazón humano es el vehículo por el cual el SDI puede impulsar su esencia y entendí cuando descargaba los datos de la Ley del Amor, que el latido del corazón humano es la llave hacia la armonía en nuestro mundo. Cuando el pulso de un corazón humano está en armonía, nuestro mundo también lo está y la manera más rápida de armonizar el pulso del corazón es concentrarse en la gratitud y la compasión.

Reequilibrar el pulso del corazón humano científica y moralmente es la llave hacia todas nuestras libertades – científicamente por la idea de la incorporación y moralmente porque **la forma en que elegimos a sentir y luego actuar determina nuestro mañana.**

Confianza
Amabilidad
Apertura
Dulzura
Perdón
Respeto
Fuerza
Amor
Valentía
Alegría
Justicia
Felicidad
Generosidad del Espíritu
Humildad

Hablemos entonces sobre la ciencia, que apoya esto, que el Instituto del HeartMath llama: "el recurso de inteligencia intuitivo del corazón". Luego compartiremos también más información sobre nuestro corazón físico, sus pulsos electromagnéticos y su llave para la armonía.

La solución del HeartMath

En el libro *La solución HeartMath (The HeartMath Solution)*, los autores Doc Childre y Howard Martin explican cómo los campos electromagnéticos que irradian desde el corazón afectan los campos a nuestro alrededor, y también nos muestran cómo movernos en la vida usando la naturaleza intuitiva del cerebro del nuestro corazón en vez de actuar solamente desde el cerebro craneal con un pensamiento lineal y limitado.

El Sistema HeartMath – SH – ofrece un modelo para vivir eficientemente en nuestro mundo. Más allá de lo que han podido probar mediante su investigación en los campos de la neurociencia, cardiología, psicología, fisiología, bioquímica, bioelectricidad y física, el Instituto HeartMath – IH – sostiene la teoría de que "el corazón nos conecta a una inteligencia superior a través de una esfera intuitiva, donde el espíritu y la humanidad se unen".

Dicen que "la inteligencia del corazón es el flujo inteligente de consciencia y perspicacia que experimentaremos cuando la mente y las emociones han sido puestas en equilibrio y coherencia a través de un proceso auto-iniciado. Esta forma de inteligencia se experimenta como un conocimiento intuitivo que se manifiesta en pensamientos y emociones beneficiosos para nosotros y para otros" (página 6 de SH).

¿Qué tiene que ver esto con la Ley del Amor? Simplemente que nuestro SDI es la expresión más pura que existe de la Ley del Amor y que nuestro SDI usa su inteligencia del corazón para comunicarse con nosotros. Como consecuencia fui guiada a ofrecer en este capítulo algunas herramientas verdaderas, que funcionan y que han sido científicamente probadas científicamente luego de que el IH las desarrollara, para que podemos mejorar la forma en que nuestro SDI se comunica con nosotros y para que podemos comprender la Ley del Amor y trabajar con ella más poderosamente. Espero que de esta forma todos podamos tomar las decisiones que permitan una expresión más grande de la Ley del Amor en nuestro mundo.

Entonces, veamos primero a algunos hechos y luego una herramienta beneficiosa de HeartMath.

La investigación del Instituto del HeartMath sobre el corazón físico:
♥ El corazón físico late cien mil veces al día o aproximadamente 40 millones de veces al año o 3 mil millones de veces en un período de setenta años.

♥ Bombea 8 litros de sangre por minuto o 400 litros por hora a través de un sistema vascular cuya longitud es dos veces la circunferencia de la tierra.

♥ El corazón empieza a latir en un feto antes de que se forme el cerebro.

♥ El corazón tiene su propio sistema nervioso que se llama "el cerebro del corazón".

♥ Hay por lo menos cuarenta mil neuronas – células nerviosas en el corazón- que transmiten información cerebro craneal, y viceversa, para permitir una comunicación de ida y vuelta entre el corazón y el cerebro, aunque el corazón late independientemente de su conexión con el cerebro craneal.

♥ Investigaciones llevadas a cabo por Joel y Beatrice Lacey del Instituto de investigación Fels (Fels Research Institute) en los años 70, mostraban que cuando el cerebro craneal enviaba señales al corazón a través del sistema nervioso, nuestro corazón no obedecía automáticamente. La respuesta del corazón dependía de la naturaleza de la tarea y del tipo de proceso mental que requería. Sin embargo, el cerebro obedece todos los mensajes y las instrucciones que el corazón envía al cerebro, mensajes que pueden influir en el comportamiento de una persona.

♥ El Instituto Fels descubrió que el latido del corazón no es solamente un pulso mecánico, sino un sistema lingüístico inteligente que influye en nuestra percepción y nuestras reacciones. Otros investigadores han descubierto que el latido rítmico del corazón desencadena impulsos neurales que influyen en los centros superiores del cerebro, que gobiernan el procesamiento emocional.

♥ Investigaciones llevadas a cabo en IH también han demostrado que las emociones negativas interrumpen los ritmos del corazón que se vuelven irregulares y desordenados. Descubrieron que las emociones positivas producen ritmos de corazón suaves y armoniosos que incrementa la claridad mental, la intuición y la habilidad de una persona de percibir el mundo más claramente mejorando también su comunicación con otros.

♥ Ser capaz de sostener un ritmo cardíaco equilibrado y armonioso permite a la persona mantener una perspectiva de vida y un flujo intuitivo positivos y a acceder a su voluntad a emociones positivas.

♥ Cuando nuestro ritmo cardíaco es equilibrado y coherente, cada órgano del cuerpo se inunda con eventos neuronales y bioquímicos que mejoran su funcionamiento y salud. Por ejemplo, experimentar la compasión aumenta nuestros niveles de IgA, un anticuerpo secretor que mejora la resistencia de nuestro sistema inmune a las enfermedades.

♥ *El campo electromagnético del corazón es aproximadamente 5000 veces más fuerte que el campo electromagnético producido por el cerebro.* No solo alcanza cada célula de nuestro cuerpo, sino que también es lo suficientemente poderoso para irradiarse hacia los campos que nos rodean, lo cual puede medirse con magnetómetros.

♥ Gary Schwaltz y sus colegas de la Universidad de Arizona descubrieron que hay una interacción directa del flujo de energía entre el corazón y el cerebro a través de sus campos electromagnéticos.

♥ "Dado que el corazón es el oscilador biológico más fuerte del sistema humano, el resto de los sistemas del cuerpo deben adaptarse a los ritmos del corazón" (página 46 SH).

♥ La manera más rápida de armonizar el ritmo cardíaco humano es concentrarse en lo que el IH llama sentimientos centrales del corazón, como el amor y la compasión.

♥ Aumentar la coherencia entre la cabeza y el corazón requiere que reduzcamos el estrés emocional y mental observando y dominando nuestros pensamientos y sentimientos. Cuanto más lo hagamos, más poderosamente podrá irradiarse nuestro SDI a través del corazón superior y podrá magnetizar más Gracia hacia nuestro campo.

♥ La diferencia entre la inteligencia del corazón y la inteligencia de la cabeza es que el corazón está abierto a soluciones intuitivas mientras que la cabeza está abierta a soluciones lineares y lógicas. Cuando trabajan juntos, tenemos más opciones en la vida y una visión más clara de cómo realizar nuestros sueños. La coherencia entre la cabeza y el corazón también nos permite actuar más eficientemente a través de todos los campos de la vida – un hecho que el IH ha probado en reiteradas ocasiones.

Aunque podemos dominar nuestra mente y aprender a trabajar de manera positiva con nuestras percepciones y nuestras emociones, no podemos dominar nuestro corazón, sino ser simplemente su socio. Sin embargo, acceder a la inteligencia de nuestro corazón o a sus códigos nos permite vivir la vida con absoluto dominio.

Según la investigación del IH, "nuestros sentimientos afectan la información contenida en las señales electromagnéticas del corazón" (página 59 HMS). Análisis espectrales han revelado que cuando el ritmo cardíaco se vuelve más coherente y ordenado, lo mismo ocurre con las emanaciones del campo electromagnético; emanaciones que, también han descubierto, *pueden influir en los patrones de las ondas cerebrales de otras personas*. Los análisis espectrales pueden determinar la mezcla de frecuencias presente en un campo; es decir, los ingredientes de un campo electromagnético.

Las emociones como el aprecio y la compasión crean coherencia en el corazón, tal como la rabia y la frustración crean incoherencia. En consecuencia, cuando alteramos nuestras percepciones en la vida, alteramos nuestro flujo emocional, que a su vez altera el ritmo cardíaco físico y nos permite alterar nuestros niveles de irradiación internos y externos.

Elegir ver la perfección de cada situación, Elegir ver la chispa Divina en todo, elegir disfrutar la plenitud y la simplicidad de cada momento, todo esto altera nuestro ritmo cardíaco, nuestro ritmo en el mundo y el tipo de ritmos que vienen a rodearnos y que se mueven a través de nosotros.

Investigaciones del IH han demostrado que "cuando un sistema es coherente, no se pierde virtualmente nada de energía porque sus componentes actúan con sincronía" (página 63 SH).

No quiero irme de tema y entrar aquí en detalle sobre los beneficios de aplicar la EQ, inteligencia emocional, el tipo de inteligencia que trae a nuestras vidas el matrimonio entre la cabeza y el corazón, porque ya hay muchos libros sobre esto. Si quieres aprender a escuchar más la voz de tu corazón de una manera que también honre la voz de tu mente, recomiendo que leas la *Solución HeartMath* y que apliques las herramientas de ella. http://www.heartmath.org/

Lo que quiero decir en este capítulo es, principalmente, que en los círculos metafísicos nos enfocamos mucho en nuestro chacra del corazón, cuyo ritmo afecta a nuestro corazón físico. Sin embargo, nuestro corazón físico también tiene ritmos muy particulares que pueden medirse y alterarse a nuestro favor, según las investigaciones del IH. La idea de que el campo electromagnético de nuestro corazón es 5000 veces más fuerte que el de nuestra cabeza es un gran hecho para apoyar el trabajo que muchas personas están haciendo ahora con respecto al juego de la "Radiación de Amor/Sabiduría" que tratamos en detalle en el libro *Nutrición Divina*.

El IH también ha descubierto que nuestros patrones de respiración pueden regular el ritmo de nuestro corazón, por lo que la herramienta de la respiración del amor es otra manera poderosa de poner nuestro ser en coherencia y equilibrio. Esto así, puesto que según las investigaciones del IH, cuando las personas respiran a través del corazón, los ritmos sincronizados ocurren naturalmente y por lo tanto pueden ser sostenidos por mucho tiempo. Usar el ritmo del corazón físico para sincronizar nuestros campos biológicos, emocionales y mentales es una manera maravillosa de eliminar el estrés en todos los niveles, de aumentar naturalmente la longevidad y de liberarnos de enfermedades.

No solo podemos alterar conscientemente nuestros patrones de ondas cerebrales, como hemos tratado en detalle en *Nutrición Divina*, sino que también podemos alterar conscientemente nuestros patrones de ondas del corazón. Cuando hacemos ambas cosas conscientemente, los campos dentro y alrededor de nosotros se alteran otra vez a través del juego de la incorporación o de la resonancia empática. **La Ley del Amor no puede operar con éxito en nuestras vidas sin la sincronización de los ritmos de nuestra cabeza y nuestro corazón.**

Emoción significa, literalmente, energía en acción. Al aplicar el Programa del Estilo de Vida Exquisito y los tipos de herramientas del libro *La solución HeartMath*, podemos economizar nuestra producción de energía emocional al llevar nuestros campos mentales y emocionales a un estado de equilibrio, en el que dominamos nuestras emociones en vez de que ellas nos dominen a nosotros. En otras palabras, somos más eficientes en la vida y no nos agotamos energéticamente. Mantener el equilibrio mediante las prácticas mencionadas arriba significa mantener la salud física, que es alterada por nuestro estado mental y emocional.

Preguntarnos si nuestro gasto diario de energía es productivo o contraproducente y luego cambiar aquellos pensamientos y aquellas palabras y acciones que nos agotan es otra manera sencilla de economizar nuestras reservas de energía y de permitirnos eliminar los comportamientos restrictivos o auto-destructivos. Esto es lo mismo que ser consciente de los porcentajes matemáticos con respecto a cómo usamos nuestro tiempo.

Entrenarnos para caminar por la vida en un estado de profundo aprecio es otra manera de economizar nuestras reservas de energía y de alimentarnos con lo que el IH llama nutrientes cuánticos. Estos son los sentimientos nucleares del corazón o herramientas del poder del corazón – el aprecio, el no juzgar, la paciencia, la valentía, el perdón y la compasión son todas emociones del corazón superior, emociones que fluyen a través de nosotros gracias al amor del SDI.

Mientras leía el libro *La solución HeartMath* tuve la comprensión profunda de que si todo lo que hacemos en la vida es entrenarnos para percibir nuestra vida de una manera que nos haga apreciarla, si todo lo que hacemos es caminar a través de la vida en un estado de aprecio sincero, entonces nuestros campos de energía internos y externos cambiarán drásticamente. Junto con la actitud de gratitud, el aprecio verdadero alterará el ritmo de nuestro corazón y sus pulsos de los campos electromagnéticos, alterando también nuestra experiencia en la vida.

Así que este pasó a ser mi enfoque durante el 2003.

Es fácil amar a otros, pero amarnos a nosotros mismos y cuidarnos realmente es otra cosa; estudios del IH han revelado algunos hechos interesantes. Para algunas personas, amarnos a nosotros mismos significa elegir percepciones y así desencadenar sentimientos que creen armonía y salud. Yo no sabía que al sistema inmune del cuerpo puede llevarle 6 horas recuperarse de un ataque de ira de 5 minutos, un hecho que se puede medir por nuestros niveles de IgA. Yo no sabía que si nos enfocamos en la compasión sincera por 5 minutos los niveles de IgA aumentarán inmediatamente un 41% y continuarán aumentando hasta 6 horas después. (El IgA nos protege de los agentes patógenos invasores).

Por lo tanto, para aquellos que están pre-programados para la inmortalidad física y para ser libre de todas las enfermedades, es obligatorio administrar eficazmente nuestras emociones. Necesitamos preocuparnos, pero no preocuparnos de más, porque esto puede agotar nuestras reservas emocionales y así crear ritmos del corazón discordantes tan fácilmente como el no preocuparnos en absoluto puede hacerlo. Como el libro SH trata todo esto en detalle, no quiero extenderme más aquí sobre esto, aunque me gustaría compartir un poco de lo que el IH llama su herramienta de Bloqueo del Corazón (*Heart Lock-In*), porque es una manera rápida de "fortalecer el nexo comunicativo entre tu corazón y tu cerebro y de sostener la incorporación y la coherencia durante un período de tiempo prolongado. Hacer bloqueos regularmente aumenta el poder de tu corazón para mantener tu sistema nervioso, inmune y hormonal en equilibrio" (Página 219 SH).

MEDITACIÓN 1: Bloqueo del Corazón (Página 213 – con algunos agregados)
   ♥ Busca un sitio silencioso, cierra tus ojos y respira profundamente.
   ♥ Pon tu atención en el área del corazón y luego haz la meditación de respiración del amor hasta que te sientas centrado y quieto.
   ♥ Busca entre tus memorias hasta que encuentres una en que hayas sentido mucho amor, o concéntrate en alguien a quien te resulte fácil amar, o concéntrate en algo positivo en tu vida, una persona o una situación que realmente aprecies. Siente esto por lo menos de 5 a 15 minutos. Puedes usar música nostálgica o sagrada para que te ayude a desencadenar estas emociones.
   ♥ Ahora envía estos sentimientos de amor y/o aprecio desde tu corazón a tu cuerpo o irradia estos sentimientos hacia otras personas.
   ♥ Si tu mente se distrae, llévala de vuelta al corazón con la meditación de la respiración del amor o recordando la memoria y el sentimiento otra vez.
   ♥ Para completar este ejercicio, tienes que ser consciente de cualquier pensamiento o sentimiento intuitivo que haya venido a ti y apuntarlo para que luego puedes actuar

en consecuencia.

♥ Además, puedes preguntarle a tu SDI – puesto que tu corazón ahora está abierto y amando – si hay algo más que necesites saber ahora mismo. Confía en lo que viene, apúntalo y actúa en consecuencia.

Como hemos dicho anteriormente, cuando calibramos el ritmo de nuestro corazón con el pulso del amor puro e incondicional, establecemos el escenario para recibir una guía intuitiva superior.

La herramienta mencionada arriba es una manera maravillosa de que liberemos sentimientos sinceros de amor y luego los encaucemos y los irradiemos a otras personas o a nuestro mundo donde hay necesidad. Recuerda que el campo electromagnético de nuestro corazón es 5000 veces más fuerte que el campo electromagnético de nuestro cerebro, por lo que los sentimientos positivos tienen un efecto más poderoso sobre los campos que los pensamientos positivos. Cuando combinamos los dos, se alcanza otro nivel de poder.

La herramienta de Bloqueo del Corazón también es una manera de enviar energía de amor sanadora para regenerar nuestros cuerpos y recargar nuestras baterías cuando nos sentimos un poco descargados. Al adentrarnos en nuestro propio lago de memoria emocional y retirarnos de él podemos acceder a este tipo de poder curativo rápidamente y a nuestra voluntad.

Investigaciones que siguieron a un estudio de 35 años de la Universidad de Harvard sobre el dominio del estrés demostraron que "los adultos que no se sintieron amados de niños sufren de un porcentaje mucho más alto de enfermedades que aquellos que han experimentado amor. Esto significa que el amor es una necesidad, no una opción, para tener una vida sana". Por lo tanto, cuanto más estimulemos el flujo de amor a través de nuestro ser, más sanos seremos; no solo físicamente, sino también emocional, mental y espiritualmente.

Si el corazón tiene su propia inteligencia que es, creo yo, la voz de nuestro SDI, entonces aprender a distinguir y a escuchar a su llamada y aplicar sus mensajes de una manera amable nos traerá grandes libertades en la vida, libertad de la limitación del condicionamiento cultural y religioso y libertad de la arrogancia, de la ignorancia y de nuestros miedos.

Dije anteriormente en este capítulo que el latido del corazón humano es la llave para armonizar nuestro mundo y utilizar el ejercicio de la Armonía del Corazón, en el capítulo el País Puro, es otra ayuda práctica en este viaje.

Como el corazón es el oscilador biológico más fuerte del sistema humano, entonces con la acción de la incorporación sabemos que poner al corazón en armonía al enfocarnos en la compasión y el amor, pone todos nuestros órganos en un estado de funcionamiento armonioso en el que pueden ser alimentados con el alimento del amor. El alimento del amor es la comida del corazón armonioso y el corazón armonioso es el ritmo natural de nuestro SDI.

LA LEY DEL AMOR – resumen

☺ **Armonía del Corazón**

☺ **Incorporación**

☺ **Radiación**

☺ **Portal del SDI**

☺ **Respiración del amor**

☺ **Código de la Armonía**

Honrar nuestra E.Q. (Inteligencia emocional) – CO-CREANDO UN FUTURO SANO Y FELIZ CON COMPASIÓN

♥ "Como el corazón es el oscilador biológico más fuerte del sistema humano, el resto de los sistemas del cuerpo son atraídos a incorporarse a los ritmos del corazón."

♥ La manera más rápida de armonizar los ritmos del corazón humano es enfocarse en lo que el IH llama sentimientos centrales del corazón, como el amor y la compasión.

♥ Aumentar la coherencia entre la cabeza y el corazón requiere reducir el estrés emocional y mental monitoreando y dominando nuestros pensamientos y sentimientos. Cuanto más hacemos esto, más poderosamente nuestro SDI puede irradiarse a través del corazón superior y magnetizar más Gracia hacia nuestro campo.

♥ La diferencia entre la inteligencia del corazón y la inteligencia de la mente es que el corazón está abierto a soluciones intuitivas y la mente está abierta a soluciones lineares y lógicas. Cuando trabajan juntos tenemos más elecciones en la vida y una visión más clara de cómo realizar nuestros sueños. La coherencia entre la cabeza y el corazón también nos permite actuar más eficientemente a través de todos los campos de la vida.

♥ El campo electromagnético del corazón es 5.000 veces más fuerte que el campo electromagnético de la mente.

Capítulo 10 – ESTAR – La Libertad del Ahora

Es el camino hacia la divinidad,
Regresar a la infinidad,
El uso refinado de la voluntad de la agilidad.

Durante el tiempo que viví en la playa descubrí que no solamente hay un ritmo del corazón al que puedo engancharme armoniosamente, sino también un ritmo del tiempo o quizás de la eternidad.

Fue con la intención de alcanzar todo lo que tengo que hacer en un flujo armonioso y perfecto que me encontré creando y cantando nuevos mantras poderosos mientras caminaba por la playa cada día.

A veces la charla mental desaparecía y me encontraba a mí misma moviéndome a través de portales etéricos hacia mundos que parecían existir en un vacío eterno. A medida que el ritmo de mi respiración se ajustaba al espacio del corazón de mi SDI, me volví una espectadora y me podía oír a mí misma cantando: "Vida perfecta, amor perfecto, paraíso perfecto" y era como si el mantra me atrajera y me dejara anclada a una realidad de perfección, donde toda la vida era amor y todo era un paraíso.

Una vez más, fue perfecto descubrir que lo que me estaba absorbiendo – la perfección de cada momento presente – había sido el tema de otro libro conocido que pronto llegó a mis manos –*El Poder del Ahora (The Power of Now)*.

La libertad de las limitaciones del tiempo, la libertad de vivir en el pasado o en el futuro, más la libertad de no estar atado a un reino en el que limitamos nuestra expresión al adherirnos al tiempo creado por el hombre – todas estas libertades vienen paradójicamente a través de la manera en que elegimos pasar nuestro tiempo.

Hay unos puntos a considerar aquí.

En primer lugar, muchos grandes maestros yoguis hablan sobre el poder de estar en el ahora, del regalo de libertad que llega cuando nos permitimos estar completamente presentes en cada momento del ahora. Dicen que solo cuando estamos completamente presentes en el ahora, nuestra esencia pura, nuestro ser divino interior, puede expresarse completamente a través de nosotros sin limitaciones mentales o emocionales. Sin embargo, a la mente no le gusta vivir en el presente, pues obtiene su vivacidad y su sentido del yo animándonos a vivir en el pasado o en el futuro. Cuando vivimos por completo en cada momento presente, la mente no tiene sitio para crecer y, aun así, para obtener las libertades que estamos buscando en este libro, necesitamos alentar la expansión y la expresión de nuestro SDI, en vez de aquello que nos da los mecanismos para que pensemos, analicemos y desencadenemos sentimientos desde sus percepciones.

Por el contrario, como hemos tratado en gran detalle en el libro *Nutrición Divina*, para expandir el poder y la expresión de nuestro SDI, necesitamos ser muy conscientes de cómo pasamos nuestro tiempo, porque ello determina nuestra frecuencia o fundamento personal, lo que a su vez determina el tipo de energías que podemos liberar desde nuestro interior y las que podemos atraer a nuestro alrededor.

Sin embargo, accionar de una manera que llene un periodo de tiempo es una cosa, y aquello en que nuestra mente se enfoca cuando realizamos dicha acción es otra. Por ejemplo, cada día podemos 'pasar un tiempo' haciendo ejercicio para crear un cuerpo físico fuerte y flexible. Durante esta hora de yoga, de levantamiento de pesas o de caminata por la playa podemos pensar en las cosas que tenemos que hacer, en una conversación que hemos tenido con alguien o podemos usar la mente de una manera tan enfocada que expanda nuestro ser y profundice nuestra experiencia de la Presencia Divina interna.

Mientras me ejercito cada día, me gusta usar el mantra "soy sana, soy sagrada, estoy en armonía con todo". Esto funciona particularmente bien pues mientras camino en la playa disfruto de un ritmo de respiración profundo y conectado por el cual absorbo prana puro. El mantra envía un ritmo a mi mente para que mande al campo cuántico inteligente a mi alrededor una señal particular de realidad y creencia, y crea un ritmo físico particular cuando camino. De esta manera, la mente está enfocada, el cuerpo está enfocado y siendo consciente de mi respiración puedo disociarme y convertirme en espectadora y estar totalmente presente en el campo de energía dentro de mí y alrededor de mí y ser libre.

La libertad es una actitud de la mente y llega cuando aprendemos a disociarnos de la creencia de que somos nuestra mente. Esto es una realidad que hemos tratado en gran detalle en mi libro *En Resonancia* y que se trata hermosamente en el libro de Eckhardt Tolle, *El Poder del Ahora*.

En este libro, Eckhardt Tolle habla sobre la necesidad de dejar de ser esclavos de nuestra mente y su falsa realidad de ser impulsada por el ego, de dejar de identificarnos con la mente y, en lugar de ello, convertirnos en el espectador de nuestra mente, de la manera en que nuestros pensamientos desencadenan emociones y de cómo una gran libertad viene de esto.

A lo que yo llamo nuestro SDI, Eckhardt lo llama nuestro Ser. Él dice:

"El Ser es la Vida omnipresente que va más allá de las innumerables formas de la vida que están sujetas al nacimiento y a la muerte. Sin embargo, el Ser no está solamente más allá de las formas sino también profundamente dentro de ellas como su esencia invisible, indestructible y la más recóndita. Esto significa que ahora resulta accesible para ti como tu propio yo más profundo, tu verdadera naturaleza. Pero no trates de captarlo con tu mente. No trates de comprenderlo. Solamente podrás conocerlo cuando tu mente esté quieta, cuando estés presente en el ahora por completo y con intensidad... Recuperar la consciencia del Ser y vivir en este estado de 'realización sentimental' es la iluminación."

Como hemos compartido en el libro *Nutrición Divina*, la iluminación es un proceso que nunca termina porque siempre somos capaces de expandir nuestra capacidad de atraer luz, amor y sabiduría y también de mantenerlos e irradiarlos. Por lo tanto, es un viaje y no un destino. De igual modo, la libertad es un viaje, no un destino, porque cuanto más manifestamos la Ley del Amor, más libertades se nos revelan.

En el reino de nuestro SDI, en la presencia de nuestro Ser, no hay tiempo, no hay acción, no hay libertad porque todo es uno y todo solamente es. No hay pasado, no hay futuro, y, como dice Eckhardt, el tiempo es solamente una ilusión y "cuanto más te concentras en el tiempo – pasado y futuro – más te pierdes del ahora, lo más precioso que existe: ¿Por qué es lo más precioso? Primero, porque es lo *único*. Es todo lo que hay. El eterno presente es el espacio en el que toda tu vida se despliega, el único factor que se mantiene constante. La vida es ahora. Nunca hubo un tiempo en que tu vida *no* era ahora, y tampoco lo habrá. En segundo lugar, el ahora es el único punto que puede llevarte más allá de los confines limitados de la mente. Es tu único punto de acceso al reino atemporal y amorfo del Ser."

Concentrar nuestra mente y nuestra consciencia completamente en el ahora mientras actuamos en la vida, acciones que, al medirse, completan unidades de tiempo, es una de las maneras más poderosas que tenemos para ir más allá de las limitaciones del tiempo y sentir la libertad de él – en este estado nos damos cuenta de que el tiempo es elástico y puede expandirse a voluntad, pues en el papel del espectador, donde nuestras acciones han abierto las puertas hacia el flujo divino de la esencia pura a través de los mundos, las leyes físicas se casan con las metafísicas y un nuevo mundo es revelado.

En la página 46 de su libro, Eckhardt continua:

"La identificación con la mente le da más energía y la observación de la mente le quita energía. La identificación con la mente crea más tiempo y la observación de la mente abre la dimensión de la atemporalidad. La energía que se quita de la mente se transforma en presencia. Una vez que puedes sentir lo que significa estar en el presente, es mucho más fácil elegir salir de la dimensión del tiempo, cuando no se necesita tiempo para fines prácticos, y moverse más profundamente en el ahora. Esto no perjudica tu habilidad de usar el tiempo – pasado o futuro – cuando necesites referirte a él para fines prácticos y tampoco perjudica tu habilidad de usar tu mente; de hecho, la realza. Cuando de hecho uses tu mente, estará más afilada, más enfocada."

Al tiempo que usamos para acciones prácticas Eckhardt lo llama "tiempo del reloj" y al tiempo que usamos cuando vivimos mentalmente en el pasado o el futuro, lo llama "tiempo psicológico". Destinar tiempo del reloj al Programa de Estilo de Vida Exquisito (mencionado anteriormente y también en el libro *Cuatro Cuerpos Sanos: Bio-campos y Bendición*) expande nuestra consciencia de manera que seamos libre del tiempo psicológico y que podamos estar completamente concentrados en nuestra esencia Divina – Nuestro SDI - unidos a ella, disfrutando de ella y actuando a partir de ella.

La libertad es aquí y ahora. No es una realidad futura. Aquí y ahora tenemos la libertad de elección, la libertad de decidir cómo pasar nuestro "tiempo del reloj". La libertad de decidir si queremos dejarnos llevar por el tiempo psicológico de vivir en el pasado o el futuro y alinearnos con nuestras percepciones mentales de la vida, o de elegir sumergirnos en la presencia de aquel que nos hacer respirar, nos ama y nos da vida y todos sus regalos ilimitados.

Recuerdo hace muchos años, un día en que me consumía la preocupación de cómo iba a hacer para pagar las facturas que estaban por vencer. Mientras estaba sentada en mi auto, en un estado de profunda preocupación que me condujo a rezar pidiendo ayuda, escuché una voz, que decía:

"Aquí y ahora, ¿Tienes todo lo que necesitas?"

Pensé por un momento y respondí: "Sí."

Entonces la voz dijo: "¿Alguna vez realmente te ha faltado algo?"

Otra vez pensé unos momentos y entendí que todas mis necesidades siempre habían sido cubiertas, que mis niños y yo, de alguna manera, siempre habíamos tenido una cama caliente, ropa y la comida y el techo que necesitábamos; que de alguna manera siempre recibíamos todo, quizás no de la manera que quería, pero siempre de la manera que necesitaba.

Y la voz dijo: "Entonces relájate, estate en el momento, disfruta tu ahora".

Y me di cuenta de que si quería evitar la preocupación o la ansiedad, todo lo que necesitaba hacer era estar completamente presente en cada momento, asistir a las realidades prácticas de la vida tan bien como pudiera y confiar en que, como siempre había sido, había recibido y continuaría recibiendo todo de los campos amorosos de la vida.

Con esta revelación, un sentimiento maravilloso de paz pareció florecer desde algún lugar profundo dentro de mí, una paz que se quedó conmigo por bastante tiempo; cuando empezaba a preocuparme o a sentirme ansiosa, esta misma voz dentro de mí me recordaba suavemente que tenía que "estar aquí y ahora" que tenía que ser completamente consciente del presente y dar las gracias por haber recibido siempre las cosas.

Llevar este conocimiento más profundo dentro de nuestro cuerpo para que no solamente envuelva a nuestra mente y nuestro campo emocional de confianza, sino también para que emane de cada célula como una verdad, es otro paso; un paso que viene del entrenamiento diario de nuestra actitud y percepción.

Uno de los regalos más grandes que puede dar el viajar constante es exactamente este tipo de entrenamiento – el entrenamiento de estar completamente presente en cada momento, de disfrutar exactamente donde estamos aquí y ahora. Durante años estuve sentada en aeropuertos, a veces esperando hasta 8 horas por un vuelo de conexión, o esperando en filas eternas para pasar por aduana, o viajando en trenes a través de los continentes, o atascada en el tráfico en un taxi, camino a eventos para compartir nuestras investigaciones. La lista de 'espera paciente' continúa y nos da una base de entrenamiento excelente para sumergirnos en cada momento del ahora y estar completamente presente.

En aquellas situaciones viviendo en los campos del pasado o del futuro del "ojalá", particularmente la realidad del 'ojalá estuviese en algún otro sitio ahora mismo', es una pérdida de tiempo muy obvia porque dejarnos llevar por este tipo de proceso de pensamiento de 'ojalá' solamente suscita emociones que nos roban energía valiosa. En lugar de eso, ahora me relajo, leo un libro, me tomo el tiempo de hacer alguna programación con mantras específicos, medito (muchas veces con los ojos abiertos) y me sumerjo profundamente en los campos Zeta-Delta, o quizás simplemente elijo escuchar música devota o sagrada en mi iPod y/o ser el espectador del ahora.

El efecto de energía de este tipo de entrenamiento constante es maravilloso, muy gratificante, y se queda con nosotros para que podamos mantener esto durante todo nuestro tiempo del reloj. Nos proporciona la habilidad de estar completamente 'en alegría' en cada momento, independientemente de lo que estemos haciendo, porque aquí se suspende el juicio y el aprecio por la acción que llevamos a cabo físicamente y por el espacio mental y emocional que elegimos mantener, le añade otra capa al todo.

Eckhardt Tolle dice: "La calidad de tu consciencia en este momento es lo que moldea tu futuro... Si la calidad de tu consciencia en este momento es lo que moldea tu futuro, entonces, ¿Qué es lo que determina la calidad de tu consciencia? Tu nivel de presencia."

Una vez más, qué tan alienados estemos con nuestro SDI y qué tan conscientes seamos de su presencia en cada momento es el factor que determina nuestra libertad de reconocer, disfrutar y crear más milagros en nuestra vida. Liberar nuestra mente de las realidades atadas al tiempo, liberar nuestra mente de las creencias limitadas, liberar nuestro cuerpo físico de los restrictivos patrones de comportamiento mentales y emocionales – todo esto es una elección que hacemos en el ahora.

Estar completamente presente en cada momento mientras actúas significa amar lo que estás haciendo, apreciar y disfrutar de tus acciones y de cómo eliges pasar tu tiempo. Esto podría significar mantener una consciencia de por qué lo haces, y no estar tan enfocando en la meta/el resultado pues estarías viviendo en el futuro otra vez y no disfrutando de estos momentos del viaje. Incluso la cosa más mundana de la vida, como barrer el camino del jardín, se puede hacer con una consciencia del momento tal, que se convierta en una acción zen de dignidad, alegría y Gracia.

Elegir este tipo de enfoque nos trae libertad, porque una actitud alternativa de esta acción podría ser el enojo contra los árboles que siempre están tirando hojas y cubriendo el camino con escombros, un enojo que luego libera sentimientos de renuencia o impaciencia por tener que barrer el camino otra vez, cuando podrías estar haciendo "cosas mejores con tu tiempo." Cuando dejamos esta vieja actitud, cuando nos rendimos en el ahora, nos paramos en el camino con la escoba, respirando profundamente, oliendo los aromas del jardín, sintiendo la brisa y los sonidos de los árboles que se mecen en ella, escuchando los pájaros y estando completamente conscientes del milagro del momento, entonces nos sentimos conectados otra vez con todo, una parte del todo, uno con todo, apreciando como todo se armoniza. Entonces, otra vez, nos sentimos libres.

Aplicar consciencia, cuidado y consideración en todo lo que hacemos nos abre a un nuevo campo de ser, donde las fuerzas universales a su vez nos tratan de la misma manera como respuesta. Todo esto es un simple ejemplo de la Ley del Amor.

Ya sea que apliquemos esto a la Libertad del nivel 2[4] libertad de disfrutar de la salud, la felicidad, la paz y la prosperidad o a la Libertad del nivel 3[5] libertad de la limitación humana, es simplemente, una vez más, una cuestión de elección.

Sin embargo, este tipo de actitud nos abre a la simple alegría, que viene de estar totalmente en armonía con nuestro SDI, abierto, consciente, disfrutando sus regalos y su sabiduría y amor.

Así es y así siempre será.

---

[3] & [4] Como ha sido tratado en *Nutrición Divina.*

Capítulo 11 – Modificando los Campos
¿Retocar o no retocar? Esa es la cuestión...

Mejorando la habilidad de refinar el campo,
No habrá que adivinar, sino resultados ciertos,
La verdad requiere que se desnude al ego.

Me encanta la palabra "retocar" porque trae un nuevo nivel de realidad, en comparación con la palabra "modificar". Actualmente estoy un poco consumida con la modificación de los campos, porque estoy por terminar una novela de un estilo divertido de ciencia ficción llamada *Los modificadores de los campos (Fiddlers of the Fields)*, un libro que se descargó con alegría, facilidad y gracia. Siento como si no pudiera recordar haberlo escrito porque las descargas son cosas a las que parece que simplemente te abres y la recibes. Cuando aplicamos la información del capítulo de la creación de milagros, todo parece ocurrir más fácilmente en nuestras vidas.

A veces siento que pasé mucho tiempo entrenándome y siendo diferente y disciplinada para poder modificar los campos de energía dentro de mí y alrededor de mí de manera más consciente y eficiente. Para muchos de nosotros parece que hay algo que nos impulsa, que nos inspira a crecer y a expandirnos, e incluso a modificar los campos y a hacerlo solamente porque podemos.

Retocar es diferente a modificar porque el retocar trae consigo una frecuencia totalmente nueva. Es la opción que tenemos cuando la modificación de los campos está más avanzada. Es el ajuste final que se hace una vez que todo está en su sitio – cuando las cuadrículas energéticas y los comandos han sido ubicados, fijados y activados, lo cual normalmente revela en esta etapa que ha habido movimientos en los campos, que ha habido un refinamiento y un cambio fundamental a causa de nuestras modificaciones. Luego, al observar el silencio, podemos verificar la efectividad del campo usando nuestras percepciones más altas; luego podemos reunirnos, discutir y decidir unificar y retocar los campos a fin de obtener un resultado determinado. La unificación es una manera de incrementar nuestro poder de retocar y de proporcionar resultados más rápidos.

Todos modificamos el día a día de los campos de acuerdo al modo en que elegimos pasar nuestro tiempo.

Cuando la Ley del Amor actúa eficientemente a través de los campos sin restricciones o bloqueos con los que lidiar, el resultado siempre es para el bien de todos, y abundan la salud y la armonía a través de todos los campos de la vida de una manera evidente para todos porque todos lo vivimos y sentimos. Este tipo de cambio de paradigma en la consciencia de masas es de hecho posible y sucede al estar más conscientes de nuestra elección de estilo de vida y al aplicar el poder del SDI.

La cuestión de "retocar o no retocar" atraviesa nuestras mentes gracias a la realidad de la dualidad porque hay muchas escuelas de pensamientos diferentes en los círculos metafísicos. Una de mis preferidas es la que dice que '**Todo es perfección absoluta aquí y ahora. Entonces reconoce esto en todo lo que haces; disfruta de todo al tiempo que se despliega alrededor de ti. Míralo todo a través de un corazón puro y a través de los ojos de tu SDI**'. Esta es una realidad simple que también está impulsada por el juego de 'aquello en lo que te enfocas, lo alimentas'.

Actualmente, estoy viviendo mi vida de acuerdo con este juego y los resultados son interesantes. Elijo creer que domino mis campos, los cuales cambian constantemente a medida que se mueven a través de mí y a mi alrededor, organizando mis moléculas según mis pensamientos, palabras y acciones. Todo es algo agradable y auto-responsable. No hay culpas. No hay víctimas. No hay juicio. Solamente un sentimiento de observar y retocar mis campos cuando me siento inspirada.

Después de décadas de aplicar las herramientas que hemos compartido en nuestros sitios web C.I.A http://www.selfempowermentacademy.com.au y www.jasmuheen.com, he hecho la mayoría de mis retoques de los campos hace tiempo. He retocado mis campos internos usando la Receta 2000> y he modificado mis campos en un nivel externo a través de una década de creación consciente de viajes por el mundo, libros y sitios web que todos buscan para modificar los campos de nuestro mundo.

A lo largo del camino he encontrado el juego de 'Todo es Perfección' de una manera tan poderosa, que sentí como si alguien me golpeara en la cabeza con un martillo grande o como si me echaran encima un balde de agua. En un punto, era una experiencia tan poderosa, que durante algunos meses perdí mis palabras.

Cuando realmente estamos experimentando que 'Todo es Perfección', la modificación de los campos cesa y solamente necesitamos un programa de retoque mínimo de mantenimiento de vez en cuando para combatir cualquier patrón perjudicial de bio-retroalimentación que a veces puede resonar alrededor de nosotros.

Mi experiencia favorita reciente retocando campos es mi juego de la habitación arco iris. Crear habitaciones llenas de arcos iris es increíblemente gratificante. Es un ejercicio relativamente económico y consistía en comprar cristales cortados multifacéticamente y colocarlos en todas las barandas de mis escaleras. Los cristales actúan atrayendo, reflejando, proyectando e irradiando el espectro de luz más glorioso y divino de arco iris en mi habitación y mi baño cada mañana y también en mi habitación de meditación y en el salón. Algunos rayos incluso se reflejaban en las paredes de mi oficina.

Mi siguiente acto de retoque de los campos fue ordenar mis actividades diarias para bañarme en cada habitación arco iris tanto tiempo como fuese posible. La meditación matutina en el balcón de arriba, donde los cristales irradian los arcos iris más brillantes, ahora irradia mi campo de aura con los pulsos de más color y frecuencia más perfectos que se puedan imaginar. Con una pequeña modificación de los campos, ahora obtengo mucho placer, porque los cristales retocan los campos naturalmente.

Recientemente instalé nuevamente mi televisión después de haber estado un año sin ella.

Cada vez que miraba la tele me dormía profundamente dentro de la primera hora hasta que puse una cueva gigante de cristal amatista en frente de la tele. Algunos dicen que esto era algo cruel ya que el único cristal capaz de procesar la radiación de la tele es un gran cuarzo nublado, un conductor que tiene el poder y la densidad suficientes para absorber y remodelar cualquier discordancia en los campos. Recientemente, agregué un gran cristal de cuarzo rosa sobre la tele y un cristal de cuarzo claro en frente. Ambos retocan el campo aún más y ahora no me duermo cuando miro la tele, porque los cristales absorben las frecuencias que me dejaban tan somnolienta.

Las personas retocan los campos cada vez que respiran – mediante nuestros pensamientos, nuestras palabras y nuestras acciones los campos se alteran constantemente a nuestro alrededor y a través de nosotros. Aplicar un poco más de consciencia en lo que irradiamos hacia el mundo y cómo lo afecta, el motivo por el que elegimos y permitimos que se irradie esa frecuencia en particular, y lidiar con las propias respuestas cuánticas y virtuales de los campos hacia nuestra presencia puede ser muy preocupante para una matemática de los campos o una técnica de bio-campos dimensionales como lo soy yo, y todo esto es parte de modificar los campos.

Algunos de nosotros modificamos los campos conscientemente y otros lo hacen sin darse cuenta, pero todos modificamos los campos. Uno de mis juegos favoritos durante mi primer año en la playa era la invisibilidad, esconderme para que mi irradiación no dejara huella en ninguno de los campos a mí alrededor. Sintiendo hambre de soledad y apreciando el anonimato, la invisibilidad era una llave poderosa.

Socialmente, a la gente le gusta a objetivar, 'guruficar' o deificar a aquellos que muestran una habilidad para hacer cosas inusuales y si yo fuese conocida de alguna manera, me gustaría ser conocida como una Técnica de Bio-campos, una modificadora de los campos. Es cierto que mi especialidad en los campos ha sido la agenda de libertad, y especialmente la forma en que se manifiesta en la Nutrición Divina y en que vive su amor y su luz. Ser conocida solamente como alguien que dice estar libre de la necesidad de comer es algo muy incompleto en el gran diseño de las cosas, pero ahora estamos divagando.

Nuestro enfoque está en la elección de los juegos que podemos sentir y a los que podemos afinarnos.

Así, el juego de 'Todo es Perfección' es el más asombroso. Es sutil y requiere observación y aprendizaje en silencio para que podamos ver con nuestros ojos interiores e ir más allá de la materialidad y la densidad de la vida y ver el baile de la gracia que la impulsa.

Si no hacemos esto, otra opción es quedarse en el campo denso de la dualidad, donde vemos lo bueno de los campos y los aspectos positivos, y también vemos la incoherencia, el caos y la discordancia y los reconocemos. En este segundo campo, todo se siente como separado y los campos, en mayor o menor medida, necesitan ser modificados – según nuestra percepción de cada día en particular. Algunos días, cuando quedamos un poco atrapados en la lucha y la supervivencia, podemos sentir que todo en la vida necesita una reparación muy grande, o quizás nos sentimos agobiados y abrumados y demasiado atrapados para hacer algo. Por suerte, normalmente no nos quedamos en esos espacios demasiado tiempo.

Es agradable saber que se puede retocar otros campos, y al elegir hacer cosas muy particulares con nuestro tiempo del reloj podemos movernos a través de los diferentes campos de la realidad a nuestra voluntad.

Sabemos en los círculos metafísicos que no hay tal cosa como la realidad, porque la percepción de la vida y por lo tanto su experiencia de vida, varía según cada persona. Sin embargo, hay campos de consciencia compartida donde existen las masas, campos cuyas expresiones son controladas por nuestras culturas, nuestras bases de poder y nuestras religiones.

La elección de la libertad de explorar los campos viene automáticamente cuando elegimos explorar nuestros 7 niveles de consciencia, hasta que, eventualmente, nos encontramos tan inmersos en el poder del SDI y tan cobijados por la gracia de la Ley del Amor, que la percepción desaparece y el 'Ser' del todo lo sustituye, y así vamos incluso más allá del significado de la perfección y vamos hacia el estado del puro Ser.

Para aquellos que ahora viven en un estado de 'todo es perfección' y que disfrutan de la salud y la felicidad radiante, modificar los campos en este momento tal vez no sea su prioridad. Para otros puede ser imperativo – ya sea llevarse a sí mismos a ese estado o ayudar a otros a entrar en él, y así tratamos el estar y el hacerlo en la parte 2 de este libro.

Resurrección y redención, regeneración y recuperación

El tiempo que pasé en la playa este último año ha sido un tiempo de resurrección y de regeneración, un tiempo de reclamar un espacio para mí misma en un campo silencioso. En un nivel, ha sido un tiempo para redimirme con mi SDI, para concentrarme más completamente en él. Resucitar algo es traerlo de vuelta a la vida y, según el diccionario, redimir significa liberar o expiar.

Usar las herramientas que brindamos en nuestros manuales educativos y en la parte 2 de este libro nos permite regenerarnos y por lo tanto retocar nuestros campos de energía internos y externos más eficientemente – sin embargo, cuando añadimos la frecuencia de la recuperación, todo cambia.

Terminé el libro *Nutrición Divina* con un capítulo dedicado a la deificación de nuestro SDI y a cómo la recuperación de él mediante un cambio de actitud dentro de nosotros es un paso básico necesario en la agenda del paraíso. En el capítulo 2 de este libro hablé sobre ser un devoto de nuestro SDI.

Como muchos ahora saben, nuestro SDI es nuestro vínculo común – estamos conectados a todo gracias a él porque sus tentáculos de consciencia impregnan todos los campos, pasando a través de un agujero o una cuadrícula blanca, a través de nuestro sol físico y volviendo a través del gran sol central en los niveles interiores. A medida que nos expandimos a través de los 7 niveles de consciencia, podemos acceder a las diferentes matrices de realidades que se extienden por los campos galácticos, universales y dimensionales.

Las personas familiarizadas con el Cristianismo son conscientes de la idea de la resurrección en relación con la vuelta de Cristo de la muerte, la idea de que un hombre podía ser crucificado pero, dado su papel en los campos y su frecuencia del campo, podía resurgir otra vez y renacer en un nuevo estado – humilde, sabio, brillante, iluminado, una luz y un faro y un símbolo de amor incondicional, fe y confianza, un ser que conocía un potencial más alto y que era capaz de demostrarlo en un nivel físico.

Todo esto es un ejemplo de la modificación de los campos.

Jesús modificaba sus campos hasta que, por alguna razón, a los 30 años mágicamente se encerró en un campo de Gracia, un campo que lo eclipsó lo suficiente para transformarle en Cristo – un ser que luego imprimiría las realidades de la crucifixión, el ascenso y la resurrección como registros en nuestra comunidad histórica.

Abogando por una regeneración a través del proceso de la redención, Cristo abrió con su ejemplo los campos de posibilidad para que nosotros lo sigamos y hagamos todo lo que él había hecho y más. Recuperando al Cristo dentro de nosotros y emparejando la frecuencia mediante el modo en que pasamos nuestro tiempo del reloj, garantizamos nuestra resurrección y nuestro ascenso desde el campo de la dualidad al campo de la perfección.

Naturalmente, la elección es nuestra y la Ley del Amor hace posible todos los campos dándonos la libertad de elegir el campo de realidad en el que queremos existir. El hecho de que tengamos una elección como esta es, probablemente, la información más poderosa que llevará a la redención hacia la perfección, particularmente para aquellos que todavía viven en los campos de la dualidad y que juegan el juego de la separación.

La separación y el sufrimiento son una elección; ver la perfección en todo y sentir la unidad de todo es una elección. Jugar con nuestro tiempo psicológico y nuestro tiempo del reloj para experimentar campos diferentes también es solamente una elección.

Una vez, Albert Einstein dijo: "La más bella y profunda emoción que nos es dado sentir es la sensación de lo místico. Ella es la que genera toda verdadera ciencia. El hombre que desconoce esa emoción, que es incapaz de maravillarse y sentir el encanto y el asombro, está prácticamente muerto. Saber que aquello que para nosotros es impenetrable realmente existe, que se manifiesta como la más alta sabiduría y la más radiante belleza, sobre la cual nuestras embotadas facultades sólo pueden comprender en sus formas más primitivas. Ese conocimiento, esa sensación, es la verdadera religión".

La forma en que pasamos nuestro tiempo determina lo sensibles que somos a los diferentes campos de la vida, qué campos podemos sentir y a cuáles podemos acceder. Usando nuestro discernimiento y la mente de nuestro SDI podemos determinar en qué campos queremos jugar. A esto lo llamo un proceso de 'sentir'.

LA LEY DEL AMOR
Y LA GRACIA

ESPÍRITU - SOY SDI – TANTRA- Somos un campo del yo dominado y concentrado en el servicio.

ALMA - El ser superior 'YO' se vuelve el campo 'NOSOTROS' de los Trabajadores de la re-calibración de la luz en progreso

PERSONALIDAD Yo, mi, mío

SABIDURÍA E INTUICIÓN magia y creación de milagros flujo de sincronicidad regular, armonía y salud del corazón

CONSCIENCIA y experiencia de satisfacción; sin embargo flujo irregular de Gracia buscando milagros

IMAGINACIÓN y disciplina – presenciar Gracia y milagros con poca regularidad

AFINAR CAMPOS – Estilo de vida, Cuadrículas y
Programas – detallado en la parte 2
ARMONIZACIÓN por el
FLUJO DEL CAMPO PERFECTO

Capítulo 12 – Percepción

Recibes respuestas sin preguntar,
Acaricias suavemente sin raspar,
Te vas de la sombra a la luz blanca disfrutar.

Percepción es un término que utilizo aquí en relación a la sensibilidad, a la habilidad de ser lo suficientemente sensible para poder reconocer y explorar los siete niveles de la consciencia que mencioné en el capítulo 2, Devotos del SDI. Vivir la vida conociendo solamente los niveles de consciencia 1 a 3 o 4 es como jugar con la mitad de una baraja de naipes. Sencillamente, hay más elecciones, más diversión, más variedad y más estímulo cuando jugamos con una baraja completa – incluidos los naipes del comodín – y la única manera de acceder a una baraja completa es desarrollar y afinar *todos* nuestros sentidos, para que podamos actuar desde lo que Deepak Chopra llama 'la mente no-local'.

En su libro *Sincrodestino*, Deepak Chopra desarrolla la idea de la mente local y no-local. En las páginas 101 a 104, por ejemplo, describe que la mente local: "es mente del ego; es mente individual; es consciencia individual; es consciencia condicionada; es linear; actúa dentro del espacio, el tiempo, la causalidad; está atada al tiempo y limitada; es racional; está condicionada por las formas habituales de pensamiento y comportamiento, está formada por experiencias individuales y colectivas; separa; diálogos internos: esto es yo y mío; domina al miedo; requiere energía; necesita aprobación; interpreta el 'Yo' dentro del observador como diferente del 'Yo' dentro del observado; piensa en modalidades de causa-efecto; es algorítmica; es continua; se activa cuando los sentidos están activos porque la experiencia sensorial es local; se expresa mediante el sistema nervioso voluntario (elección individual)".

Para Deepak Chopra, la mente no-local: "es espíritu; alma; consciencia universal; consciencia pura; sincrónica; actúa fuera del espacio, del tiempo, de la causalidad; es atemporal e infinita; intuitiva, creativa; incondicionada, infinitamente correlacionada, infinitamente creativa; unifica; es el diálogo interior: todo esto es yo y mío; el amor domina; actúa sin energía; es inmune a la crítica y a los halagos; sabe que es el mismo 'Yo' en el observador y en el observado; ve un interconexión no causal o una correlación interdependiente; es no algorítmica; discontinua; supra-consciencia; está siempre activa, pero más disponible para sí misma cuando los sentidos están suspendidos o retirados, como en el sueño, sueños, meditación, somnolencia, trance, rezos; se expresa a través de los sistemas autónomos y endócrinos, y, más importante, a través de la sincronización de estos sistemas (y también a través de la sincronización de lo particular y lo universal, del microcosmos y el macrocosmos)".

"Por su naturaleza, la mente no-local conecta todas las cosas, porque es todas las cosas. No requiere atención, energía, ni aprobación; es todo en sí misma, y por lo tanto atrae el amor y la aceptación. Es inminentemente creativa, la fuente de la que fluye toda la creación. Nos permite imaginar más allá de los límites de lo que la mente local ve como 'posible', pensar fuera de la caja y creer en milagros."

Para mí, la mente no-local es la mente del SDI – la mente del Ser Divino Interior que todo lo sabe, todo lo puede y todo lo ama, del Ser Divino Exterior – el que nos hace respirar y nos unifica a todos en un campo de inteligencia que es alimentado por la Ley del Amor y gobernado por su Gracia. Para mí, la Gracia es la sincronicidad en acción y es por la actuación desde la mente del SDI, o mente no-local, que las libertades que tratamos en este libro, son posibles. Para mí, alinearnos con nuestro SDI, rendirnos a él y fusionarnos con él es el secreto de todas las libertades. Alcanzar este tipo de libertades es más fácil cuando – como Deepak escribe en la página 107 – nuestra intención "ayuda a las necesidades tanto del 'Yo' local como del no-local. La intención no-local siempre evoluciona y, por lo tanto, se mueve en la dirección de las interacciones armoniosas que sirven al bien mayor".

Podemos usar nuestra mente local o no-local para sentir y existir conscientemente a través de los diferentes niveles de la vida. Sin embargo, cuando nuestros siete sentidos están activados completamente y trabajan en armonía con los siete elementos, comprendemos el juego de la vida y el dilema humano de la limitación elegida; además, las razones para nuestra carencia de libertad se vuelven obvias. La ignorancia alimenta el miedo que, a su vez, alimenta la restricción, en especial cuando elegimos permanecer anclados en la mente local y no recibimos la elección holística y educativa de herramientas que nos permiten explorar conscientemente los campos de la mente no-local.

Sentir significa desarrollar activamente todos nuestros sentidos para que podamos ser lo suficientemente conscientes de todos los juegos y luego elegir con sabiduría en qué juego queremos participar, en lugar de estar a merced de otros campos más dominantes o restrictivos. Para mí, un juego es una realidad elegida en la que decidimos participar, una realidad que hemos creado por razones particulares – con suerte, porque nos sirve a nosotros y a nuestro mundo. Cuanto más actuamos desde la mente no-local dentro de nosotros, más opciones de realidades tenemos.

Desarrollar nuestros sentidos para acceder a los siete niveles de consciencia y ser conscientes de la mente no-local nos permite comprender la verdad de las historias de los taoístas inmortales de los capítulos anteriores y la esencia más pura de todas las Sagradas Escrituras.

Los maestros del Tao dicen que necesitamos convertir un libro de anatomía y fisiología en nuestra biblia, porque cuando comprendemos el cuerpo humano mejor podemos aplicar la alquimia interna con más éxito. Controlar nuestro flujo de energía interno y las emanaciones de nuestros campos también significa que tenemos más elecciones para acceder a las realidades internas y externas.

Muchas personas que actúan desde la mente local no quieren aceptar que crean su propia realidad; muchas personas creen que las cosas están en acción, como el destino, y que la vida simplemente nos sucede y nosotros reaccionamos a ella. Sin embargo, la forma en que reaccionamos a la vida es una elección y cada elección, en consecuencia, genera un resultado que determina una realidad.

Ahora todos los metafísicos saben que cuando cambiamos nuestros pensamientos, nuestras palabras y nuestras acciones, cambiamos nuestro fundamento y también la forma en que el universo nos responde y la realidad en que existimos. Una persona consciente disfrutará de pensamientos, palabras y acciones que le permitirán explorar los siete niveles de consciencia para que pueda estar bien informada sobre lo que existe en los campos y por lo tanto tener más elecciones con respecto a la realidad en la que quiere pasar su tiempo.

Entonces empecemos este capítulo mirando lo que algunos considerarían el juego más puro o más alto, la realización del destino – el destino personal y el destino de nuestras especies.

El/los juego/s

A finales de los años '90 conocí a una mujer muy interesante que estaba asociada al Instituto de Ciencias Noéticas (*Noetics Institute*) en California, un centro que buscaba conectar la metafísica con la ciencia. Ella estaba escribiendo un libro que sería una compilación de entrevistas con diferentes metafísicos y tenía curiosidad por mis investigaciones sobre Nutrición Divina. En un momento me hizo una pregunta sobre el destino, si yo creía que hay un destino preestablecido para nosotros o si nosotros hacemos ese destino.

Este es un punto interesante, particularmente porque en nuestro capítulo "Tao y Herramientas" te daremos una manera para que descubras – si estas interesado – exactamente lo que has pre-acordado hacer en esta vida en relación con la agenda de la libertad de la Ley del Amor.

Como ha dicho Deepak Chopra, en el campo virtual todo existe como una posibilidad potencial. Como millones de personas sueñan con un mundo mejor y están dispuestos a hacer lo que haga falta para co-crearlo, los campos se han abierto para el nacimiento de este nuevo mundo.

El juego de co-crear el paraíso es solamente una dentro de una miríada de opciones, y es a causa de la Ley del Amor que cada elección puede manifestarse, porque el amor no juzga, ni limita ni restringe. El amor incondicional permite que todo fluya naturalmente según su propio ritmo y campo de frecuencia. Con más de 6 mil millones de personas en nuestro planeta, hay más de 6 mil millones de juegos de vida en marcha, o realidades entremezclándose, y aquellas con las mayores similitudes forman los ríos de cambio más fuertes.

¿Hay algún tipo de Creador Divino juzgando qué creamos y cómo lo hacemos? ¿Hay algún tipo de Dios Inteligente que quiere que cumplamos algún tipo de plan maestro pre-escrito? El chiste cósmico es que, si creemos que lo hay, entonces para nosotros en nuestro propio pequeño juego llamado vida sí lo hay porque eso es la naturaleza del campo virtual, desde donde continuamente emana todo el potencial y la vida.

Prefiero ver todo como un mar de energía con mareas que cambian según las influencias del campo, y que todas las cosas vivas constantemente emiten energía que influye en el campo. Si estamos vivos y respirando, entonces estamos influyendo en la realidad de los bio-campos de las masas llamada el juego de la vida. Las señales que transmitimos determinan en qué juego de realidad estamos inmersos.

Para el metafísico, nada de esto es nuevo – el punto es que, talvez, algunos juegos merecen nuestra atención más que otros. El término merecer no lo uso aquí en un sentido crítico porque todo lo que experimentamos en la vida puede ser invaluable; sin embargo, una vez que hemos explorado los diferentes niveles de consciencia disponibles para nosotros y comprendemos mejor la matemática de la vida, entonces tenemos la consciencia para hacer elecciones más precisas. Tener la consciencia suficiente para reconocer la vida como un juego y saber cómo moverse a través de los campos de realidad de manera armoniosa es una habilidad básica para un metafísico o un Chamán que transforma.

Sentir se trata de afinar nuestros sentidos de manera consciente como para que podamos ser lo suficientemente sensibles para co-crear juegos que sean beneficiosos para todo y para hacerlo en armonía con todo. Por ejemplo, como hemos compartido en el libro *Nutrición Divina*, las investigaciones han demostrado que reduciendo a la mitad nuestro consumo de calorías podemos incrementar nuestra longevidad en un 30%. Si luego tomamos el dinero que ahorramos al comprar menos comida y lo damos a programas de caridad para niños para ayudar a eliminar la pobreza en el tercer mundo, otras personas también se benefician. El hecho de, por ejemplo, tomar dos comidas al día en lugar de tres significa que nuestra tierra también se beneficia, porque reducimos inmediatamente nuestra dependencia de los recursos de comida del mundo en un 33% – por lo tanto, tenemos otro juego beneficioso.

En La Ciencia de Bio-campos Dimensionales, la realidad de un Dios o un Poder Supremo que tiene un programa del paraíso pre-planificado para la tierra y en el que tenemos roles destinados a realizar en la manifestación de este plan es irrelevante e inconsecuente. Las matemáticas de los campos cuánticos y virtuales simplemente establecen que, si un número suficiente de personas quieren alcanzar un sueño y si ese sueño es beneficioso para todos, entonces la Ley del Amor se asegurará de que se obtengan los ingredientes adecuados, es decir la mezcla de elementos, siempre que los soñadores también presten atención a los detalles. Transformarnos a nosotros mismos y a nuestro mundo en la Frecuencia Fabulosa de la Libertad requiere nuestro deseo, nuestra atención enfocada y nuestra intención clara.

Razones para el refinamiento – Por qué, Cómo, Cuándo

Es raro encontrar a una persona que esté 100% contenta y feliz con su sitio en el juego de la vida, porque incluso aquellos que ya no son impulsados por sus agendas personales, muchas veces están involucrados en el juego del servicio global y por lo tanto pueden tener como agenda la progresión positiva de nuestro planeta. Las personas o bien están buscando refinarse para poder alcanzar más de su potencial aparentemente ilimitado o bien están buscando refinar sus familias, sus comunidades o el mundo.

A veces, la única razón que necesitamos para empezar este viaje de refinamiento del yo y los sentidos es nuestra respuesta a la siguiente pregunta:

"¿Te sientes completamente realizado en todos los niveles de tu ser?" Si tu respuesta es no, entonces pregúntate por qué no y ten la valentía de cambiar para que lo estés.

Si tu respuesta es sí, entonces puedes hacerte la siguiente pregunta: "¿Te sientes 100% feliz con la manera en que nuestro mundo está actuando ahora mismo?"

Si obtienes un no como respuesta, puedes preguntar: "Si no, ¿Por qué no y cuál es tu papel pre-establecido en el refinamiento del nuestro planeta? ¿Hay algo que puedas hacer para hacer de nuestro mundo un sitio mejor para todos?"

Cómo refinarnos a nosotros mismos y a nuestro planeta es algo que tratamos en detalle en la trilogía Bio-campos y Bendición, en la que proporcionamos datos y herramientas para realizar esto. Cuándo lo logremos es una cuestión determinada por nuestro deseo.

¿Hay un juego del paraíso para todos los destinados a la tierra?

La respuesta simple es sí.

¿Por qué?

Porque somos suficientes los que hemos soñado con que esto se volviera realidad y los que apoyamos su manifestación con nuestros pensamientos, nuestras palabras y nuestras acciones. Cuantos más seamos los que vemos esto como una realidad alcanzable, antes ocurrirá.

Discierne tu parte

El discernimiento es una habilidad muy preciada que todos desarrollamos pronto en el juego de la vida. Cuando activamos y afinamos nuestros sentidos superiores, nuestro discernimiento y nuestra confianza en la voz interior y cuando recordamos cómo utilizarla, la voz universal crece. Nuestra voz interior es nuestra intuición y la forma en que nuestro SDI se conecta con nosotros para guiarnos para alcanzar nuestro potencial. La meditación 1 en el capítulo Tao y Herramientas nos ayudará a discernir nuestra parte en la agenda de libertad.

Reunión

El acto de reunirse sigue al acto de sentir los campos. Una vez que hemos sentido en qué campo queremos existir, entramos en un escenario de reunión con discernimiento. Reunirse se trata de imprimir en nosotros el tipo de personas y experiencias que estimula la satisfacción o la alegría según lo que buscamos. La reunión requiere que seamos selectivos con nuestra exposición a otros campos de energía, aunque en el campo del dominio completo existe la realidad de que, si estamos completamente en nuestro poder, somos capaces de existir o sumergirnos en cualquier campo de energía y añadir algo a él, en vez de que se nos quite algo. La única manera a hacer esto es a través del proceso que yo llamo anclaje en el campo.

Anclaje

El anclaje se trata de vivir un estilo de vida particular que implica adoptar actitudes específicas que nos permite anclarnos permanentemente en el campo de nuestra elección consciente. Para muchas personas esto significa ser el loto en el maya. La flor del loto india es una flor increíblemente hermosa que crece mejor en la densidad del barro. En este momento, eso es algo que se le pide hacer a los portadores del cambio–existir y anclar en el maya – el barro o el campo más denso de la ilusión – que es nuestro mundo multicultural actual, pero hacerlo de manera muy radiante, haciendo brillar nuestra luz cuando y donde sea adecuado. Esto es un desafío para muchas personas y requiere que nos anclemos en el campo base de la Ley del Amor, donde vivimos en una ola de Gracia y experimentamos milagros constantemente, lo que requiere gran sensibilidad. Quedar anclados en este estado mientras viajamos a través de mundos más densos es una iniciación desafiante.

Una vez que hayamos sentido qué campo es el idóneo para nosotros, y que hayamos juntado con discernimiento los datos con respeto a las herramientas y actitudes que necesitamos para anclarnos en él, entonces tenemos el juego de hacerlo.

Hacerlo

La discusión sobre hacer está alineada con el juego del ser. Para ser la manifestación de todo lo que hemos sido diseñado para ser, tenemos que hacer – a menos, por supuesto, que hayamos respondido que sí a las preguntas sobre estar 'felices con nosotros, felices con nuestro planeta'. Hacer significa la expansión de nuestra consciencia a través de la exploración de los siete niveles de nuestra propia consciencia y de la creación y la instigación de un nuevo sueño personal y global. Las herramientas para alcanzar esto están en la Trilogía Biofield & Bliss y en los capítulos siguientes propondremos las herramientas para alcanzar la agenda de libertad que es un regalo de experimentar la Ley del Amor.

Marginamiento

El marginamiento es un juego interesante que jugamos muchas veces con nosotros mismos y las razones para ello son muy variadas. Todos los juegos de marginamiento están impulsados por las emociones y las razones para esto se basan en nuestra memoria celular. El marginamiento se trata de sumergirse en los pensamientos, las palabras y las acciones que nos mantienen fuera del rango de frecuencia de un flujo constante de Gracia – es como entrenarse para un juego de fútbol y hacer la preparación suficiente para ser seleccionado para el equipo, pero no lo suficiente para ser elegido para jugar y terminamos entonces sentados en el banco de suplentes– casi lo logramos, pero no por completo. Quizás hemos estado jugando en el campo por un largo tiempo y necesitamos una pausa, así que vamos más despacio y nos sentamos en el banco. O quizás hemos jugado, pero nos despistamos y perdimos la forma, por lo que el juego nos sacó del campo principal por un momento.

Algo interesante para recordar es que los juegos importantes que afectan a la evolución humana siempre tienen jugadores de reserva y raramente dependen de una persona; cada papel principal también tiene su suplente. También ayuda saber que, si para el juego principal es crucial que estés activo, tu SDI se asegurará de que lo estés. No existe lo bueno y lo malo, sino solamente oportunidades para que crezcamos y aprendamos.

Motivación & Resultado

El concepto de necesitar motivación y/o deseo para el cambio implica que hay algo mal con la perfección de cada momento nuevo; sin embargo, **la perfección depende de la percepción**.

El siguiente debate, muy interesante, existe en los círculos metafísicos: Si estamos hechos perfectos a la imagen del Divino, si todo viene a nosotros de alguna manera y si los más grandes maestros nos dicen que estemos aquí y ahora, que nos relajemos y disfrutemos de la belleza de cada momento y de la perfección que somos, ¿Para qué hacer algo? Seguramente no hay nada por qué esforzarse o cambiar

Luego hay personas que dicen "pero mira cómo está el mundo, ¿No ves que no es perfecto?, la gente está sufriendo, ¿Cómo puedes no hacer nada?"

Mi respuesta es que nuestra percepción en esta materia depende del lugar del juego en que estemos; si nos estamos bañando en el campo Delta del séptimo nivel, entonces sí todo es absolutamente perfecto. Pero si nos estamos sumergiendo en los campos Beta-Alfa, entonces sí vemos la dualidad de la vida, lo bueno y lo malo, lo justo y lo injusto.

No obstante, aun cuando hayamos explorado los siete niveles y hayamos respondido todas nuestras preguntas y hayamos cumplido todos nuestros deseos, si todavía no nos hemos fusionados con la Unidad – o no nos hemos sumergido en el Ser – del campo de la Ley del Amor y si todavía estamos aquí en una forma individualizada, entonces hay una razón para esto y es que tenemos más para hacer; si no es para nosotros, entonces para otros.

También tenemos que ser conscientes de que algunos de nosotros estamos aquí para traer desde la mente universal nuevas maneras de estar, que requieren nuestra experimentación personal, cuando aprendemos a crear nuevos modelos que son beneficiosos para la evolución humana. Así, mientras para algunas personas es maravilloso bailar en las olas Delta con los ojos nublados y apreciando la perfección de todo, otros aprenden el baile Delta y luego vuelven al campo Beta para ir abriendo caminos para que otros puedan seguirlos.

La motivación viene con el deseo y el compromiso de hacer lo que hemos venido a hacer para nosotros mismos y para nuestro mundo.

¿Y el resultado?

Todos sabremos cuando todos los campos estén afinados y en armonía pues reinará la paz, la salud y la felicidad en nuestro mundo.

Nunca antes hemos tenido una herramienta educativa tan veloz a nuestra disposición; una herramienta que puede cambiar el curso de nuestra historia si se utiliza con sabiduría. Esta herramienta es los medios de comunicación.

Nunca antes hemos tenido una libertad de información como la que tenemos ahora, a través de internet.

Nunca antes las antiguas escuelas de sabiduría han compartido tanto sus conocimientos, de manera que podemos acceder a la red interior del modo que lo hacemos ahora.

Nunca antes hemos entendido el poder de nuestra imaginación y lo que podemos alcanzar cuando utilizamos la imaginación junto con la comprensión de la ley universal.

Estas cuatro cosas – si se utilizan con sabiduría y amor – aseguran el éxito de nuestro sueño de vernos en un mundo mejor.

CAMPOS FÍSICOS, CUÁNTICOS & VIRTUALES

LA LEY DEL AMOR

MODIFICANDO LOS CAMPOS

RECLAMACIÓN
REGENERACIÓN
RESURRECCIÓN
PERCEPCIÓN
DISCERNIMIENTO
HACER & ESTAR
REUNIÓN
ANCLAJE
TRANSFORMACIÓN
MARGINAMIENTO

PARTE 2 – LA CAJA DE HERRAMIENTAS DEL MAGO

La Alquimia del Ser y del Hacer

No puedes intentar no intentar,
No planear al abarcar,
Ni hacer con no hacer finamente mezclar.

Capítulo 13 – Transformación del Espacio
Nuevos Diseños de Campos y Activación

La suerte de la atracción magnética,
Y la proyección del resultado de la energía
En la reflexión producen mejoría.

Algunas personas son más extremas que otras y crear juntos un espacio donde todos sean honrados y donde un Chamán pueda transformar puede a veces ser un desafío. Esta noche me fui a dormir alrededor de la 1 de la madrugada y me encontré en el campo del entrenamiento recibiendo la descarga de "El Encanto del Amor" y me desperté a las 2:30 de la mañana con el deseo de capturar todo esto en papel. Ahora son las 4:30 de la mañana, está empezando a amanecer y los pájaros han empezado sus canciones de apreciación mientras la luz del alba inunda el valle. Sentada aquí escribiendo soy testigo de otro amanecer precioso sobre el Océano Pacífico.

Cuanto más aplicamos el Programa de Estilo de Vida Exquisito y experimentamos la armonía que nos trae en todos los niveles, menos necesitamos de cosas como la comida o el sueño. Si yo compartiera mi dormitorio con alguien que necesita más que una o dos horas de sueño, mi patrón de estilo de vida de sueño mínimo sería muy perjudicial para esa persona. Ahí radica la practicidad de dormir y quizás también incluso de vivir solo cuando nos transformamos y nos ajustamos a estos niveles de la libertad. Esto no quiere decir que si tienes pareja y una familia no puedes perseguir estas cosas. Si tienes una buena comunicación y una relación de apoyo, puedes encontrar maneras para hacer prácticamente cualquier cosa, si es el deseo de tu corazón y si es tu patrón.

Minimizar nuestra necesidad del sueño:
Dado que ya he tratado esto en nuestros otros manuales, no voy a extenderme mucho sobre la libertad que nos llega cuando minimizamos nuestra necesidad de sueño. Basta decir que ajustarse a un estilo de vida como este requiere primero un cambio en la mentalidad y las creencias. Poco después de haber dejado de comer comida física y de haber permitido que el prana me diera todos mis nutrientes, descubrí que, en lugar de necesitar mis 8 horas de sueño regulares, a veces, como esta noche, después de una hora o dos de sueño estaría completamente despierta y renovada.

Al principio la mente reacciona con viejos programas de creencias limitadas, como: "Si no tengo mis 6-8 horas de sueño normales, me sentiré terrible por la mañana". Esto no es necesariamente cierto, porque nuestro biosistema puede funcionar bien con un mínimo de sueño *si* estamos en armonía en todos los niveles. Personalmente, todavía disfruto de mis horas de sueño y de la experiencia de estar fuera de mi cuerpo por la noche, por lo que, como ya he mencionado, liberar mi cuerpo completamente de la necesidad del sueño no será mi enfoque en este viaje. También me di cuenta de que esto sucede automáticamente cuanto más 'iluminada' estoy.

Mi objetivo principal con este manual de investigación es poner mis sistemas físico, emocional, mental y espiritual en perfecta armonía con las fuerzas universales para poder ser libre no solamente de la comida, sino también de la necesidad de tomar líquidos. Si pudiera alcanzar esto durante este viaje, sería feliz; sin embargo, el tiempo no es un tema importante para mí, pues insisto en que todo ocurrirá con alegría y gracia.

Nuevos Diseños de Campos:

Una vez que todos los campos de energía interior y exterior están limpios del desorden innecesario y desintoxicados, el paso siguiente es crear un nuevo diseño del campo físico para actuar como un sistema interno de apoyo sagrado, activar el nuevo diseño con sus programas correspondientes y también aplicar la mecánica de energía para desencadenar todo cambio físico deseado, y para poder alcanzarlo.

MEDITACIÓN 2: Bio-Cuerpo Perfecto, Parte 1:

En esta nueva sección compartiré antiguas técnicas taoístas y nuevos datos que he descargado de la mente universal y su campo de Ciencia de Bio-campo Dimensional. Normalmente, cuando recibo algo, me llega como una experiencia mental, emocional o física muy poderosa y a veces todo esto combinado. La siguiente meditación sobre diseños de campo combina los tres aspectos, aunque originalmente me llegó como una experiencia física intensa.

El modelo que aparece a continuación fue revelado durante una sesión intensa de yoga que hice después de 6 semanas de viaje. Fue una experiencia maravillosa para mí, porque me encanta cuando mi cuerpo me revela nuevos pasos en apoyo de mi agenda de libertad y transformación. Como hemos mencionado antes, que algo esté pre-establecido– en el sentido de que hemos acordado alcanzarlo en esta vida –significa que todos nuestros sistemas internos y externos de energía han sido diseñados para apoyar su realización. Por lo tanto, una vez que mi nueva asignación de 'Libertad' me había sido revelada aquel día soleado en Barcelona, y una vez que lo había aceptado, mi SDI y mi cuerpo pudieron empezar a revelarme los pasos necesarios para alcanzarlo.

Una ayuda que me resulta útil antes de una sesión de yoga intenso es la técnica que yo llamo "sacudida" ("shake-out"). En la sacudida ubicas tu cuerpo en una postura o asana y mantienes esa posición mientras el cuerpo elimina cualquier arruga en sus líneas de energía. Esta sacudida le da mayor flexibilidad al cuerpo a medida que avanza la sesión de yoga y más adelante, si se practica yoga regularmente, rara vez hay algo que sacudir. *(El uso de una máquina chi – como hemos tratado en el manual Nutrición Divina – también ayuda a facilitar esto.)*

El día que descargué el 'Modelo del bio-cuerpo perfecto' estaba en la postura sobre los hombros/postura del arado dejando que el proceso de sacudida terminara por sí mismo, sintiendo mis piernas vibrar y temblar mientras me mantenía lo suficientemente firme como para también estar relajada en la postura. Con mis piernas apuntando hacia atrás por encima de la cabeza, y el peso de mi cuerpo distribuido de manera pareja sobre mis hombros, fui guiada a atravesar cada sección de mi cuerpo y a re-diseñarlo mentalmente hacia la perfección, con mi SDI diciendo:

"Imagina que eres el Creador y estás diseñando un nuevo modelo físico, ¿Cómo lo ves?"

Visualicé las piernas largas, delgadas y firmes de Naomi Campbell y que mis propias piernas ahora se estaban transformando en esa misma forma, lentamente subí por todo mi cuerpo viendo un estomago delgado y firme tipo 'tabla de planchar' y todos los otros cambios que mi vanidad y mi ego permitían, hasta haber visto y creado claramente el nuevo diseño.

Este tipo de imaginación visual no es poco común y es un paso básico en la re-creación.

Algunas personas podrían decir "¿Por qué no amar tu cuerpo tal y como es?" y estoy de acuerdo con que la auto aceptación y el amor propio es un paso necesario para cualquier transformación. Sin embargo, algunos de nosotros estamos aprendiendo a manipular o re-dirigir las moléculas como una preparación para otras cosas como la desmaterialización, una habilidad de transformación de los chamanes, que trae muchos regalos. Descubrir un modelo que pueda funcionar para nosotros mismos y para otros es un servicio interesante.

La razón por la que trabajamos con el cuerpo físico de esta manera es que es aquí donde los resultados son más fácilmente visibles, porque el cuerpo responde rápidamente a ajustes en la dieta y el ejercicio y también al dominio de la mente.

Volvamos entonces a la creación de nuestro modelo de bio-cuerpo perfecto ...

Una vez que había terminado con la sacudida y la nueva imaginación visual en mi sesión de yoga, un nuevo programa emergió, programa al que yo llamo "rebanada" ("slicing").

Rebanada:

La rebanada es una técnica mediante la cual rompemos los campos de energía existentes disparando 10 líneas de luz violeta desde nuestros dedos e imaginando que forman arcos o bucles perfectos, que luego dirigimos en un patrón de 360 grados a través del canal principal de la energía de nuestro cuerpo mientras mantenemos la intención y la imagen de que esas líneas de energía rompen la estructura molecular existente del campo del cuerpo físico.

Esto es similar a cortar una verdura en trozos finos; es el mismo movimiento, excepto que las líneas de energía son el cuchillo. Una vez que hemos rebanado o cortado a través del viejo campo de energía y que hemos roto sus patrones existentes, tenemos que integrar y fusionar el nuevo diseño y re-calibrar los campos armoniosamente.

Esto se hace del siguiente modo:

Primero tómate el tiempo de atravesar cada parte de tu cuerpo y recréalo en tu mente en un nuevo 'modelo de bio-cuerpo perfecto' – puedes imaginarlo como un sistema sano, auto-sostenible, que no envejece. Visualiza cada parte en detalle.

Después, mientras todavía emites 10 rayos de luz violeta a través de tus dedos

    a. mantén la imagen del nuevo diseño en tu mente y

    b. imagina que superpones este nuevo diseño sobre tus campos existentes mientras cambias el ritmo de energía de los rayos que salen de tus dedos y lo transformas en el movimiento del símbolo del infinito. El símbolo del infinito está diseñado para llevar un campo a un estado de equilibrio armonizante, que es lo que queremos alcanzar – el equilibrio perfecto de los nuevos patrones de energía y un nuevo diseño con el sistema existente.

c. Ofreceremos la meditación completa al final de este capítulo.

El día que hice esto, me sorprendió la forma en que respondió mi cuerpo, recalibrándose con una gran vibración y una sacudida. Era como si cada pequeña célula estuviese lista y procediera con este nuevo programa y diseño que fui guiada a llamar "el bio-cuerpo perfecto de Jasmuheen". Llamar a tu nuevo modelo de diseño de esta forma quiere decir que puedes darle más y más poder cada día con el simple mantra de "el bio-cuerpo perfecto ahora". Ahora, cuando camino por la playa cada día, con cada paso que doy uso el mantra: "bio-cuerpo perfecto ahora" y mantengo la imagen visual en mi mente mientras imagino mi cuerpo transformándose para mostrar este nuevo modelo.

Entiendo que esto puede sonar complicado para algunas personas, pero recuerda que mi fascinación es la desmaterialización y la rematerialización y que además mi curiosidad se extiende a lo siguiente:

"Si la desmaterialización exitosa requiere:

a) que saquemos nuestra consciencia de nuestro cuerpo y la anclemos en un nuevo espacio y tiempo; y luego

b) instruyamos a nuestras moléculas y nuestros átomos para que se desensamblen,

c) luego cuando se reensamblan en un nuevo punto en el tiempo, ¿Pueden reensamblarse para reflejar el nuevo "diseño de bio-cuerpo perfecto"? y también

d) la impresión de este diseño de imagen en la consciencia del cuerpo y el uso del mantra, ¿Aceleran este proceso porque es una buena práctica de transformación molecular?"

Naturalmente, todo lo mencionado arriba es teórico y sería más fácil dominar primero la desmaterialización y la rematerialización normal usando la imagen del cuerpo actual. Sin embargo, dar una nueva imagen al cuerpo usando el Encanto del Amor y la Ley del Amor para que las moléculas aprendan a obedecer nuestras instrucciones, es un paso previo necesario para otras cosas. Las personas regularmente cambian el tamaño, la forma y el patrón de su cuerpo al cambiar sus hábitos de estilo de vida. Por eso, añadir un poco de dominio de la mente a la ecuación es simplemente trabajar con una capa adicional. La transformación chamánica no es muy diferente, en especial cuando aplicamos las matemáticas de la ciencia de Bio-campos. Recuerda que cuanto más alineados estamos con nuestro SDI y más nos fusionamos con él, más fácil es obtener resultados usando estas herramientas de imaginación visual.

Lo que me encanta de incorporar este tipo de trabajo de campo en una sesión normal de yoga es que mientras mantenemos una asana conocida que trabaja un grupo de músculos en particular, estamos solamente añadiendo una capa de reimaginación mental y la ciencia ya ha comprobado que el poder de la imaginación visual es algo a lo que el cuerpo responderá rápidamente. Como he mencionado en mis libros anteriores, la investigación ha demostrado que dirigir nuestra mente a un músculo y visualizarlo tonificándose mientras hacemos nuestro programa de ejercicios es más beneficioso que solamente ejercitar.

Otra cosa que me encanta de todo esto es que una vez que se ha visualizado un nuevo diseño, no es necesario hacerlo otra vez; simplemente podemos usar el mantra de "fusionar el bio-cuerpo perfecto" para superponer los campos y ajustarlos. Así, cada vez que hago mis sesiones de yoga u otros ejercicios, mantengo esta imagen y recito "bio-cuerpo perfecto ahora", lo que reafirma mi concentración en el cuerpo. Usamos la instrucción de "bio-cuerpo perfecto" porque nuestro cuerpo biológico, como nuestra edad biológica, es ajustable y, a diferencia de nuestra edad cronológica, es alterable y responde a los cambios en la imagen visual que mantenemos de nosotros mismos tan poderosamente como a los cambios en nuestro estilo de vida.

Ser sensible y sentir la manera en que mi cuerpo responde a todo esto en esta sesión de yoga particular fue alucinante, y una manera en que mi ser me contó que lo que hago es real, dado que sentir una respuesta física tan poderosa solamente es posible si de hecho hay un cambio de energía. La imaginación y la expresión de deseos no alcanzan por sí solos, a no ser que el patrón básico de la posibilidad haya sido pre-codificado en nuestras células listo para ser descubierto y activado.

Esto fue similar a lo que experimenté en mi primera sesión de kinesiología energética con Lucinda, cuando sentí como si una mano invisible hubiese alcanzado mi chacra del corazón y me levantara con tanta fuerza, que mi cuerpo parecía levitar sobre la mesa. Las siguientes sesiones con ella me han dado experiencias similares. Mi punto es que después de años de meditación, un metafísico tiene suficientes experiencias para ir más allá de dudas y preguntas como: "¿Esto es real o es mi imaginación?", dado que sabemos que el uso de nuestra imaginación es el primer paso para alterar nuestros campos de la realidad.

EL PROCESO PARA EL BIO-CUERPO PERFECTO

- Primero tómate el tiempo para ir a través de cada sección de tu cuerpo e imagínalo en tu mente con el nuevo 'modelo de bio-cuerpo perfecto' – quizás quieras verlo como un sistema sano, auto-sostenible y que no envejece. Visualiza cada parte en detalle transformándose en la imagen sana y perfecta.
- Luego activa tus manos para que sean herramientas de energía Alfa para el cambio e imagínalas emitiendo 10 rayos de luz violeta a través de tus dedos, dirígelos con un movimiento ondulante hacia arriba y hacia abajo mientras imaginas que forman círculos que corren a través de la espina dorsal, por la parte superior de la cabeza, alrededor de tu cuerpo hasta los chacras de tus pies y nuevamente hacia arriba por la espina dorsal en un círculo.
- Mientras haces esto, mantén en tu mente la imagen del nuevo diseño a medida que recalibras tu sistema con las líneas de luz violeta y empieza a romper tu energía actual usando la técnica de rebanada, y pasa lentamente por todas las secciones de tu cuerpo que quieres transformar.
- Luego recalibra tu nuevo bio-cuerpo con su nuevo patrón de energía a través de tu campo existente usando la luz violeta, mientras superpones mentalmente tu nueva imagen a través de tu sistema existente.
- Recita tres veces: "¡Bio-cuerpo perfecto ahora!".
- Luego, mientras imaginas la superposición de este nuevo diseño sobre tus campos

existentes, cambia el ritmo de energía de los rayos que salen de tus dedos y conviértelo en el movimiento del símbolo del infinito. El símbolo del infinito está diseñado para llevar un campo a un estado de equilibrio de armonía, que es lo que queremos alcanzar – el equilibrio perfecto de los nuevos patrones de energía y el nuevo diseño con el sistema ya existente.

- Cuando hayas terminado, ofrécelo todo a tu SDI para un refinamiento y libérate a la manifestación de 'tiempo perfecto' con tres "¡Así es! ¡Así es! ¡Así es!"
- Finalmente, ten fe y no dudes de tu habilidad de transformarte en libertades como estas.
- Apoya esto con un estilo de vida saludable que mantenga tus patrones de ondas cerebrales afinados con las zonas Zeta y Delta, como hemos tratado en detalle en el libro *Nutrición Divina*.

RESUMEN DE LA AGENDA DE LA LIBERTAD

:: Primero crea un espacio físico de apoyo seguro y sagrado, que esté libre de toda interferencia de energías restrictivas. Hazlo tanto en el nivel interno como en el externo. Las herramientas para esto están en manuales anteriores.

:: Después confirma mediante la meditación del capítulo "Tao y Herramientas" cuál es exactamente tu agenda personal preestablecida para que puedas empezar la preparación adecuada y el entrenamiento necesario, si hiciera falta.

:: Luego empieza a trabajar con un terapeuta conectado, a quien encontrarás con ayuda de las fuerzas universales de la sincronicidad. Trabaja con él solamente en un nivel secundario de confirmación y clarificación. El primer nivel debe venir de tu conexión con tu SDI y de tu confianza en él.

:: Luego pide empezar con tu programa de entrenamiento nocturno, o intensificarlo, para que se te revele más de las matemáticas del campo requeridas para completar tu agenda de libertad personal, particularmente los pasos perfectos que tienes que dar.

:: A continuación, diseña e implementa tu nuevo modelo de bio-cuerpo perfecto para crear una nueva matriz en torno a la cual tus moléculas se transformen.

ASANAS BÁSICOS DE YOGA:

Como hemos mencionado en el libro *Nutrición Divina,* hay diferentes prácticas de yoga que van desde el Hatha Yoga hasta el al Bhakti Yoga devoto y Surya Yoga – el yoga del sol. Todos sirven para establecer una fuerte sensación de flujo chi en nuestros sistemas y para preparar al biosistema para que pueda manejar la frecuencia del amor y la libertad. Explora los diferentes sistemas y disfruta de los beneficios, especialmente cuando añades los sistemas de matriz de este capítulo y de los siguientes.

LA LEY DEL AMOR REDISEÑO DEL CAMPO – REARMONIZACIÓN

Juicio - del Yo & otras personas
Limitaciones Genéticas & Culturales
Victima Culpa
Disonancia
Memoria celular restrictiva
Vivir en el Pasado Futuro 'Si sólo u ojalá'
Mirar las carencias
Violencia dietaria

• DISONANTE – PULSO DEL MUNDO DEL CAMPO BETA
• REARMONIZAR mediante el AHIMSA Y el PODER DEL SDI de NO JUZGAR y el PODER DEL AHORA
• REDISEÑO DEL CAMPO – EL CÓDIGO DE LA ARMONÍA
Deseo, voluntad, intención,
Claridad más Sistemas de apoyo sagrado –
Mecánica de matriz –
cuadrículas & programas

Mecánica de matriz-ismos en su sitio
Autocompasión y compasión por otras personas
Bondad y Dios en todo
Armonía
RECETA 2000>
Intención de ALEGRÍA y CALMA
Sonrisas del SDI
Apreciación

Crea PULSO ARMONIOSO DEL SDI
Enfoque - VER LO BUENO y a DIOS EN TODO

• El pulso del CAMPO del SDI dominará cuando también nos concentremos en:

• AMOR PROPIO – AMOR POR LA VIDA

• APRECIACIÓN

• AMOR AL CUERPO y AMOR

• VOLVER A AFINAR LA RESPIRACIÓN DEL AMOR

• MANTRAS – "SOY SALUDABLE, SOY FELIZ, SOY SAGRADO"

• "AMOR PERFECTO, VIVDA PERFECTA,

• FLUJO DEL CAMPO PERFECTO"

• ESTILO DE VIDA DE AMOR PROPIO –PROGRAMA DE 8 PUNTOS de LLP PARA EL DOMINIO DE NUESTRO YO

Capítulo 14 – Matemáticas, Moléculas y Movimiento

La fruta siempre sigue a la flor,
Los pisos altos de la torre,
Aumentan los niveles de poder.

He decidido que lo que me entusiasma de este ejercicio de transformación chamánica es la libertad de la exploración de los movimientos tanto moleculares como elementales. El hecho de que podamos reorganizar nuestro flujo de energía interno y su estructura externa a voluntad es para mí tentador. Del mismo modo, la libertad de mover nuestra consciencia y nuestras moléculas a un espacio diferente en el tiempo a través de la desmaterialización y la rematerialización también me entusiasma como una posibilidad maravillosa. Llevar esto más allá como hace el Chamán que transforma y asumir una forma completamente diferente es otro nivel.

También me encanta el acto de recalibrar los campos – desde los procesos de la desactivación, rediseño y reactivación – porque es una manera maravillosa de efectuar un cambio duradero y evidente. Además del cambio de estilo de vida, **dos de las maneras más poderosas para rearmonizar un campo de energía discordante en nosotros y en nuestro mundo es la práctica de Ahimsa y de no juzgar.** Cuando nos retiramos de todo acto de violencia y de las formas negativas de juicio de un campo, inmediatamente nos afinamos al canal de la amabilidad, especialmente cuando desarrollamos las virtudes de la imparcialidad con la intención de crear armonía perfecta. Ahimsa es un término introducido por Gandhi y significa no solamente abstenerse de la violencia física, emocional, mental y espiritual, sino también llevar esto a un nivel dietario y no apoyar la matanza de animales.

Hace muchos años decidí que mi vida era como un gráfico de torta, regido por porcentajes, y que alterar mi vida y mis experiencias podía ser tan simple como alterar los porcentajes de la forma en que pasaba mi tiempo. Por ese entonces pasaba 8 horas al día durmiendo, lo que representaba un 33% del día de 24 horas. Descubrí que si comía una dieta más liviana y me ejercitaba diariamente, mi cuerpo estaría más sano, funcionaría mejor y necesitaría menos horas de sueño. Cuando añadí la meditación regularmente para ayudarme a lidiar con cualquier nivel de estrés emocional o mental, descubrí que necesitaba incluso menos horas de sueño porque la meditación equilibraba mi rango de sentimientos emocionales y me daba más claridad mental. La meditación también me permitía acceder a mi creatividad más fácilmente y actuar en vez de reaccionar y por lo tanto ser más indiferente y capaz de dirigir mi energía más eficientemente.

Con estas tres acciones – dieta, ejercicio y meditación – fui capaz de reducir saludablemente el porcentaje de tiempo que pasaba durmiendo a 20% en vez de 33%, porque mi necesidad de sueño se redujo naturalmente con la combinación de estas actividades. Esta transformación de energía me dio entonces un 13% más de tiempo cada día para hacer otras actividades preferidas.

La transformación es solamente el redireccionamiento de la energía y, como dicen los antiguos maestros de tao dicen, – donde la mente va, el chi sigue – así que los sueños y la intención tiene que venir primero y ser seguidos por la acción adecuada.

Los milagros también se basan en la matemática de porcentajes de aquello en lo que pasamos nuestro tiempo, cuánto tiempo lo hacemos, y determina qué tan afinados estamos con el canal de gracia, que es el canal que trae los milagros.

Desde mi sesión de yoga intenso con su creación del "bio-cuerpo perfecto" y la capa de integración, cada día noto cambios físicos sutiles – la forma de mis piernas, mis caderas y mi estómago se están volviendo más parecidos a mi nuevo diseño de bio-cuerpo – incluso cuando no he hecho otros cambios de estilo de vida, porque mi estilo de vida actual ya está actuando en una manera que apoya mi agenda de libertad.

MEDITACIÓN 3: Bio-Cuerpo Perfecto, Parte 2:
Recrear y refinar el "modelo del bio-cuerpo físico perfecto", y luego sostenerlo, es la primera parte del trabajo con la nueva matriz de libertad que se diseña para apoyar también la eliminación del envejecimiento y la enfermedad, especialmente cuando se han aplicado las herramientas que tratamos en el manual *Nutrición Divina*.
Herramientas como:
- la herramienta del "amor al cuerpo", que prepara a las células de nuestro cuerpo para tratar con dosis más altas de amor nutritivo;
- la herramienta de la "respiración del amor", que nos mantiene conscientemente conectados a nuestro cociente requerido de prana puro y descargando este cociente desde el canal del Amor de la Madre Divina;
- la herramienta del "estilo de vida desintoxicante y de ejercicios dietarios"; y
- la herramienta de "conexión a la luz violeta y la columna de un chacra".

Para mí, personalmente, todo esto ya está hecho y por lo tanto formará las capas de base para el nuevo modelo del bio-cuerpo perfecto. Todo esto forma la base de la matriz de Libertad y está tratado en gran detalle en el manual *Nutrición Divina*. Esto implica también usar el mantra de "Saluda perfecta, equilibrio perfecto, peso perfecto e imagen perfecta" como parte de nuestro programa diario de mantenimiento del estilo de vida.

Por lo tanto, presumo que si el lector de este manual quiere acompañarme en este viaje, también él ya habrá utilizado y experimentado los beneficios de estas herramientas antes de intentar ir a este próximo nivel. *Para mí, entender y aplicar personalmente todo lo que he compartido en el libro Nutrición Divina es una parte necesaria de la preparación para emprender este viaje, y es también un requisito indispensable para ello.* Como también he compartido en ese libro, para algunas personas – como Hira, Zinaida y Prahlad – este tipo de preparación tal vez no sea necesaria y sí, hay maneras más simples. Sin embargo, recuerda que estoy tratando de ofrecer un modelo prototípico seguro que todos puedan usar.

Atravesar cada parte de tu cuerpo, mirarla, enviarle amor y luego visualizar su transformación en tu bio-cuerpo perfecto conforma la parte 1. No olvides asegurarte de que pasas amablemente por cada parte de tu cuerpo, reconociéndola y conectándote conscientemente con ella, dándole las gracias por el espacio que ha ocupado y el trabajo que ha hecho hasta aquí, y se muy claro con tu imagen, voluntad e intención. Se recomienda activar el modelo auto-sostenible y crear la plantilla como se detalla en los libros *Cuatro Cuerpos Sanos – Bio-campos y Bendición* y *Nutrición Divina* y en los siguientes capítulos en este manual.

Ahora estamos listos para avanzar.

Con la parte 2 de la creación de nuestro nuevo modelo de bio-cuerpo perfecto y su agenda de libertad empezamos un trabajo físico interno más intenso. Presumiendo que se han aplicado todas las meditaciones y herramientas recomendadas como parte de la Agenda de Libertad – nivel 3 del programa de Nutrición Divina – en el libro *Nutrición Divina* y que, por lo tanto, nuestros mecanismos de alimentación en el nivel interior son seguros, avanzamos entonces a la reimaginación en el nivel interior y a la transformación del sistema físico.

- Primero empezamos con el esqueleto.
- Manteniendo en la mente la imagen de nuestro esqueleto, ahora lo imaginamos inundado por luz violeta, que lo cura, lo regenera, lo nutre y lo rejuvenece.
- Imagina una estructura ósea de 'pulsos de luz violeta', fuerte y sana, con una densidad ósea perfecta, joven y fuerte y capaz de llevar el peso de los mundos, si fuera necesario; pero imagina también que las moléculas que forman la estructura del esqueleto está lo suficientemente sueltas para bailar y listas para seguir instrucciones y desensamblarse para seguir a su maestro – tu – a otro espacio y tiempo cuando sea necesario, si lo es.
- Ahora imagina que los músculos que rodean tu estructura ósea también están latiendo con esta luz violeta. Imagina que son suaves, delgados, bien definidos, quizás emiten salud y vitalidad latiendo con vida, imagina la sangre nutritiva que fluye por todos los tendones.
- Imagina tu sistema linfático y todas tus vías de sangre – arterias, venas, vasos capilares – todas llenas de la luz violeta que las cura y las nutre, todas revitalizadas, sanas, en perfecta armonía con los lazos de la vida y las fuerzas que les dan forma.
- Haz lo mismo para cada órgano, y luego para tu sistema nervioso, y ve a través de cada sistema. Imagina todos tus órganos bailando y llenos de luz violeta.
- Imagina que toda tu estructura corporal interna y tu circuito son sanados, nutridos y regenerados y que se transforman en un modelo auto-sostenible, sin edad, libre de enfermedades, libre de comida y de líquidos, en tu modelo perfecto.
- Establece la intención de que este nuevo modelo de tu bio-cuerpo perfecto ahora esté perfectamente alineado con tu **Modelo de Libertad del SDI del Bio-cuerpo perfecto**.

- Tu **Modelo de Libertad del SDI** está incorporado y codificado en la matriz de tu cuerpo de luz, es un modelo de la forma en que puede funcionar tu biosistema cuando está en perfecta armonía con todos los elementos y todas las fuerzas que dan vida y la forman. También sostiene la imagen perfecta de un sistema en el equilibrio, en amor y en armonía con todo.
- Ahora pedimos apoyo de todas las fuerzas universales, guías y ayuda de los niveles interiores y exteriores para que estos modelos se fusionen, se integren y se activen de manera perfecta y que todo ocurra con alegría, tranquilidad y Gracia.
- Visualiza a tu nuevo modelo de B.C.P. – Bio-cuerpo Perfecto –ahora reposando en una nube de luz violeta, dado que esta es la frecuencia original del campo de la creación, y luego somete este nuevo modelo otra vez a esta fuerza original, pero hazlo con la actitud de 'que sea en el momento perfecto' y mantén la actitud de que tú eres un dueño de la creación, un dueño del Amor y dueño de tus moléculas, que te obedecerán.
- Al igual que en la parte 1, cuando todo esto está hecho, proclama "Así es, Así es, Así es".

Ten en cuenta que el espectro emocional de este nuevo modelo se alimenta de las virtudes que se acumulan y se descargan al aplicar las instrucciones de la meditación del modelo auto-sostenible descripto en el manual *Nutrición Divina*.

A continuación: El uso repetitivo del mantra "Bio-cuerpo perfecto".

Como muchos saben, los programas y los mantras son declaraciones usadas singularmente o repetitivamente para dar a las moléculas y a las fuerzas universales una instrucción específica de acción o para inundar nuestros átomos con una frecuencia específica.

A veces los programas, las afirmaciones o los mantras se usan para reemplazar o anular sistemas restrictivos de fe, cuando surgen. Por ejemplo, con este en particular, cada vez que miro mi cuerpo o pienso en él, después del primer pensamiento simplemente digo "el bio-cuerpo perfecto de Jasmuheen ahora" con la intención de que se fusione con el viejo sistema, integrando, armonizando y reemplazando las realidades restrictivas con mi nuevo modelo de realidad de Libertad. Como muchas de las herramientas y meditaciones que mencionamos en el libro *Nutrición Divina*, solo hay que crear o visualizar el nuevo modelo B.C.P. y ordenarle una vez que se manifieste; lo que necesita atención regular una vez que todo se ha hecho, son nuestros patrones habituales de pensamiento limitado. Recitar el mantra "Bio-cuerpo perfecto ahora" mientras me ejercito cada día, simplemente le recuerda al cuerpo que hay un nuevo papel y una nueva posibilidad.

El tipo de preparación que hemos tratado hasta ahora está diseñado para facilitarnos un viaje más suave y todos hemos recibido muchas herramientas de afinamiento maravillosas en nuestra evolución. Es interesante reflexionar sobre algunas de las herramientas que he recibido durante los años y sobre los beneficios de su aplicación. Compartiremos más de las herramientas que son importantes para la agenda de libertad en los capítulos "Tao y Herramientas" y "Mecanismos de matriz".

Resumen de los pasos que hemos dado hasta ahora:

Hemos ...

1. Aplicado Feng Shui interno y externo mediante cambios específicos del estilo de vida para redirigir nuestro flujo de energía física a través de la creación de un espacio sagrado externo seguro para nosotros para poder dar el paso siguiente cómodamente.
2. Aplicado las herramientas de preparación recomendadas en el manual *Nutrición Divina*.
3. Contratado la ayuda de un trabajador de energía capaz y confiable, como un kinesiólogo, para que actúe como un puente de confirmación para ti y tu cuerpo.
4. Creado y activado el nuevo diseño de campo usando el "Modelo auto-sostenible" y el "Modelo del bio-cuerpo perfecto".

ARMONÍA PERFECTA =
VIDA PERFECTA + AMOR PERFECTO + FLUJO DEL CAMPO PERFECTO.

Ejercicio: Contempla la perfección.
* ¿Qué significa la perfección para ti?
* ¿Qué significa la perfección física para ti? ¿Significa ser libre de las limitaciones humanas?
* ¿Significa tener la imagen perfecta, con la que tu SDI puede irradiar su resplandor en el mundo?
* ¿Qué significa la perfección emocional para ti? ¿La perfección mental? ¿La perfección espiritual?
* ¿Cómo es tu vida perfecta?
* ¿Cómo es tu amor perfecto?
* ¿Cómo es tu planeta perfecto?

Sé que llegará el día en que todos comprendamos que no hay misterio sobre lo Divino, que todo actúa perfectamente a través de un sistema de códigos matemáticos apoyados por la interacción de rayos de luz y ondas de sonido y que todo es un sistema de energía cuyas señales de frecuencia pueden ajustarse a voluntad. El secreto para la transformación exitosa de un bio-sistema humano o un mundo humano puede encontrarse cuando aplicamos una perspectiva de ciencia futurista a las enseñanzas y herramientas antiguas. Y así fue que me fui a Tailandia – por invitación de Mantak Chia – para aprender los secretos de las más grandes enseñanzas de los Antiguos e Inmortales Maestros del Tao, porque tuve la intuición de que tenían la llave para mi próximo paso.

Capítulo 15 – Descargas del Cuarto Oscuro

Libera lo que ya no necesitas,
La carga más liviana es menos para alimentar,
El peso correcto es correcto de verdad.

Empecé a investigar sobre el trabajo de Mantak Chia a principios de los años noventa, cuando descubrí cómo la vida puramente de prana cambiaba mis energías sexuales.

En ese momento de mi viaje – al igual que ahora – no era mi interés personal ser completamente célibe. Aplicando las técnicas taoístas que Mantak Chia recomienda en su libro, mi amante desde tiempo y yo experimentamos muchos de los increíbles beneficios, que el Maestro Tao había reverenciado con la práctica del Tantra. Como hemos tratado en mi libro *Nutrición Divina*, también descubrí que la órbita microcósmica no solo vigorizar el cuerpo, sino también alimentarlo, en especial cuando se la utiliza en conjunto con el 'sistema de alimentación interior Columna de Luz Violeta de un Chacra', que recomiendo.

Hay tanto en el camino de las herramientas – imágenes, trabajo con energía y programación – que necesitamos hacer antes de que la propia inteligencia innata del cuerpo arranque para operar el sistema de una manera más beneficiosa. *Si* esto luego es apoyado por un estilo de vida como el Programa del Estilo de Vida Exquisito, todo se volverá automático, auto-satisfactorio y sí, eventualmente, auto-sostenible. Esto nos regala la capacidad de relajarnos y de estar totalmente presentes en el ahora.

Si luego tenemos más para hacer con respecto a nuestros matrices personales, entonces estas cosas también serán la base para completar nuestro próximo paso con éxito.

Mi próximo paso hacia mi agenda de libertad es enamorarme del agua.

Puede sonar como un paso extraño dado que mi meta es armonizar mi sistema para que esté sanamente libre de líquidos. Sin embargo, mi intención con este "enamoramiento del agua" es hacerlo hasta un punto tal que:
   a) el peso de mi cuerpo se asiente y se estabilice en su nivel perfecto, mientras libero mi dependencia emocional y social del sabor de sustancias líquidas y
   b) al enamorarme del agua ponga mi cuerpo emocional y mental en línea perfecta con el lugar en que mi cuerpo físico está ahora.

Durante los últimos 2 años la voz de mi cuerpo físico ha ido sonando más y más fuerte y ha manifestado su enojo (con respecto a mi reticencia a dar el próximo paso) de maneras muy evidentes. Solo hace un consumo mínimo de sustancias adicionales para empujarla hacia la incomodidad y yo, literalmente, he superado de manera física el 'punto de no retorno', en que el único interés de mi cuerpo físico es el agua.

El 'punto de no retorno' es aquel en que un bio-sistema como el mío ha sido alimentado exitosamente con prana por tanto tiempo que es imposible volver con comodidad a la dieta basada en comida física y, cuando se intenta hacerlo, el cuerpo físico expresa su disconformidad de maneras muy evidentes.

Cuando un cuerpo físico recibe *toda* su alimentación – sus vitaminas y minerales – solamente del prana a través de la Ley del Amor, es capaz de hazañas increíbles. Durante la última década me he sorprendido constantemente con el rendimiento y la capacidad de mi sistema físico de manejar mis exigencias locas mientras exploraba la primera parte de este viaje y luego llevaba los resultados al escenario global. Ha sido un arte ser capaz de mantener la salud al máximo mientras pasaba hasta ocho meses al año de gira, viviendo en ciudades contaminadas, tratando con medios cerrados y con la rabia que mi investigación había generado en algunas personas; sin embargo, mi cuerpo ha logrado esto sin esfuerzo y yo creo que es por el lazo de Gracia que la 'Ley del Amor' ha colocado naturalmente a su alrededor.

Estoy segura de que vivir solamente de prana en una cueva en el Himalaya, con aire fresco, sin las constantes energías psíquicas negativas que se dirigen hacia alguien que desafía el status quo es un camino más fácil. Sin embargo no me quejo, porque nuestras matrices son siempre perfectas y porque son parte de un nuevo ciclo natural de la evolución humana y los niveles de Gracia que nos apoyan son milagrosos. Si no fuese así, no creo que se pudiese hacer porque el poder del miedo que provoca la ignorancia en nuestro planeta puede ser abrumador. Este miedo puede compararse al dolor que siente el cuerpo cuando se arranca una uña de la mano o del pie. Suponiendo que las personas existen en el corazón del cuerpo protegido por la gracia de la Ley del Amor, cuando estas personas están en público, el dolor del miedo y la ignorancia representado por la uña se siente como si se lanzara por el resto del cuerpo. Como todos somos células en el cuerpo del Divino, nuestro miedo y nuestra alegría están interconectados. Aprender a protegernos de este tipo de dolor e influencias basadas en el miedo es también parte de nuestro viaje hacia la dominación y tratamos esto en detalle en nuestros otros manuales.

Empecé este capítulo mencionando a Mantak Chia, porque mi viaje me ha llevado ahora a combinar su trabajo con el mío utilizando su tecnología del Cuarto Oscuro con mi nuevo juego de "enamorarme del agua". Si lo logro, quizás pueda también liberarme de los líquidos.

Durante miles de años, los yogis se han encontrado en cuevas profundas dentro de las montañas, en un espacio compartido con serpientes y escorpiones, mientras entraban en meditación profunda, muchas veces dejando sus cuerpos por largos períodos de tiempo. En este espacio, libre de los confines de su forma física, vagaban libremente a través del cosmos mientras su cuerpo absorbía de los niveles interiores todo el chi o el prana que podía. A veces sus cuerpos solamente se alimentaban de sí mismos, y gracias a su frecuencia, cuando pasaban periodos prolongados de tiempo sin líquidos ni comida, a pesar de que podían haber perdido peso no morían.

Durante el mes de febrero de 2004, me situé en los Jardines del Tao en Chiang Mai, en Tailandia, en una situación similar a la de los yogis mencionados arriba, excepto que en vez de estar en una cueva lidiando con serpientes y escorpiones, yo estaba en un edificio de apartamentos preparados para estos fines. Privarnos de nuestro sentido de vista física al estar totalmente sumergidos en la oscuridad es una experiencia inimaginable, una experiencia que trae regalos increíbles.

Lo que sigue ahora son unos extractos del diario de voz que redacté para anotar la iluminación y las experiencias y descargas diarias que recibí durante ese tiempo. Comparto aquí aquellos que son relevantes para este diario de libertad. Los detalles completos de este viaje pueden encontrarse en el libro gratuito *"Descargas del Diario del Cuarto Oscuro" (Darkroom Diary Downloads)"* en: http://www.jasmuheen.com/products-page/free-books/darkroom-diary-downloads-the-freedom-of-the-immortals-way/ – los datos recibidos en otros días están en los capítulos correspondientes de este manual.

Diario de Descargas del Cuarto Oscuro – Día 1

Durante años me han preguntado: "¿Para qué sirve todo esto? ¿Por qué negarse semejante placer, por qué negar la interacción social de comer y el placer de disfrutar de los diferentes sabores?"

Para mí, en un nivel, el placer físico de la comida es muy limitado.

Podría contestar esta pregunta diciendo que he entrado en el canal del amor divino hasta un grado tal que me ha alimentado de muchas maneras diferentes. Podría decir que cuando vivimos cada momento según la Ley del Amor, de manera que la Gracia esté constantemente con nosotros, recibimos muchísimo placer; placeres incomprensibles para aquellos que no han presenciado este tipo de cosas. Sé que hay personas que no han tenido la oportunidad, o no la han aprovechado, de volcarse a este canal de amor y luego sentir lo que esta Gracia trae. Por eso, para ellos, el placer que obtienen de la comida y demás es más fuerte.

Podría contarle al mundo, un mundo que muchas veces mira solamente con los ojos exteriores, toda la belleza que existe en las dimensiones interiores; cómo todos podemos sentarnos a meditar, cerrar los ojos, ir hacia nuestro interior y encontrarnos sentados en el centro del universo; cómo podemos entonces observar las estrellas a nuestro alrededor que brillan mientras comienza y termina su existencia, como si estuviésemos viéndolo todo a través de los ojos del creador. Podría compartir lo que podemos experimentar cuando nos sentamos en silencio y escuchamos con nuestro oído interior, cómo podemos oír sonidos que son como coros celestiales, cómo los sonidos pueden acariciar nuestras almas y cómo cuando dejamos la lengua quieta y la apoyamos suavemente en el paladar, la glándula pituitaria se abre en toda su gloria como una flor para soltar una gota de rocío, un néctar tan supremo y tan dulce que cada célula de nuestro cuerpo se estremece al reconocerlo, un néctar que le da hambre de más a cada célula y que, a la vez, le quita el hambre.

También podría compartir el placer que sentimos cuando trasladamos nuestra consciencia y buscamos la fuerza que respira, y vemos cómo sucede la magia que nos permite alinearnos con el río del amor que es tan dulce y satisfactorio que no volvemos a sentir hambre y no buscamos nada más.

Podría compartir los muchos regalos que hay en estos campos sutiles que lleva la sutileza del contacto y cómo nuestra intención y nuestra atención nos permiten dejar este mundo lo suficiente para encontrar estos regalos. Aun así, vivimos en un mundo que satisface todos nuestros sentidos, que los inunda con tanto sabor, ruido y acción, insensibilizando permanentemente nuestra capacidad de sentir el mundo interior.

Y así me encuentro bastante contenta de estar sentada rodeada por oscuridad, con mis ojos físicos que a veces se abren buscando un rayo de luz pero que no pueden ver nada, cerrándolos otra vez para dejarme llevar más profundo a los mundos interiores en las olas del silencio y empiezo otra vez a oír los coros celestiales y nuevamente siento el ritmo calmo de aquel flujo de amor.

Diario de Descargas del Cuarto Oscuro – Día 2

Parte de las prácticas taoístas es esta conexión con el cuerpo a través de la sonrisa constante, la sonrisa constante para con tu corazón, tus pulmones, tus riñones y tu hígado, todos tus órganos y cada parte de tu cuerpo porque, como dicen, a donde la mente está enfocada el chi seguirá. Enfocar la mente en estas áreas, entonces, y sonreír y mantener la intención de que cada área sea inundada con chi genera una bella explosión de energía de luz solar amarilla en estas áreas, particularmente si imaginamos este color y esta forma de luz inundándolas. Estas son las pequeñas alegrías infinitas que parece que al cuerpo le encantan y a las que responde y entonces hago el ejercicio de poner mis manos en las diferentes partes de mi cuerpo que necesitan un pequeño impulso de energía o de sanación y dejo que la luz verde fluya allí mientras yo sonrío en esta área.

Ya he descubierto que mi cuerpo es muy dependiente del chi externo, que absorbe prana estando en la naturaleza, caminando en la playa y descargando energía al mirar al sol. También entendí aquí que la razón por la que no me afecta estar en otros entornos más contaminados en los que el prana que hay es mínimo es que cuando estoy viajando y trabajando estoy en un estado constante de Gracia que me alimenta de todo lo que necesito. Sin embargo, aquí en la oscuridad no hay prana externo de la luz de sol y tampoco hay Gracia en exceso, por lo que tengo que modificar mi flujo de energía interno.

Diario de Descargas del Cuarto Oscuro – Día 3

Independientemente de la motivación, los modelos o las fórmulas de alegría, esta experiencia de perversión sensorial de la vista es muy poderosa porque en este corto periodo de tiempo he aprendido mucho sobre mí misma y sobre mi cuerpo y su relación con los campos de energía. Además, las enseñanzas de los maestros taoístas son invaluables; estas consisten en el trabajo con los elementos del fuego, el agua y el vapor, y el dirigir el flujo de energía a través de los diferentes órganos, la conexión de la mente con los órganos y el hacer que los órganos se muevan y respondan a nuestras instrucciones.

Por ejemplo, nunca antes había sentido la contracción del músculo de mi glándula pineal y ahora cuando contraigo mi perineo, inmediatamente siento una resonancia de empatía, una contracción en mi glándula pineal, dado que las dos están conectadas. Así, independientemente de mi incomodidad de hoy, no dudaría en recomendar esta experiencia a aquella persona que quiera explorar más del universo interior sin distracciones. También estoy aprendiendo algunas otras herramientas de movimiento de energía mientras descanso, me relajo y exploro mi mundo interior. Además, es una oportunidad maravillosa para mí para poner en práctica todas las herramientas que he descargado durante los últimos años y para comprobar la resonancia de cada herramienta.

Diario de Descargas del Cuarto Oscuro – Día 4

He estado practicado más de la órbita microcósmica y he distribuido la energía chi que se junta en todos los órganos inundando cada uno con la energía de la creación que manifiesta la vida. Me gusta imaginar que cada órgano puede obtener lo suficiente de este chi como para entrar en un estado de alegría tal que disfruta de una especie de orgasmo.

Los taoístas creen que nuestro SDI está anclado en nuestro corazón, pero también que se divide para habitar todos nuestros órganos, llenando cada uno con diferentes frecuencias y virtudes. He estado aprendiendo sobre la creación del cuerpo inmortal al aplicar la práctica del Kan Li Menor, que implica la creación del caldero de hierro que hemos anclado entre los chacras del sacro y del plexo solar. El caldero es un vehículo etéreo que almacena los elementos del fuego del corazón y del agua de los riñones que se mezclan para formar un halo de luz violeta que luego podemos dirigir a través del cuerpo para limpiar los órganos.

Lo que también ocurre en esta terapia del cuarto oscuro es que empiezas a someterte a transformaciones químicas profundas en el cuerpo usando las herramientas taoístas de los cinco elementos y también la herramienta de dirigir el chi alrededor del cuerpo de una manera específica. El Chi sigue a la mente y la sangre sigue al chi. Así, donde enfoques tu mente, el chi seguirá en servicio a ti como maestro. He desarrollado la técnica de respiración en la que concentras tu mente en tu chacra del sacro y luego, con una profunda inhalación, atraes la pura energía amarilla del fuego del sol imaginando que estas entrando en esta corriente desde el gran sol central interior. Luego la diriges con la inhalación a través del Tan Tien inferior y después, mientras exhalas, diriges este chi amarillo ardiente a cada célula del cuerpo con la intención de que queme toda la escoria y nos re-vigorice. Es una respiración rítmica agradable y simple.

Diario de Descargas del Cuarto Oscuro – Día 6
Estoy descubriendo que cada día aquí es completamente invaluable. Lo que he entendido sobre la creación de los modelos es que necesitas trabajar con algunas de las tradiciones antiguas, tradiciones que fueron probadas, que son verdaderas y que llevan el peso de todos aquellos que han estado antes – en otras palabras, una tradición que es una manera aceptada de ser, que quizás también ha sido analizada. Por ejemplo, probar prana o chi para sanar huesos quebrados, etc., así como los beneficios de qigong, Tai Chi y las prácticas taoístas antiguas son todas tradiciones ahora muy conocidas. Dentro de todas estas prácticas, hay técnicas particulares que se pueden usar para crear modelos que proporcionen resultados muy particulares, y así es que estoy encontrando mi modelo de libertad y estoy descubriendo que soy capaz de reunir algunas herramientas y técnicas increíbles que me ayudarían en el viaje de libertad, en especial esta parte de mi viaje en que busco liberarme de los líquidos.

Mi modelo actual durante los últimos días es uno en el que un día tomo zumo, luego un día agua y después un día solamente prana, a medida que mi cuerpo ajusta su mecanismo interno de alimentación para atraer más prana desde los niveles interiores. Este modelo funciona muy bien y me siento más y más fuerte cada día. También trabajo diariamente con el sacro y las articulaciones, y hacer los ejercicios de chi contribuye a este estado de bienestar. Si mi cuerpo continúa libre de dolor a nivel muscular, ya no tomaré más zumo de fruta y usaré el modelo de tomar agua un día y luego pasar un día solamente con prana y después un día con agua nuevamente.

Estoy escuchando atentamente cada matiz y cada señal de mi sistema físico, lo honro, lo amo, lo respeto, trabajo con el flujo de energía chi para mantenerlo en un estado de fortaleza y armonía. Amar y respetar nuestro cuerpo es imperativo para todo aquel que busca estos niveles de libertad; también es imperativo que lo hagamos completamente en línea con las zonas de confort de nuestro sistema físico, porque el cuerpo físico es tan precioso que no queremos hacer daño a los órganos ni a ningún otro nivel.

Con respeto al estado de salud de los órganos, es importante que aquellos que buscan estas libertades pongan en práctica las sugerencias que damos en el capítulo "Tao y Herramientas".

Ayer estaba sentada meditando y de golpe una voz empezó a compartir conmigo; una voz de tanto amor y tanta compasión, que supe que era la voz de mi SDI. ¿Estamos separados? No. Pero aun así existe la personalidad en que la mente a veces puede ser como un mono parloteando, observando y actuando en este mundo; por su parte, este ser puro, completamente consciente e iluminado, este Buddha, este Cristo interno empezó a hablarme sobre todos los regalos que recibiría en este retiro y sobre el modo en que estos regalos harían que toda disconformidad se volviera insignificante. Me invitaba a no pensar demasiado, a dejarme llevar por el poder del ahora y simplemente a SER. También compartió conmigo otras cosas que elijo no mencionar aquí, pero quiero decir que la voz era magnifica y hermosa y que me llegó después de haberme regalado una sinfonía de música devota.

Para mí, no hay manera más poderosa para movilizar al corazón y al alma humana en un nivel emocional y para llevarlos a un campo de energía de gratitud absoluta que escuchando música sagrada. Después de cinco días de silencio, lo que escuché ayer inmediatamente me llenó los ojos de lágrimas y me llevó a un estado de gran aprecio y devoción. Hoy otra vez me regalé un concierto de una hora de música sagrada nativa – fue una experiencia maravillosa.

Diario de Descargas del Cuarto Oscuro – Día 8

Las enseñanzas del tao son las mismas que las del SDI –el Ser Divino Interno– dado que vienen de la misma esencia. La enseñanza repetitiva que dan ambos trata sobre el poder de la mente y la necesidad de cualquier estudiante de transformación de tener una conexión muy fuerte entre la mente y el cuerpo. Aprender a escuchar la voz del cuerpo es imperativo porque te dice lo que necesita.

Y así, mientras pasan los días, voy aprendiendo a adaptar mi mecanismo de alimentación de luz violeta en el nivel interior a su columna de chacra giratorio y los rayos de luz que pasan a través de mis células y mis átomos y a través de universos interiores que me traen prana para alimentarme. Como hasta ahora este sistema ha sido sostenido por luz solar externa, estoy prestando atención particularmente a la voz de mi cuerpo para asegurarme de obtener lo que necesito.

Hoy he notado una pequeña incomodidad en mi estómago y le he preguntado a mi cuerpo si tenía hambre y dijo que sí, por lo que ahora he desarrollado un mecanismo adicional de alimentación que compartiré en el capítulo "Tao y Herramientas". Tengo que admitir que me encanta la revelación diaria de todas estas herramientas porque, al estar libre de todo tipo de estímulo y distracción externos, puedo pasar más y más tiempo dentro de la estructura del sistema físico, escaneándolo, hablando con él y trabajando con los diferentes sistemas, y también trabajando con áreas que puedan tener una debilidad particular. Y con cada conexión física como esta, el cuerpo te revelará una manera en que puede volver a ponerse en equilibrio o en que puede curarse según las necesidades.

He descubierto en este retiro de cuarto oscuro que la falta de luz produce un exceso de melatonina en el cerebro que generalmente no se convierte en serotonina si nuestra mente no está increíblemente activa. Sin embargo, hay maneras de liberar la pinealina de la glándula pineal, que cuando se libera actúa como un bloqueador para esta serotonina. Entonces podemos bloquear cualquier desequilibrio en la producción de serotonina e incluso de melatonina con la liberación de pinealina adicional.

Diario de Descargas del Cuarto Oscuro – Día 10

He estado jugando un poco más con el ritmo de mi rutina diaria para intentar maximizar el placer que obtengo al estar en este entorno. Me descubrí extrañando un poco esta bella energía del corazón, las cosas que traen las sonrisas del SDI, y entonces luego de nuestros ejercicios de la mañana con el grupo, primero me quedo en la sala, luego continuo con mis ejercicios de yoga por una hora más, y después subo a mi habitación y escucho mis mantras y mis canciones sagradas de devoción porque este le permite al corazón abrirse de una manera tan hermosa e inundarse de ese sentimiento de amor divino y devoción por la vida, y el aprecio por todo lo que ha ocurrido antes con respecto a los Santos y sus mensajes. Es hermoso bailar en este tiempo y continuar el trabajo de energía con Chi alrededor del cuerpo, especialmente después de haber participado en una sesión de yoga más intensa. El baile suelta las cosas y dirige otra capa de luz violeta mientras canto con los mantras. Toda la experiencia es realmente magnífica y me sitúa en el espacio perfecto para las clases de Mantak y la meditación que le sigue.

He descubierto que para mí es importante empezar el día con la buena energía del corazón abierto y el sentimiento de devoción, porque eso añade un nivel completamente nuevo. Cuando estoy en casa es fácil liberar este sentimiento porque simplemente tengo que despertarme, si estaba durmiendo, salir al balcón y observar el amanecer sobre el océano. Inmediatamente, mi corazón se llena de amor y devoción, porque puedo ser testigo de la magnificencia de toda la creación simplemente a través del amanecer. Como no tengo ese placer aquí, tengo que obtener esto de otra manera, y cantar canciones devotas y mantras me permite lograrlo de una manera hermosa.

Diario de Descargas del Cuarto Oscuro – Día 11

He estado observando y escuchando con avidez como estudiante, he estado sintiendo los campos a medida que se desarrollaba la experiencia del cuarto oscuro y he estado intentado resumir la meta y el resultado, así como los procedimientos involucrados para alcanzarlos mientras la enseñanza progresaba. Al mismo tiempo, empecé a ver la importancia y las similitudes con la manera en que me entrené usando la luz violeta y los resultados sobre los que yo también me enfocaba.

La primera semana se concentró en lo que se llama el Kan y Li menor; la segunda, en el Kan y Li grande; y la tercera, en el Kan y Li mayor. Kan y Li significa literalmente agua y fuego y se usan juntos como alquimia para limpiar, regenerar y alimentar nuestros órganos usando partículas cósmicas (Chi), energía sexual (Jing) y las hormonas de nuestro cuerpo.

El resumen más simple que comprendo ahora y que luego he confirmado con los instructores principales de estos métodos es que en el Kan y Li menor buscamos crear un caldero de energía en el nivel interior que almacena y activa la energía en los chacras inferiores, anclado en el sacro y alrededor del ombligo, y a través de un proceso particular aprendemos cómo generar y dirigir el halo de luz violeta poderoso.

Este halo se usa luego para limpiar e hidratar los órganos, lo que es interesante para la investigación que hago porque, como he compartido, estoy buscando un sistema poderoso de hidratación interna para que mi cuerpo pueda liberarse de la necesidad de tomar líquidos.

En la segunda semana, el Kan y Li grande se sumerge en la creación de un caldero de barro que tiene un mecanismo de calefacción diferente y es más suave en su producción del halo de luz violeta para regenerar y limpiar los órganos. En la tercera semana, nos adentramos en el área del corazón para producir el caldero de jade.

Estos tres calderos trabajan juntos produciendo frecuencias de neblina de luz violeta más densas, más finas, hasta llegar a frecuencias totalmente refinadas para limpiar por completo todo el sistema. Pero más allá de eso, el trabajo de energía, las herramientas y las técnicas luego empiezan a permitirle a una persona tener una activación mayor de su esencia divina y le dan la libertad para entrar y salir del cuerpo a voluntad para explorar el cosmos interior.

La tercera parte de esto es la creación, dentro de estos calderos, del feto inmortal – como lo llaman los maestros taoístas. Este feto es un cuerpo inmortal que crecerá, cuando se lo alimenta al pasar el tiempo, para permitir la transmutación completa del material denso de nuestro sistema físico al espíritu inmaterial y de absoluta luz y para mantener el rejuvenecimiento eterno del sistema auto-regenerativo de la inmortalidad.

En este retiro del cuarto oscuro hay un fuerte énfasis en experiencias de 'estar fuera del cuerpo', que pasan a través de los átomos interiores hacia el cosmos interior. Con el entrenamiento de estar fuera del cuerpo la gente debe comprender que es nuestra frecuencia la que determinará a qué dimensiones podemos acceder y qué puertas se abrirán a nosotros y nos permitirán entrar en estos mundos diferentes.

Cuando los antiguos maestros decían 'estate aquí y ahora', lo que querían decir era que estés totalmente concentrado en el momento y muy presente, porque todo te llegará cuando te afinas mediante el ajuste de frecuencia y a través del estilo de vida y cuando enfocas tus pensamientos, tus palabras y tus acciones. Puedes encontrarte caminando hacia un templo sagrado y de pronto atravesar una puerta dimensional porque hay algo en tu campo de energía que se corresponde con las enseñanzas más puras de ese templo, y al atravesarlo te encuentras retrocediendo en el tiempo, viviendo en otro mundo o vislumbrándolo ya sea como un simple espectador o como un invitado que puede participar e interactuar con los que habitan en este campo.

Estos días ya no busco más nada porque he visto lo suficiente en mi experiencia de encontrarme con los Santos y en muchas de las otras experiencias que he tenido, donde las cosas simplemente suceden automáticamente cuando el momento es adecuado y cuando hay algo que necesitas saber para apoyar tu agenda de servicio.

Cuando eres puro de corazón y te has afinado y te has entregado por completo al ser divino interno con franqueza y un deseo te ha revelado todos los códigos internos de tu luz corporal con respecto a lo que estás haciendo en tu servicio para la evolución de la humanidad, todas las fuerzas universales te apoyarán con este río de Gracia y entregarán en tu puerta todo lo que necesitas, exactamente como lo necesitas, ya sea sabiduría, claridad, visión, tiempo, dinero, personas o cualquier otra cosa, porque estás participando en una parte de una película cósmica pre-programada y preestablecida que apoya la evolución humana positiva. Permanecer concentrados en el ahora para permitir que todo nos llegue es parte del camino del dominio de nuestro yo mientras nos afinarnos para poder atraer exactamente lo que necesitamos.

Diario de Descargas del Cuarto Oscuro – Día 12

Durante los últimos días pasé mi tiempo en silencio principalmente en la posición de espectadora, solamente observando cómo los diferentes niveles de consciencia van creciendo dentro de mí y toman el centro de la escena y cómo el crecimiento de cada uno afecta mi flujo de energía.

También veo cada vez más las complejidades que implica la creación de un modelo que se puede aplicar en masa, y a veces me pregunto si es posible que cada ser humano sea así de complejo.

Quizás el resultado final será que solamente puedo ofrecer directrices poco definidas, cosas que han sido útiles para mí, y que luego puedo animar a las personas a aplicarlas junto con su propia guía interior. Creo en verdad que podemos aplicar la ciencia de la mecánica de matriz pero que también hay muchas otras sutilezas involucradas.

Como he compartido anteriormente, hay condiciones que son como anomalías en el campo; por ejemplo, puedo viajar constantemente sin alimentarme con comida física; puedo estar en ambientes muy contaminados por el uso que hago de mi bio-escudo y de mis mecanismos de alimentación en el nivel interior y también por el hecho anómalo de que estoy constantemente canalizando energías de amor y sabiduría de alto voltaje y alta frecuencia cuando trabajo en las diferentes ciudades.

No sé hasta qué punto esta anomalía es en verdad una compensación por tratar con la contaminación mental, emocional y física que atravieso, pero estoy segura de que compensa mucho, porque pasar meses de viaje, en un estado constante de meditación profunda, en el que te fusionas totalmente con la energía de tu fuerza divina, y en el que todo el amor y la sabiduría del universo puede fluir a través de ti, como si lo atrajeras desde la multitud frente a ti, todo esto es un impulso increíble para nuestro sistema.

De todos modos, esta es simplemente la forma en que yo trabajo y no es algo a lo que esté expuesto el hombre común que hace este tipo de transición. Por el contrario, si tienes un Lama o un ser en un ambiente con mucha energía y con un alto nivel de prana, como la playa o el Himalaya, donde tienes tus practicas espirituales y donde no estás expuesto a contaminación mental, emocional o física, entonces es más fácil mantener un flujo de campo con altos voltajes de Qi para alimentar y nutrir al sistema; pero, nuevamente, la persona normal no vive en la playa, en la selva tropical o en el Himalaya, sino que generalmente vive en ciudades donde hay altos niveles de contaminación.

Como todos sabemos, la contaminación puede tener muchas formas – contaminación televisiva, contaminación automovilística, contaminación por pensamientos tóxicos– incluye formas de pensamiento que vagan constantemente por la ciudad y emociones tóxicas que se liberan constantemente por la infelicidad y los sentimientos de desolación, aislamiento u otros sentimientos de las personas.

Todos estos son factores contribuyentes que se mueven constantemente a través de los campos de energía de las personas, especialmente si no usan los mecanismos de matriz que recomendamos en esta manual de la Ley del Amor.

No creo que una persona deba crear un modelo particular, pero sí creo que si una persona toca las mentes universales como lo hago yo y luego aplica lo que recibe, puede ofrecer directrices que por lo menos le indiquen a la gente la dirección correcta y les ahorre mucho tiempo cuando luego añaden su propia capa de poder del SDI, que será el ingrediente faltante para llevarles al campo de la libertad.

Si fuese cuestión de que una persona desarrolle un modelo, entonces estaríamos sin duda otra vez en el juego de los alumnos y el maestro, del pastor y el rebaño, y ésta, definitivamente, no es una era para pastores y rebaños, ésta es, definitivamente, una era para el dominio de nuestro yo. Parece lógico que incluso las personas más afinadas, cuando accedan a la mente universal, serán capaces de producir la mayoría de los ingredientes; sin embargo, siempre habrá un ingrediente clave que falte, que determine el éxito, y este ingrediente es clave para cada persona que está aplicando este modelo. Esto es algo que solamente cada persona en particular puede controlar o regular.

Diario de Descargas del Cuarto Oscuro – Día 13

También he empezado a vislumbrar el riesgo dentro de mi propio sistema de la fina línea por la que estoy transitando, la línea que divide mi capacidad de mantener una cierta frecuencia, mientras que es fácil para mi cuerpo pasar periodos prolongados, si no estar permanentemente, sin líquidos. Sin embargo, en cuanto pierdo el equilibrio por distraerme con algún tema emocional de mi vida que aún necesita ser resuelto, esto actúa como el tapón que se quita de un globo de aire caliente, quitando inmediatamente todo el aire que había dentro del globo, haciéndolo caer en picada.

Así, una vez más, mi consciencia del cuerpo me dice que ahora tengo que prestar más atención a mi cuerpo emocional y llevarlo a un espacio de armonía más fuerte con mi camino futuro.

Para mí, parte de esta discordancia tiene que ver con el trato con los medios en los próximos diez días, porque empecé mi trabajo en el escenario global abierta a compartir con los medios toda nuestra maravillosa investigación. Era como un niño que encontró un cofre del tesoro lleno de los regalos que trae el ser divino y en mi ingenuidad me encontré entrando en lo que muchas veces he descripto como un cuadrilátero de boxeo con Mohammed Ali, donde yo no estaba absolutamente nada preparada para lo que venía.

Es cierto que cuando las probabilidades están en tu contra, hasta el más valiente de los guerreros se baja del cuadrilátero sintiéndose maltratado y magullado. Lidiar con la embestida de los medios por la muerte de tres personas indirectamente relacionada con mi primer libro *Vivir de la Luz* deja una marca; ser culpada por situaciones que fueron causadas por eventos ajenos a mí y por personas que ignoraron las recomendaciones o que quizás no tenían las habilidades para enfrentar los problemas que surgieron; lidiar con la embestida por todo esto puede dejar una marca. Continuar refinando el modelo, siempre actuando con responsabilidad, sabiendo cuál es su sitio en el gran juego y los beneficios que le dará a nuestro planeta a largo plazo habiendo vivido todo esto es también un desafío, porque a veces es más fácil abandonar.

Así, mi cuerpo emocional, este niño inocente en mi interior, tan enamorado del ser divino y tan dolido en algunos niveles a causa de la reacción de nuestro mundo hacia estas perlas de sabiduría, estaba muy feliz de haber podido retirarse estos últimos años del trabajo con los medios. Tuve que tentar a este niño para que volviera a cooperar porque sé que el involucrarme en este documental atraería nuevamente la atención de los medios y, sin duda, esta atención haría que resurgieran todas las ideas equivocadas, las falacias y los rumores, que se habían liberado a través de los campos desde nuestro intento anterior de educar a nuestro mundo con respecto a los regalos de nuestro SDI.

Para mí, es como cuando un niño quiere compartir algo precioso con un adulto, con tanto amor y confianza sabiendo que, si el adulto pudiera ver lo que el niño ve, el mundo del adulto se transformaría al igual que el del niño; y luego, cuando el niño lo comparte, el adulto se da vuelta y da una bofetada al niño en la cara. Luego el niño se retira, quizás escondiéndose en su habitación. Después el adulto dice "ven, todo está bien", el niño se arriesga otra vez, comparte otra vez, recibe una bofetada otra vez, y se retira otra vez a su habitación.

¿Cuántos intentos harán falta para que el niño se niegue a salir?

¿Cuánta valentía necesita reunir el niño?

¿Cuánta confianza en la belleza de lo que tiene para compartir necesita el niño para seguir saliendo de la habitación y recibir una bofetada una y otra vez?

Es un dilema interesante para un niño y para el niño interior que forma parte de todo nosotros. Es nuestra naturaleza inocente y llena de confianza. Es el que responde con tanta pureza, tanta diversión y tanta felicidad cuando el ser divino que nos hace respirar empieza a bailar su camino a través de nuestro sistema. Es el que no cuestiona el potencial eterno de semejante baile, sino que lo siente y que baila usando los pasos que siempre ha sabido, porque estos son los pasos que llevarán a ese niño de vuelta a su verdadero hogar, el hogar en el que nació; esa fuerza original de la creación, el paraíso, el Edén, el nirvana que todos buscan.

Este es el baile que al niño interior le encanta y que cuando sabe los pasos y los pone en el escenario global, en vez de recibir alabanzas o gracias, recibe abucheos e insultos de ciertos miembros de la audiencia. Entonces, el niño aprende a que aquellos miembros no estén presentes porque cuando no están, el resto de la audiencia y el niño pueden bailar el baile del ser divino. Cuando los que piensan igual se juntan, cuando los buscadores de milagros se juntan y escuchan a esta voz interior y aprenden el baile de su SDI, los milagros suceden, el baile se vuelve más fuerte y los caminos se vuelven más fáciles de seguir porque se multiplican por las masas.

Supongo que se podría decir que, para mí, tratar con los medios es como los espectadores molestos en la audiencia; al no involucrarme con ellos no recibiré una bofetada, no seré interrumpida y el viaje será más fácil y me quitaré un peso de encima.

Es interesante saber lo desestabilizante que puede ser este tipo de realidad emocional que he descripto arriba – al igual que los sentimientos que la acompañan –así que naturalmente, como el maestro del sistema, uno hace lo que debe hacer para perdonar y dejarlo ir y seguir adelante.

Recuerdo cuando el frenesí de los medios estaba en su punto más alto y yo lloraba en silencio en mi habitación de hotel bajo la ducha sintiendo que era una oportunidad desperdiciada, sabiendo que los medios eran una herramienta muy poderosa para reeducar a nuestra sociedad y guiarla fuera del miedo, y para proporcionar herramientas poderosas para eliminar de nuestro planeta toda la pobreza, el caos, las enfermedades y la guerra; y cuando le permití a mi niño interior tener su momento de dolor, me sentí envuelta en los brazos de un amor que me sostenía suavemente y me susurraba al oído: "Padre, perdónalos, pues no saben lo que hacen. Padre, perdónalos, pues no saben lo que hacen".

Por supuesto, entendí inmediatamente a qué se refería y así me repuse, lo dejé ir todo y seguí adelante sabiendo y confiando en que hay caminos para la evolución humana que son apoyados por la Ley del Amor y su flujo de gracia.

Solo puedo suponer que fui guiada a compartir esta historia aquí mientras estoy acostada despierta disfrutando de otro amanecer porque *es muy importante, que estamos en un estado de congruencia física, mental y emocional cuando tomamos un camino extremo dentro de nuestro viaje de libertad,* en especial el camino de una existencia libre de comida o líquidos.

Este tipo de congruencia no es algo que pueda dar un modelo, aunque el modelo que hemos compartido puede dar ciertas directrices. La congruencia es la que viene de vivir una vida en la que experimentamos a través de circunstancias lo que significa ser humilde, lo que significa rendirse por completo, lo que significa entrar en semejantes niveles de sinceridad en nuestro deseo de conocer estas libertades.

El regalo más grande que me dio todo este trato con los medios, es el regalo de la humildad verdadera y por eso estaré eternamente agradecida. Gracias a este regalo de humildad verdadera pude pasar a través de las puertas dimensionales más increíbles para estar con seres de gran luz y gran amor que me han revelado tantos secretos de los niveles más altos, que han expandido mi capacidad emocional a otros niveles de refinamiento, alegría, asombro, amor y maravilla. Sé que sin esta llave de humildad probablemente no hubiese vivido estas experiencias.

Una vez más, para mí, todo lo que ocurre es absolutamente perfecto porque dentro de los sufrimientos más grandes y durante los juicios, las pruebas y las tribulaciones más difíciles hay un regalo; un regalo muy necesario; un regalo que añadirá sabor, virtud, perspicacia, que añadirá una parte necesaria para nuestra clave mientras avanzamos a través de los campos de la libertad.

Diario de Descargas del Cuarto Oscuro – Día 14

El maestro Chia dice que cuanto más practiquemos la meditación GSC que he descripto en la parte 2 del manual *La Ley del Amor*, más adeptas serán las glándulas a secretar las hormonas que constituyen el elixir de la vida, lo que los yogis llaman el néctar divino; un néctar que no solamente es secretado a través de la glándula pituitaria, sino también a través de la mezcla de otras hormonas, de pinealina y las hormonas conocidas que existen dentro de la saliva. Cuando a esto le agregamos la fuerza de la vida creativa de la energía sexual de nuestros órganos reproductivos y el chi universal de los océanos cósmicos, tenemos un néctar muy espeso y dulce que luego tragamos para alimentar e hidratar el cuerpo y lubricar las articulaciones. La técnica es bastante compleja y la he descripto en detalle en la parte 2 de este manual. Sin embargo, ahora que trabajo con esta herramienta a diario, veo que el cuerpo se adapta de manera bastante natural. Mi intención de simplicidad parece ser la clave.

Durante los últimos 14 días – o en mi caso durante la última década– hemos trabajado en aislar los diferentes músculos desde el ano y el perineo hasta la vagina y el clítoris; hemos sentido que cuando contraemos y liberamos estos músculos sin tocarlos, ellos pueden enviar diferentes respuestas eléctricas a través del cuerpo, particularmente el clítoris y los músculos a su alrededor, porque tienen una conexión energética con la glándula pineal y así, al contraerlo, podemos sentir cómo la glándula pineal se contrae en respuesta. La glándula pineal envía un pulso al centro de tu cabeza en un ritmo de bio-retroalimentación por cada contracción del clítoris. Los taoístas dicen que la glándula pineal es el órgano sexual masculino para una mujer y es el socio del clítoris – por lo tanto, usan el término para esta técnica como tener 'relaciones sexuales con uno mismo'. El órgano sexual femenino natural del hombre es su glándula pineal, que está directa y energéticamente conectado al pene. Esta contracción libera la sustancia intangible de pinealina que luego fluye hacia la saliva para crear esta poderosa mezcla de comida y líquidos de néctar divino.

Recuerdo constantemente las palabras de mi único gurú antes de que las herramientas que me dio me permitieran descubrir el gurú dentro de mí; nos decía a todos que nunca dependiéramos de algo fuera de nosotros mismos para nuestra felicidad o nuestro placer verdadero. Este es un buen consejo, especialmente si estamos interesados en la auto-suficiencia verdadera.

Nunca quise vivir eternamente sin comida ni líquidos, pero entiendo que parte de mi matriz es desarrollar un modelo para hacerlo porque ser capaz de ello es un regalo maravilloso para que disfrutemos con respecto a la agenda de la libertad.

Que tengamos una habilidad no quiere decir necesariamente que la usemos todo el tiempo. Usamos nuestras habilidades según las necesitemos en nuestro servicio. Así que mi dicotomía interna es que, a diferencia de la rusa Zinaida que es feliz sin comer ni beber nunca más y es feliz de ser un ejemplo de una mujer que ha salido permanentemente de este espectro de la realidad, yo no tengo un deseo a largo plazo de hacer lo mismo. Sin embargo, me gustaría poder hacerlo durante un tiempo suficiente para poder estar absolutamente convencida de que puedo vivir libre de líquidos y de comida sin sufrir efectos colaterales y perjudiciales, independientemente de mi situación. También me gustaría ser capaz de mantener esto sin importar si estoy en el Himalaya con su aire fresco, en playas con altos niveles de prana, o en las ciudades más ruidosas, malolientes y contaminadas del mundo.

Tengo gran interés en este tipo de dominio sobre mi estructura molecular. Como puedo ver mi papel en la agenda superior con respecto a todo esto y en el camino de la evolución humana, naturalmente estoy motivada a continuar por algo profundo dentro de mí y por fuerzas a mi alrededor, fuerzas que me apoyan con amor y gracia. Por esto es que la idea de que se me haya revelado todo esto y no aplicarlo y sentarme al costado ya no es una opción.

La mayoría de la humanidad todavía es impulsada de alguna manera por un hambre que hace que se los vea como los buscadores de milagros, y una pequeña parte dentro de esa población ha presenciado los milagros y ha disfrutado de ellos. Algunos también han llegado a entender que podemos ir más allá de eso y literalmente convertirnos en los creadores de milagros en nuestra propia vida y luego llevarlo a otro nivel, donde nos damos cuenta de que podemos convertirnos en creadores de modelos de milagros que puedan aplicarse en masa de una manera que sea beneficiosa para todos – esto es otra etapa y la elección es siempre nuestra y las opciones están disponibles para todos.

¿Son estas opciones que creamos mientras crecemos en nuestro baile consciente a través de los campos de la vida? ¿O son elecciones y opciones planificadas antes de nuestra encarnación? Cualquiera sea la verdad, es irrelevante porque están ahí.

Siempre que los modelos tengan beneficios obvios para el camino de la evolución humana, la Ley del Amor y su canal de gracia alimentarán y nutrirán el modelo y lo presentarán a los canales perfectos de nuestro mundo. Así ha sido y por lo tanto así siempre será.

Capítulo 16 – Tao y Herramientas – Haciéndolo

El tao no tiene nombre pero no es desconocido:
Cantando el tono perfecto de la vida,
A la zona de certeza eres atraída.

Como el sincrodestino me guió al retiro del cuarto oscuro para recibir las descargas de nuevas herramientas y aprender las antiguas técnicas de dominio del tao – ambas apoyarán la agenda de libertad; es adecuado compartir un poco más de la tradición taoísta. Al principio de los capítulos 1 a 8 hemos compartido las historias de los ocho taoístas inmortales, seres que representan los diferentes rasgos de personalidad del ser humano, seres que lograban transformarse en sus propias agendas de libertad.

Para los chinos, el taoísmo es una actitud hacia la vida que muestra los rasgos alegres y despreocupados de su personalidad. El fundador del taoísmo es Lao-Tzu, de quien se decía que era un oficial de la corte especializado en astrología y adivinación y el guardián de libros sagrados. La leyenda dice que cuando tenía ochenta años viajó hacia lo que hoy es el Tibet; cuando llegó a la frontera, un guardia le pidió que anotara sus enseñanzas antes de salir de China. Aunque lo entristecía la negativa de los seres humanos a seguir la bondad natural, él hizo lo que el guardia le pidió y los 5.000 caracteres que compuso formaron el Tao Te Ching.

Como en muchas otras de nuestras tradiciones religiosas, hay mucho en la tradición taoísta que puede ser beneficioso y por lo tanto recomiendo que hagas tu propia investigación y apliques lo que te guste. Lo que quiero hacer en este capítulo es observar la utilidad de alcanzar la agenda de libertad y las herramientas que ayudan a lograrlo.

Algunas vienen de la tradición taoísta y algunas otras las he descargado directamente desde la Mente Universal; las he aplicado todas personalmente y con resultados beneficiosos.

HERRAMIENTAS:

Hay incontables herramientas que podemos usar para llevarnos hacia un conocimiento mayor sobre la armonía en los campos de la vida; herramientas, que nos hacen reconocer y experimentar las Leyes que gobiernan toda la vida y nos enseñan cómo trabajar con estas Leyes con el mínimo esfuerzo para obtener el máximo impacto, y cómo hacerlo de una manera beneficiosa para todos. Hemos tratado en detalle todas estas herramientas en la trilogía "Bio-campos y Bendición", por lo que en este manual mi enfoque estará más sobre nuestras herramientas para la Libertad; aun así, todo se construye sobre lo que ha habido antes.

Fui educada como una luterana en una comunidad cristiana y, probablemente, la primera herramienta que usé y en la que encontré comodidad es la herramienta del rezo, particularmente la herramienta de 'pide y recibirás'. Esto así porque, aunque los resultados normalmente no eran instantáneos, todo lo que pedía que estaba conectado con el cumplimiento de mis tareas pre-asignadas se hacía realidad para ayudarme a cada paso en el camino.

Otra de mis herramientas más poderosas me la había dado mi padre y era la actitud de que podía hacer cualquier cosa en este mundo y de que yo era mi única limitación. Mi padre, que había llegado desde la Europa devastada por la guerra a la Australia "de la suerte" estaba convencido de que en este país todo podría alcanzarse y que únicamente las personas, y no las circunstancias, podrían crear las limitaciones en este, su país recientemente descubierto. Curiosamente, esta es una verdad metafísica básica en la que se sabe que la actitud determina nuestra realidad y crea la percepción de nuestro estado de limitaciones o de carencia de libertad.

La siguiente herramienta poderosa para mí fue finalmente tomar control sobre mi dieta, cuando era adolescente y elegir ser vegetariana. Aunque este es un acto simple, eliminé inmediatamente la energía de agresión y matanza de mis campos y me abrí a los canales de la amabilidad, la compasión y la sensibilidad.

Poco después recibí la herramienta de la antigua técnica de meditación Védica que, al aplicarla, me regaló la perspicacia de la Unidad y la Santidad de la vida, y particularmente de mí misma como parte de esta Santa Unidad. Esto se debe a que cuando me senté cada día, exploré la quietud interior, sentí el Amor de Aquel que me hace respirar y vi su luz, finalmente experimenté mi verdadera naturaleza, que para mí era una revelación muy poderosa y necesaria y una revelación que deseaba mucho a ver.

Durante las siguientes décadas, la meditación diaria me regaló numerosas verdades que iban desde experimentar los campos más sutiles detrás de la vida como la conocemos, con el maravilloso abanico de seres que viven dentro de estos campos, hasta permitirme comprender los beneficios de la rendición y la alegría de estar en presencia de todo lo que es divino y el amor y la devoción que vienen con todo esto; además me dio el regalo de la claridad y la perspicacia sobre la matemática y la mecánica de la existencia y finalmente recibí las respuestas a todas mis preguntas existenciales, hasta el punto en que todas mis preguntas desaparecieron.

Otra herramienta que me cambió la vida fue, naturalmente, la iniciación espiritual del proceso de 21 días, que me regaló la capacidad para vivir de prana y ser libre de la necesidad de ingerir comida física, o me hizo mejorar esta habilidad. Esta iniciación y la década de integración subsiguiente me expusieron a algunas experiencias increíbles en mi vida, como conocer a gente muy poco común, las almas chispeantes y valientes que, como yo, han venido para inspirar y estimular a la humanidad hacia ciertos caminos de evolución.

Unos años después de esta iniciación, recibí la herramienta de mi descarga de "mi futuro yo o la virtud de la vida pasada" que me permitió acceder a mi futuro yo, una científica en el campo de la bio-energía avanzada, que pertenece a la ciencia del bio-campo dimensional, y que luego me enseñó más de la mecánica de matriz inter-dimensional. Esto trataba la creación de cosas como el modelo auto-sostenible, la forma de usar los bio-escudos etc. Cada día aprendo más de la mecánica de matriz como ayuda para mi viaje actual de transformación. A través de esta iniciación del futuro yo, aprendí que al abrir las puertas interiores para cruzar las líneas del tiempo que normalmente son restrictivas, se puede acelerarlo todo en nuestro viaje y proporcionar posibilidades ilimitadas.

Creo que mis experiencias con los Santos, como he descripto en mi manual *Radiación Divina – De viaje con los Maestros de la Magia*, me llegó como consecuencia directa del uso de estas herramientas y también del uso diario de la Receta 2000>, que descargué de la Mente Universal a fines del milenio pasado. Una receta diseñada para crear salud y apoyar la inmortalidad es, más que cualquier otra cosa, la combinación del enfoque de este estilo de vida diario, que a mí me ha traído el cambio más grande. La herramienta de la Receta 2000> transciende las religiones y las razas y nos lleva rápida y eficazmente a través de los siete niveles de consciencia y nos permite ser lo suficientemente sensibles para encontrar puertas dimensionales increíbles.

Durante los últimos 30 años o más, he recibido numerosas herramientas poderosas que me han guiado a este punto de mi preparación para dar el próximo paso y hay algunas técnicas taoístas en particular que me encantan y que compartiré en este capítulo.

Si me mantengo en mi dominio, la idea de que yo o cualquier ser humano puede alcanzar semejantes libertades parece tan natural y alcanzable. Si me mantengo en mi burbuja humana de limitaciones condicionadas, todo es más bien desalentador y escucho de fondo las dudas habituales y las voces preocupadas de las incontables personas que conocen las limitaciones físicas humanas que les pertenecen, como está demostrado por este mundo limitado. Sin embargo, he logrado derrotar personalmente muchas de esas limitaciones percibidas y también me he encontrado con otras personas que han hecho lo mismo e incluso más. Otra vez, la clave son las palabras "limitaciones percibidas", porque aquí empieza mi teoría de que la percepción, como la creación del latido de un corazón armonioso es la clave de todas las Libertades.

Un prisionero que está en la cárcel puede percibirse como alguien a quien se le ha denegado su libertad; sin embargo, puede ser que ese prisionero haya descubierto la forma de que su consciencia deje la forma física a su voluntad. Así, es posible que sienta más libertad que nunca al ser capaz, por ejemplo, de explorar las dimensiones más allá del tiempo porque, aunque no sea libre físicamente, al ser capaz de proyectar su consciencia fuera de su cuerpo no se sentirá limitado.

Algunos podrán decir que los campos de investigación que me interesan van en contra de las leyes de la física. Sin embargo, otra vez, eso depende de nuestra percepción porque lo que mueve a las leyes físicas y las alimenta para funcionar son las leyes universales que se alimentan de la Ley del Amor y su regalo de Gracia. Estas son las leyes según las que yo elegí vivir y que elijo seguir explorando.

En lugar de ir en contra de las leyes de la física, utilizamos métodos más refinados y herramientas más específicas que nos permiten acceder y experimentar realidades en las que somos libres de las limitaciones físicas creadas por nosotros mismos y por lo tanto podemos vivir más armoniosamente dentro de nuestro corazón.

Unirse con el mundo eterno:
Acurrucado, de una forma infantil,
La nueva bandera de la percepción está desplegada.

HACIÉNDOLO:
Nota: Si es posible, graba las siguientes meditaciones porque tu cuerpo responderá mejor a tu voz y podrás cerrar tus ojos y profundizar más en las meditaciones si puedes escucharlas en lugar de leerlas. Ten en cuenta también que la tradición taoísta sobre la que se basan algunas de las siguientes meditaciones puede parecer bastante complicada. Por ello se anima al estudiante a practicar, practicar y practicar. Para los fines de nuestra agenda de libertad hemos simplificado estas herramientas para que sean más fáciles de poner en práctica y recomendamos un mínimo de 21 días de práctica hasta que la realidad de estas meditaciones y su propósito queden anclados en tus células. Aquí hay una lista de las meditaciones que trataremos.

MEDITACIONES 1-3: Se tratan en los Capítulos 9, 13 y 14.
MEDITACIÓN 4: Acceder a nuestros pre-acuerdos.
MEDITACIÓN 5: El Equilibrio del Yin/Yang: Ejercitar la glándula pineal, alimentar el cerebro, tener orgasmos del corazón y usar las relaciones sexuales con uno mismo para nutrirnos.
MEDITACIÓN 6: Limpieza e hidratación del sistema con la respiración rítmica.
MEDITACIÓN 7: Códigos Adicionales de Alimentación del Nivel Interior.
MEDITACIÓN 8: Sonidos curativos

MEDITACIÓN 9: La fórmula GSC – la mezcla mágica de Glucosamina, Saliva y Chi.
MEDITACIÓN 10: El código de programación 'Vida Perfecta, Amor Perfecto, Paraíso Perfecto'.
MEDITACIÓN 11: Sistema Curativo de 11 Hilos.
MEDITACIÓN 12: se trata en el Capítulo 20.

En este capítulo y en los siguientes presentaremos todas las herramientas de HACER y SER o ESTAR, las herramientas de la libertad, que se pueden aplicar para que alcancemos nuestras agendas de transformación. Antes de hacer eso necesitamos saber lo que nos hemos pre-programado a hacer.

Por favor, lee el próximo capítulo sobre la Mecánica de matriz ANTES de aplicar las siguientes meditaciones.

MEDITACIÓN 4: Acceder a nuestros pre-acuerdos:

La meditación que aparece a continuación es similar a una que hicimos en *Nutrición Divina*, aunque esta, al igual que algunas de las otras, llega a otro nivel. El siguiente ejercicio es una meditación simple diseñada para revelarte tus propios pre-acuerdos – cosas que acordaste para alcanzar esta encarnación.

Primero crea un espacio de silencio y quietud, afínate con el ritmo de tu respiración usando las herramientas de Amor al Cuerpo y Respiración del Amor que detallamos en el manual *Nutrición Divina*, o usando una técnica de meditación que sabes que te centrará y que te permitirá oír la voz de tu SDI.

Una vez que estés quieto y centrado, llena tu cuerpo con la energía pura de la luz violeta, usando tu imaginación. Esto cambiará la frecuencia de tus células y te permitirá liberar tus Códigos Divinos más fácilmente.

Luego haremos algunas preguntas básicas que requieren un simple sí o no como respuesta. Confía en la primera respuesta que te venga a la mente.

Respira profundamente 3 veces, o tantas como necesites para sentirte centrado.

Cuando te sientas conectado y tranquilo preguntaremos:

a) Aprender cómo crear enfermedades y luego ser libre de ellas, ¿Está en mi matriz, en mis pre-acuerdos?
b) *Haz una pausa entre cada pregunta y espera hasta que te venga una respuesta intuitiva, confía en la respuesta que te llega.* Sí / no.
c) Aprender cómo nutrirme de la comida física y luego ser libre de ella, ¿Está en mi matriz, en mis pre-acuerdos? Sí / no.
d) Aprender cómo ingerir líquidos y luego ser libre de ellos, ¿Está en mi matriz, en mis pre-acuerdos? Sí / no.
e) Aprender a envejecer y morir y luego ser libre de ello, ¿Está en mi matriz, en mis

pre-acuerdos? Sí / no.

f) Aprender a ser un alma en armonía y de hecho serlo, ¿Está en mi matriz, en mis pre-acuerdos? Sí / no.

* Ten en cuenta que puedes reemplazar la palabra 'aprender' por 'recordar', porque ya sabemos cómo hacer todo lo mencionado arriba, pero lo hemos olvidado.

Una vez que sabes tus códigos, puedes elegir qué otras herramientas – de las siguientes o de aquellas descriptas en *Nutrición Divina* –necesitas para apoyar la realización de tus pre-acuerdos.

Además, una vez que hayas respondido las preguntas de arriba puedes confirmar esto usando la kinesiología para afinarte a la consciencia del cuerpo y también preguntar:

"Teniendo en cuenta el estado **actual** de mi campo de energía, y el estado de los campos de energía que me rodean, ¿Cuánto durará cada conversión y cada transición?"

Revisa cada pregunta en la que hayas recibido un "sí" como respuesta y luego analiza el periodo de la conversión o transición. Una transición exitosa podría tomar meses o años, según tu frecuencia actual. El punto es permitir que esta transición tenga lugar con alegría, calma y gracia de una manera que sea armoniosa con tu ser físico, emocional, mental y espiritual.

MEDITACIÓN 5: El Equilibrio del Yin/Yang: Ejercitar la glándula pineal, alimentar el cerebro, tener orgasmos del corazón y usar las relaciones sexuales con uno mismo para nutrirnos.

En el capítulo Descargas del Cuarto oscuro, he mencionado que hay maneras de liberar una frecuencia desde adentro de la glándula pineal que, al liberarse, actúa como un bloqueador para la producción excesiva de serotonina. La manera de hacer esto para una mujer es enfocarse en los músculos del clítoris y alrededor de él y contraerlos suavemente mientras se imagina que el chi que esta contracción produce se mueve a través de los canales interiores hacia la glándula pineal. Si eres lo suficientemente sensible, puedes sentir cómo responde la glándula pineal contrayéndose y liberándose en perfecto ritmo cuando tu contraes y liberas los músculos del clítoris porque, como hemos mencionado, el clítoris tiene una línea directa con la glándula pineal.

Del mismo modo, la punta del pene y las glándulas que hay allí también están conectadas a la glándula pineal en el hombre. Esta es una conexión natural que permite a los taoístas tener lo que llaman relaciones sexuales con uno mismo fusionando la energía de nuestro yo masculino y yo femenino. El yo femenino de la mujer está representado por el clítoris mientras que su pareja masculina interior está representada por su glándula pineal; en el hombre, a su vez, el yo masculino es el pene y su yo femenino está representado por su glándula pineal.

Cuando los dos se conectan a través de este tipo de ejercicio, se mezclan dos energías poderosas para alimentar al cuerpo. Aprender a controlar nuestro orgasmo mediante una experiencia pasiva, simplemente moviendo energía en el cuerpo, es una habilidad maravillosa que podemos desarrollar porque las enseñanzas taoístas están muy enfocadas en la auto-felicidad, el auto-amor y el estar en un estado de energía de flujo tan libre a través del sistema que podemos sentir la bendición de las fuerzas cósmicas y el amor de la creación latiendo a través de nosotros cuando deseamos sentirlo. Las relaciones sexuales con uno mismo usando las herramientas mencionadas arriba combinadas con la órbita micro-cósmica es otra comida de distribución de energía nutritiva y agradable.

MEDITACIÓN 6: Limpieza e hidratación del sistema con la respiración rítmica:
Una herramienta que usa la visualización creativa, programación y respiración para hidratar el cuerpo – esto es para aquellos que están codificados para ser libres de la necesidad de ingerir comida y líquidos o que desean saber cómo hidratar su sistema usando un mecanismo del nivel interior.

- Siéntate o túmbate confortablemente, céntrate y empieza la meditación de la respiración del amor.
- Inhala profundamente desde la fuente infinita del amor divino en tu corazón y recita "soy amor"; exhala y recita "yo amo". Recuerda que esto es lo que abre tu puerta cósmica que automáticamente te pone en contacto con todo el amor en todos los campos desde donde viene la nutrición verdadera.
- Dile a tu cuerpo una y otra vez "Te amo, te amo, te amo" – esto prepara los niveles de receptividad de las células para absorber y obtener más amor y partículas cósmicas y también expande su capacidad de sostenerlos.
- Luego permite que tus pies toquen el suelo y visualízalos descansando en un claro de agua chi energizante, bonito, fresco y burbujeante, que brilla con tonos dorados violetas de pura energía nutritiva. Imagina que es un lago mágico que te ofrece la madre tierra.
- A continuación, lleva tu mente hacia el chacra de tu coronilla e imagina que cada uno de los miles de pétalos del loto que está en este chacra está abierto y que mil rayos de luz violeta irradian de cada pétalo en un radio de 360 grados para conectarse con todas las partículas cósmicas de pura energía chi que necesitas y para magnetizarlas.
- Ahora imagina que estos rayos también se anclan en un océano universal vasto, nutritivo, fresco y azul – un océano de chi puro, hidratante y nutritivo.
- Establece un ritmo de respiración en el que cada inhalación esté conectada con cada exhalación; respira profundamente, de manera delicada y en conexión.
- Mientras inspiras profundamente, imagina que, a través del alma de tus pies, absorbes todo el líquido hidratante que tu cuerpo necesita, que lo tomas de este lago, lo absorbes a través de tus pies, a través de tus tobillos, a través de tus canillas, a través

de tus huesos, a través de tu estructura muscular, de tus vasos sanguíneos y tu sistema linfático; absorbe este líquido refrescante a través de tus piernas, a través del torso y de la parte superior de tu cabeza.

- Mientras tu mente sigue a tu respiración y tú absorbes a través de tu cuerpo, imagina que inundas todo tu sistema con agua llena de chi refrescante y energizante, que viene desde el corazón de la madre tierra.
- Luego, cuando exhalas, imagina que mientras empujas tu respiración suavemente hacia abajo, estás atrayendo toda el agua universal a través de los rayos anclados en el loto en tu chacra de la coronilla y que ahora los estás enviando, dirigiendo este líquido universal hacia abajo a través de tu sistema.
- Imagina que fluye a través de tu cerebro, hidratándolo con esta partícula cósmica mágica de color violeta y con el líquido de luz azul.
- Imagina que lo haces descender por tu garganta hacia tus pulmones y que llenas tus pulmones y luego tu corazón con el líquido sanador y nutritivo del océano universal.
- Imagina que luego, al exhalar, lo empujas suavemente hacia tus intestinos, a través de tus órganos sexuales, luego a través de tus piernas y tus pies y que envías estos rayos universales de líquido de vuelta hacia el lago.
- Imagina que a medida que inhalas y exhalas estás, literalmente, limpiando todo tu sistema, trayendo el elemento del agua de la tierra desde el lago a tus pies cuando inhalas, y luego, cuando exhalas, comienzas a limpiar tu sistema, cuando partículas cósmicas del océano universal del chi fluyen desde el chacra de tu coronilla hacia todo tu sistema, como una ducha interna.
- Imagina que cuando inhalas profundamente absorbes más de este líquido perfecto e hidratante desde el lago de agua a tus pies, y que cuando exhalas, lo llevas hacia abajo o a través de la coronilla desde el océano universal.
- Repite este ritmo de respiración y mantén la imagen visual en el ojo de tu mente, imagina que las aguas del cosmos se casan con las aguas del lago.
- Imagina que cuando estos rayos fluyen a través de tu cuerpo a medida que inhalas y exhalas, tu cuerpo se re-energiza y re-hidrata, exactamente como lo necesita.
- Repite hasta que sientas intuitivamente que tu cuerpo ha tenido suficiente – pero hazlo como mínimo por 5 minutos.

El éxito de la utilización de las herramientas de este capítulo depende de que tengas una conexión entre tu mente y tu cuerpo y de que escuches la voz de tu cuerpo, pues él te dirá lo que necesita y cuando ha tenido lo suficiente.

Al igual que los otros ejercicios de estos capítulos, haz esto durante 21 días por lo menos 5 minutos por la mañana y por la noche. Hacer esto durante 21 días permite que sea parte de tus células y una parte natural de tu ritmo de respiración, al igual que la meditación de la columna giratoria del chacra en el libro *Nutrición Divina*. Tal y como hemos establecido esta meditación para que esté en movimiento permanente con el ritmo de nuestras inhalaciones y exhalaciones, también podemos anclar esta imagen visual de absorber líquido a través del alma de nuestros pies y a través del chacra de nuestra coronilla para que también fluya en un ritmo natural con nuestra respiración, como describimos en la meditación explicada arriba.

En el caso de la mayoría de nuestras meditaciones, solo hace falta una vez para poner la mecánica en su sitio, poner la memoria celular donde sea real para las células, requiere práctica diaria y lo hacemos para movernos más allá de la construcción mental. Como sabes, se necesitan 21 a 28 días para crear un hábito nuevo y al hacer esto durante este periodo de tiempo, se convierte en parte de tu ser y luego puedes ponerlo en movimiento automático para fluir con el ritmo de tu respiración.

MEDITACIÓN 7: Códigos Adicionales de Alimentación del Nivel Interior.
Los siguientes códigos simples de meditación y programación son una ayuda para alimentar el cuerpo desde los niveles interiores. Es una variación de la meditación de *Nutrición Divina* y también el nivel que le sigue a ella e incluye una programación con los siete elementos. El éxito de esta técnica depende completamente de tu conexión entre la mente y el cuerpo y de tu fe en que tú eres el Maestro de este vehículo y de que *el chi sigue a la mente* y el cuerpo puede hacer cualquier cosa que se le instruya a hacer.

Nota: Este es un mecanismo de alimentación – hazlo antes de comer y NO después. También bebe un vaso de agua antes de empezar a ayudar al cuerpo a manejar el impulso electromagnético que está por recibir.

- Acuéstate o siéntate en una posición cómoda.
- Usa la herramienta de la respiración del amor y el amor al cuerpo para que el cuerpo coopere más fácilmente con nosotros.
- También puedes aplicar la meditación del chacra giratorio que se explica en el libro *Nutrición Divina* y respirar profundamente.
- Cuando hayas establecido un buen ritmo de respiración, si sientes ruidos en el estómago, pregúntale a tu cuerpo si tiene hambre. Si obtienes un sí como respuesta, aplica el próximo paso. Si la respuesta es no, pregúntate por qué oyes esos ruidos y si es a causa de energía bloqueada. Si la respuesta es sí y todavía te alimentas con comida física, tal vez quieras utilizar el programa de partículas cósmicas que se menciona abajo para cambiar tu método de alimentación normal a solamente una comida al día.
- Si obtienes un sí como respuesta, una vez que hayas creado la columna del chacra giratorio en tu meditación, di las siguientes instrucciones: "Células de mi cuerpo, moléculas de mi cuerpo, les pido ahora que sigan los rayos de luz violeta de la columna del chacra giratorio hacia los universos interiores. Les pido que de ahí tomen todo lo que necesitan para alimentarse".
- Luego continua tus instrucciones con una orden dicha con intención como si fueras el maestro y tu cuerpo debiera obedecerte.
- Ordena: "cuerpo, aliméntate ahora de los elementos del fuego cósmico; cuerpo,

aliméntate ahora del elemento Akasha; cuerpo, aliméntate ahora del elemento de luz astral; cuerpo, aliméntate ahora de las partículas cósmicas. Cuerpo, aliméntate ahora de los elementos del aire, la tierra, el fuego y el agua ¡Cuerpo, toma todo lo que necesitas, tus vitaminas y minerales para tu alimentación e hidratación perfecta, toma ahora todo esto de los siete elementos!".

- Continúa recitando: "¡Ahora me alimento del fuego cósmico! ¡Ahora me alimento del Akasha! ¡Ahora me alimento de la luz astral! ¡Ahora me alimento del elemento aire! ¡Ahora me alimento del elemento fuego! ¡Ahora me alimento del elemento tierra! ¡Ahora me alimento del elemento agua!"
- A continuación, imagina todos los filamentos de todas tus células bailando y revitalizándose mientras la luz violeta atrae todo de los elementos y lo devuelve a tu sistema para alimentarlo.
- Imagínalo nutriendo e hidratando tu cuerpo de luz, tus meridianos, tu esqueleto, tu médula ósea, tus vasos sanguíneos, tus órganos, tus músculos, tu sistema nervioso, tus sistemas linfático y endócrino y tu piel.
- La meditación explicada arriba puede usarse en conjunto con las otras herramientas de alimentación del nivel interior que se explican en *Nutrición Divina*.

Otros programas que se pueden usar:
- Toda mi nutrición, toda mi comida, todos mis líquidos vienen a mí de la luz violeta y el océano cósmico.
- Toda mi alimentación, todas mis vitaminas, toda mi comida, todos mis líquidos ahora vienen a mí de los niveles interiores de las partículas cósmicas.

Deja que tu intuición encuentre el mantra adecuado para que uses, pero recuerda que tus palabras tienen que ser acompañadas por el sentimiento, por la certeza de que el chi sigue a la mente y de que el chi tiene el poder de crear y sostener toda la vida.

Haz esto tanto tiempo como seas guiado a hacerlo y luego pregúntale a tu cuerpo si todavía tiene hambre o si es feliz y está lleno. Deberías sentir un cambio en tu estómago y las agitaciones deberían haber disminuido.

MEDITACIÓN 8: seis sonidos curativos cósmicos

Una de las herramientas de preparación más útiles en la tradición taoísta – para la siguiente meditación GSC N° 6 es la de los seis sonidos curativos cósmicos, que conforman un sistema de intenciones visuales que se combinan con sonidos específicos diseñados para limpiar cada órgano y estimular el flujo de chi dentro de ellos. Recomiendo esta herramienta aquí porque los órganos almacenan emociones que pueden bloquear la manera en que el chi fluye y por lo tanto bloquear la forma en que nos alimentamos y nos hidratamos. Esta práctica se detalla a la perfección en el libro de Mantak Chia Sonidos cósmicos – Sonidos curativos. Los sonidos curativos cósmicos también son una buena manera de liberar toda la energía que juntamos durante el día y que no necesitamos. También podemos usar estos sonidos para volver a llenar los órganos con grandes cantidades diarias de chi y para afinar los órganos a un patrón vibratorio más nutritivo.

Me encanta la imagen visual de esta herramienta de que los riñones están conectados a los océanos universales del nivel interior y que también son alimentados e hidratados por ellos. Me encanta visualizar cada día cómo la energía azul pura y refrescante fluye a través de mis riñones, me encanta sonreír a todos mis órganos y decirle hola a cada uno, incluso a mi cerebro, y luego imaginar que cada órgano se llena con los siguientes colores y energías de tótem animal, mientras hago los sonidos curativos y envío a través de cada órgano la vibración del color, imagen y sonido.

En resumen:

I. Pulmones: color – blanco; elemento – metal; tótem animal – tigre blanco; virtudes – valentía y rectitud; sentido – olfato y tacto; emociones – dolor y tristeza; estación – otoño; sonido – "Sssssss" (se dice con la lengua detrás de los dientes).

II. Riñones: color – azul oscuro; elemento – agua; tótem animal – ciervo; virtudes – dulzura, calma, quietud y lucidez; sentido – oído; emoción – miedo; estación – invierno; sonido "Chooooo".

III. Hígado: color – verde; elemento – madera; tótem animal – dragón verde; virtudes – amabilidad; sentido – vista; emoción – rabia; estación – primavera; sonido – "Shhhhhh" (se dice con la lengua cerca del paladar).

IV. Corazón: color – rojo; elemento – fuego; tótem animal – faisán; virtudes – alegría, honor, sinceridad; sentido – gusto, oratoria; emoción – prisa, arrogancia, crueldad; estación – verano; sonido – "Hawwwwwww" (se dice con la boca bien abierta).

V. Bazo: color – amarillo, elemento – tierra, tótem animal – fénix, virtudes – imparcialidad y sinceridad; sentido – gusto; emoción – preocupación; estación – veranillo de San Martín; sonido "Whoooo".

VI. El 6° sonido de "Heeeee" equilibra la temperatura de los tres centros de energía del cuerpo – el de arriba es el del cerebro, el corazón y los pulmones y es la energía caliente; el centro del medio es el del hígado, los riñones, el estómago, el páncreas y el bazo y es energía cálida y el de abajo es el de los intestinos, la vejiga y los órganos sexuales, y es un centro de energía frío.

Cuando usamos los sonidos mencionados, también visualizamos el color, las virtudes o la imagen del tótem animal para redirigir el flujo de energía alrededor del cuerpo y crear salud y equilibrio. Como la meditación para usar estos sonidos curativos, se trata detallada y poderosamente en el libro de Mantak, sugiero que la realices según se la explica en ese libro.

MEDITACIÓN 9: La fórmula GSC – la mezcla mágica de Glucosamina, Saliva & Chi. Se basa en la técnica taoísta del Elixir Chi Kung.

Debate: una de las preocupaciones que tuve en el pasado es la deshidratación y la re-hidratación del sistema, particularmente si uno ya no toma líquidos y no está en un entorno altamente energizado con prana, como tu santuario en tu propia casa, donde las energías han sido puestas para alimentarte. Esta era una preocupación para mí porque viajo y paso mucho tiempo cada año en entornos altamente contaminados.

Mi preocupación en el pasado era mantener mi peso una vez que elegí dejar de ingerir líquidos, porque descubrí que mi cuerpo automáticamente tomaba algo de la energía que usa para alimentarme y la redirigía para limpiar un poco de la contaminación que yo inhalaría al vivir y respirar en estos entornos más tóxicos. Este re-direccionamiento de la energía chi crearía entonces un porcentaje menor de alimentación y un porcentaje mayor de limpieza – eso causaría la pérdida de peso, dado que no obtendría la alimentación suficiente. Para contrarrestar esto, en el pasado elegía beber más agua, e incluso café, para las actividades sociales que la vida durante un viaje suele presentar.

En esta situación buscamos una existencia permanente libre de líquidos, lo que significa ser capaz de utilizar suficiente chi del cosmos interior y del entorno externo del mundo elemental y hacerlo en perfecto equilibrio con nuestro sistema, para mantener los niveles de líquidos e hidratación sin ningún sustento externo.

Me gustaría incluir aquí algunos procesos que creo que pueden ser útiles para los problemas mencionados arriba. Primero tenemos que mirar toda la estructura esquelética, pues la estructura del esqueleto tiene que ser muy fuerte y flexible. Necesitamos mantener la densidad del hueso y la salud de la médula ósea, llenando la estructura esquelética con luz violeta y manteniendo las articulaciones flexibles al lubricar el sacro y la región inferior de la lumbar y la superior del fémur. Estas tres regiones llevan el peso completo de nuestro sistema y por lo tanto sostienen el deterioro más grande.

La siguiente meditación nos permite usar herramientas taoístas muy específicas para incrementar la lubricación y la hidratación de todo el sistema. Los taoístas trabajan en lo siguiente como parte de su entrenamiento básico:

I. reforzar todo el sistema estructural, particularmente las tres regiones mencionadas;

II. lubricar todas las articulaciones y

III. distribuir a través del sistema un alimento altamente energizado hacia las articulaciones y luego hacia todo el sistema.

A la técnica que hace esto la llamo fórmula GSC. Esto es la mezcla de glucosamina, saliva y chi, que forma un paquete de energía de alquimia poderosa que puede usarse para alcanzar lo que se menciona arriba. La siguiente técnica es imperativa para aquellos que quieren disfrutar un futuro libre de líquidos, aunque también pueden usarla aquellos que buscan mantener la salud interior, particularmente en el nivel estructural.

La glucosamina es un tipo de aminoazúcar que se encuentra naturalmente en el cuerpo y que se cree que juega un papel tanto en la formación como en la reparación del cartílago. En las prácticas taoístas hay una manera muy particular de producir más glucosamina en el cuerpo de forma natural: hacer rodar el estómago. Cuando haces rodar el chi sobre tu estómago de acuerdo con la técnica que describo abajo, tu cuerpo automáticamente producirá más de él; sin embargo, no buscamos solamente incrementar la producción de glucosamina, sino también mezclarla con otras sustancias poderosas de alimentación e hidratación.

Grabar la meditación que aparece a continuación te será de gran ayuda para que puedas usarla como una guía diaria o hasta que estés más adepto a esta práctica que parece complicada.

Técnica: Elixir Chi Kung: crear y utilizar la formula alquímica GSC – glucosamina, saliva y chi:

Dado que el ejercicio que explico a continuación es relativamente complejo, lo he separado en cinco partes para que puedas practicarlas por separado antes de realizarlas todas juntas todas. Esta práctica es como preparar una taza de té o de café, en la que hay que crear ciertos ingredientes y luego mezclarlos para lograr un resultado específico.

Parte 1: Elixir Chi King – comer partículas cósmicas y crear una mezcla particular de saliva alquímica.

Los taoístas dicen que la saliva es la fuente de la vida, un líquido extremadamente complejo que contiene una gran variedad de sustancias que pueden afectar nuestra salud. Según el libro *El Elixir del Chi Kung* de Mantak Chia, la saliva "cumple su función en el proceso digestivo, en el equilibrio electrolítico, en el control de la micro flor oral, en el mantenimiento de los tejidos, en la maduración del esmalte dental, en la neutralización del ácido y la conducta." También ayuda en el habla, protege nuestros dientes y nos ayuda a tragar. Cuando le añadimos a esta mezcla partículas cósmicas y chi de nuestras glándulas más importantes, se convierte en alquímica e incluye la hormona de la inmortalidad.

Se dice que una persona sana produce un litro y medio de saliva por día y que cuando un maestro taoísta se sienta en meditación y deja su cuerpo para explorar el cosmos, muchas veces durante horas, días o meses, su cuerpo traga esta mezcla alquímica de saliva aproximadamente 1.000 veces al día, alimentando e hidratando el cuerpo perfectamente.

Entonces empecemos:

- Ponte de pie cómodamente con tus rodillas flojas (las rodillas un poco dobladas)
- Ahora inclínate y sacúdete como una muñeca de trapo, liberando toda la energía acumulada; sacude los brazos, el cuerpo, las piernas y la cabeza. Esta sacudida activa el sistema endócrino y estimula el flujo de los líquidos craneales y cerebrales.
- Luego empieza a respirar profundamente y céntrate usando tu respiración; encuentra tu sitio de calma.
- Tómate un momento para sonreírle a cada uno de tus órganos – el cerebro, los pulmones, el corazón, el bazo, los riñones, el hígado, los intestinos, los órganos sexuales etc.; envíale a cada uno un rayo de luz rosa de amor. Esta es una etiqueta cósmica de saludo antes de empezar a jugar con tu ser interno, puesto que cada órgano tiene consciencia, y tú, como maestro del sistema estás por invitar a la consciencia del órgano a trabajar de una manera un poco diferente. *Los taoístas dicen que si le sonríes a algo durante un tiempo suficiente, eventualmente te devolverá la sonrisa.*
- Luego frota tus manos para formar una bola Alfa de energía, y cuando tus manos estén energizadas, ponlas sobre tus riñones.
- Imagina que el chi puro, curativo e hidratante fluye desde las palmas de tus manos hacia cada riñón.
- Luego, mientras mantienes las manos sobre tus riñones, concéntrate en tu boca.
- Ahora que estás concentrado en tu boca, empieza a imaginar que masticas la comida

más deliciosa; imagina que estás masticando y saboreando la comida más increíblemente sabrosa. Esto producirá saliva en tu boca, saliva que necesitamos juntar allí, así que no la tragues.

- Mientras masticas, imagina que la saliva está llena de hormonas saludables y que las glándulas pituitaria y pineal también liberan más de sus propios néctares, que vibran y fluyen hacia tu boca. Recuerda siempre que el chi sigue a la mente, por lo que, si pensamos que las glándulas pituitaria y pineal añaden su elíxir mágico de la fuente de la juventud a nuestra saliva, entonces eso es lo que ocurre.

- Mientras masticas y saboreas, imagina también que cada vez que masticas con la boca abierta estás inhalando todas las partículas cósmicas de los océanos universales, creando un líquido lleno de tus hormonas de saliva naturales, tu mezcla de chi de la glándula principal y la mezcla de chi del océano cósmico.

- Mientras sigues masticando, imagina que todo esto se mezcla.

- Luego respira profundamente con tu boca abierta, respira profundamente como si fueras una aspiradora cósmica que aspira todos los elementos principales del fuego cósmico, del Akasha y de la luz astral.

- A continuación, mastica con tus dientes juntos: siete veces hacia la derecha, siete veces hacia la izquierda y siete veces en el medio – esto incrementa la producción de saliva.

- Imagina que esta mezcla de hormonas, saliva y chi cósmico se junta en un lago; tensa los músculos de la boca, la mandíbula y la garganta como si estuvieses estrechando y proyectando la mandíbula, el mentón, la garganta – esto crea un camino fácil para que la saliva fluya directamente hacia la mezcla de glucosamina y chi que hemos creado siguiendo los pasos indicados arriba.

- Luego traga todo.

- Imagina que tu estómago sostiene un gran caldero etérico que espera recibir esta mezcla.

- Mientras tragas, imagina que la saliva fluye hacia el área de tu estómago y tus intestinos y llena el caldero etérico. Imagina que hemos agregado a este caldero la primera parte de una receta de tres partes de ingredientes.

Una vez que hayas hecho esto, siempre habrá restos de GSC en el 'caldero' del estómago para añadir más saliva.

Ahora practica los pasos 2, 3 y 4 y luego haz el paso 5.

Parte 2 – Elixir Chi Kung: aumentar la producción de glucosamina

- Ahora aprendemos a hacer rodar nuestro estómago.

- Enfoca tu mente en el plexo solar y lleva tu intención con el movimiento físico y haz rodar tu estómago hacia el lado derecho de tu cuerpo, luego hacia abajo hacia tu hueso púbico, después hacia arriba hacia el lado izquierdo de tu cuerpo y después hacia el centro de tu estómago. En otras palabras, haz rodar tu estómago y mueve sus músculos en el sentido contrario a las agujas del reloj y en un movimiento circular.

- Luego piensa en la palabra glucosamina mientras enfocas tu mente en tu estómago; recuerda que el chi sigue a la mente y la sangre y las sustancias químicas en el cuerpo siguen al chi. Solamente pensar en la palabra avisa a tu cuerpo de la existencia dentro de él y por lo tanto la hace más accesible para nuestro uso.

Parte 3: Elixir Chi Kung: *Aumentar nuestras reservas de Chi*

- Comencemos entonces a aumentar nuestras reservas de chi.

- Pon tu mente en el chacra del sacro e imagina que este chacra es la puerta hacia el sol central interior.

- Imagina que la energía de luz dorada de la consciencia pura cósmica de Cristo fluye a través de este punto de la cuadrícula del sol central; imagínalo inundándolo todo a través del chacra del sacro como una energía amarilla brillante.

- Imagina que esta energía interna de luz líquida amarilla de chi puro se mezcla con la glucosamina que hay en tu estómago mientras lo sigues haciendo rodar en el sentido contrario a las agujas del reloj y luego en el sentido de las agujas del reloj.

- Luego comencemos a atraer energía chi desde los órganos sexuales mientras empezamos a contraer y liberar los músculos del clítoris o del pene y a sentir que, mientras lo hacemos, nuestra glándula pineal también se contrae al ritmo y empieza a inundar nuestro cerebro con su propia frecuencia de chi especial.

- Imagina que la energía fluye desde los ovarios y los testículos hacia el perineo, como en la técnica de la órbita micro-cósmica que hemos compartido en el manual *Nutrición Divina*. Reúne esta energía de creación de vida y de comida sexual e imagina que fluye dentro del caldero del estómago que contiene la mezcla GSC.

- Ahora tenemos al cerebro enviando ciertas ondas de energía mientras nuestra glándula pineal opera al ritmo de nuestros órganos sexuales, que también envían ciertas ondas, y tenemos energía fluyendo desde el chacra del sacro a través del sol central y glucosamina fluyendo más libremente mientras lo hacemos rodar todo en un movimiento circular alrededor de nuestra área intestinal y a través de ella.

- Ahora estamos listos para añadir más hormonas a la mezcla de saliva y luego, en la parte 5, agregaremos una mezcla de energía que obtenemos al usar la técnica que los taoístas llaman comer las partículas cósmicas.

Parte 4: Añadir hormonas a través de la risa.

- Ahora pon tu dedo sobre la glándula timo e imagina que crece y se extiende dentro como si le hicieras cosquillas;

- Luego ríe, ríe, ríe y ríe porque la risa produce más linfocitos-T, que son tu fuerza de combate especial, tu fuerza de defensa para reforzar tu sistema inmune;

- Después pon tu dedo otra vez sobre tu ombligo e imagina que tu dedo se extiende y crece más y más directamente en el ombligo; concéntrate en que el cuerpo produzca linfocitos-B, para ayudar al sistema inmune y el sistema de defensa;

- Luego ríe, ríe, ríe y ríe una y otra vez.

- Ahora pon tus dedos sobre el fémur – en ambos lados del fémur, a la izquierda y la derecha, e imagina que tu dedo se extiende en la parte superior del fémur y, otra vez, imagina que le haces cosquillas a este hueso y ríe, ríe y ríe. Este agregado de risa produce ingredientes extras para la fórmula del elixir GSC y para reforzar todo el sistema.

Parte 5: Distribuir la mezcla alquímica a lo largo del cuerpo.

Ahora que tienes un lago de energía de las partes 2, 3 y 4 hacia donde puede fluir la mezcla de saliva que has creado en la parte 1, crea otra vez la mezcla de saliva, trágala y añádela a la mezcla de glucosamina, saliva y chi – GSC – y mezcla todo junto como si estuvieses revolviendo un gran caldero de GSC – una mezcla de energía que podemos ahora distribuir para hidratar y lubricar el sistema, una mezcla que ahora imaginas que colecta todas las cosas de cada día cada vez que tragas en este nuevo caldero alquímico etérico.

Una vez que has imaginado que esta mezcla está en el caldero, es tiempo de distribuirlo a lo largo de tu cuerpo, así que haz lo siguiente:

- Inclínate y sacude tu cuerpo hasta que esté relajado y suelto.
- Mientras sacudes tu cuerpo, imagina que tus articulaciones se relajan y se abren, listas para recibir esta mezcla alquímica de GSC.
- Imagina que la zona entre nuestras articulaciones, alrededor del fémur y las articulaciones de la cadera y el sacro son blandas, como la gelatina, lubricadas y tienen la consistencia del barro.
- Imagina ahora que el caldero emite cinco líneas de luz – rayos de luz que ahora llevan la fórmula GSC.
- Ahora imagina que mientras se irradia esta luz, un rayo de luz fluye hacia abajo por cada pierna, uno fluye hacia abajo por la espina dorsal (si todavía estás inclinado) y dos más fluyen hacia abajo por los brazos. (Es genial hacer esto con la asana de yoga del perro con la cara hacia abajo).
- Imagina que estos rayos de luz alquímica GSC ahora fluyen a través del cuerpo como un río, fluyendo a través de la estructura ósea, a través del sistema endócrino, a través de los meridianos, a través de los vasos sanguíneos, hasta que también se fusiona a través de la médula ósea.
- Imagina que esta mezcla especial de GSC cura, hidrata y alimenta todo aquello que atraviesa.
- Imagina que diriges esta fórmula de GSC con estos rayos de luz hacia abajo a través de las articulaciones de la cadera, las articulaciones de la rodilla, las articulaciones del tobillo y abajo hasta los dedos del pie.
- Dirige estos rayos de luz hacia abajo a través de tus brazos. Imagina que esta fórmula lubrica todas las articulaciones de tu cuerpo; y luego
- Dirígelos a través de tu espina dorsal, alrededor de las vértebras, a través de la caja torácica y hacia arriba a través de las articulaciones del cuello y la parte inferior del cráneo y finalmente hacia tu cerebro.
- Imagina que los rayos de luz de la formula GSC también se mezclan a través de los líquidos del cráneo sacral y a través de todos los líquidos en el cerebro.
- Mientras diriges estos rayos de luz impregnados de GSC a través de todo tu cuerpo, mantén la idea de que este es tu nuevo sistema de hidratación perfecta;
- Imagina que ahora está permanentemente anclado en tu cuerpo.
- Mientras diriges esta energía a través de tu cuerpo, también puedes usar el mantra: "¡Hidratación perfecta ahora! ¡Hidratación perfecta ahora! ¡Hidratación perfecta ahora!"

- Finalmente, pide que la creación de esta fórmula GSC se produzca automáticamente cuando tragas y que se junte en la caldera con el chi sexual y la glucosamina; que esta mezcla se distribuya automáticamente con rayos de luz a través de tus articulaciones y el torso y que se haga en ritmo perfecto con tu inhalación y exhalación.
- Respira profundamente y recita tres veces 'Así es' para cerrar esta meditación y liberar tu intención hacia los campos universales.
- Así es. Así es. Así es.

Lo mencionado arriba es una gran mezcla para dirigir a través de tu cuerpo cuando haces tu yoga y las asanas. Por favor, ten en cuenta que esta GSC y el modelo de hidratación que ofrezco no se basa estrictamente en las enseñanzas taoístas, sino que el método taoísta añade una nueva capa al trabajo que empecé en *Nutrición Divina*, donde hemos trabajado con las antiguas enseñanzas védicas y las herramientas de pranayama y kria yoga. A esto le hemos agregado la tecnología de los bio-campos y ahora también una capa de tao que absorbe más profundamente los elementos cósmicos y de la tierra. Los taoístas recomiendan que hagas 6 veces la rutina explicada arriba como parte de tu meditación matutina diaria; es decir, recolectar y mezclar la saliva 6 veces, y tragar, mezclar y distribuir 6 veces según los pasos 1 a 5 mencionados arriba.

Repito: aunque los maestros taoístas recomiendan que este tipo de prácticas formen parte de tu vida y que las realices diariamente para siempre, yo recomiendo que lo hagas por un mínimo de 21 días o hasta que estén ancladas en las células de tu cuerpo. Entonces podemos confiar en que el programa automático hará su trabajo en línea con la memoria de tu cuerpo, y, como tú también tendrás consciencia de todo anclado en tus campos, puedes confiar en que todo sucederá naturalmente mientras tragas.

También recomiendo que practiques las meditaciones que se explican en *Nutrición Divina* por 21 días.

MEDITACIÓN 10: *El código de programación Vida Perfecta, Amor Perfecto, Paraíso Perfecto:*
Los pensamientos, las palabras y las acciones van de la mano. Aunque podemos aplicar muchas de las herramientas de este manual, también necesitamos ejercer un poco del dominio de la mente reconociendo que los campos cuánticos y virtuales nos responden según nuestras creencias.
El mantra "Vida Perfecta, Amor Perfecto, Paraíso Perfecto" sintetiza varias realidades potenciales. También es una forma de pensamiento totalmente subjetiva porque la palabra perfecto y lo que se considera perfecto es absolutamente subjetivo. El paraíso de una persona es la cárcel de otra.
Por lo tanto, cuando usamos el mantra mencionado arriba, tenemos que haber pensado con

exactitud qué es una vida perfecta para nosotros. ¿Qué es exactamente el amor perfecto para nosotros y qué es exactamente el paraíso perfecto para nosotros personalmente y para nuestro mundo? Una vez que hayamos aclarado estas cosas, podemos usar este mantra como un programa mental para contrarrestar cuando nos encontramos consumidos por los pensamientos restrictivos con respecto a la vida, el amor y nuestro planeta.

Ejercicio diario: mientras caminas, lavas los platos, tomas una ducha o te afeitas puedes recitar mentalmente una y otra vez: "vida perfecta, amor perfecto, paraíso perfecto" con la intención de tener el poder de atraer esto hacia ti ahora.

MEDITACIÓN 11: El Sistema Curativo de Luz Violeta de 11 Hilos

Aparte de usar el método de cubrir los órganos con el vapor de la luz violeta para purificar el sistema, existe otro método que puedes usar: el mecanismo de matriz de la luz violeta. Este es un sistema que se puede usar para re-calibrar y nutrir nuestro sistema. Bebe un vaso de agua antes de empezar a estabilizar el sistema y permítele que distribuya las frecuencias más altas que estás por recibir.

- Primero siéntate cómodamente en meditación con la espina dorsal recta. Esta no es una meditación para hacer acostado.
- Visualiza otra vez la luz violeta pura, la luz rosa, azul y dorada que entra a través del chacra de la coronilla y que viene desde el corazón y la mente suprema de la fuente de la creación.
- Imagina que cuando alcanza el chacra de la coronilla, un rayo láser de luz violeta fluye hacia la matriz de energía del cuerpo de luz.
- Ahora imagina otro hilo de luz violeta, o rayo de luz violeta, entrando en el sistema meridiano, que es el puente entre el cuerpo de luz y el sistema físico.
- Imagina que otro hilo de luz entra por todo el sistema de chacras, entrando a través de los chacras mayores y menores del cuerpo.
- Imagina otra línea de luz ingresando al esqueleto directamente a través de la coronilla, como un río de rayos de luz que fluye a través del cráneo, hacia abajo por la columna vertebral, a través de las vértebras, a través de los omóplatos, hacia abajo por los brazos, a través de los huesos mayores de las manos y directamente hacia la punta de los dedos.
- Imagina que la luz baja hacia el área de la pelvis a través de los huesos mayores de las piernas, el fémur, las articulaciones de la rodilla, la tibia y el peroné, directamente hacia los dedos del pie.
- Imagina que todo el esqueleto se ilumina como un árbol de navidad, un árbol lleno de luz violeta.
- Mientras estos hilos se mueven a través de tu cuerpo como ríos de luz violeta, imagina que esta luz violeta te va regenerando y es capaz de transformar toda la energía

atascada, toda la energía bloqueada, que cura enfermedades y declives en la estructura ósea o muscular o cualquier otra cosa que encuentre en su camino.

- Imagina que es un rayo láser de energía pura y sanadora que fluye a través de ti y que te lleva otra vez a un estado de salud perfecta.
- Ahora imagina que un rayo láser de luz violeta atraviesa los músculos alrededor del esqueleto y hace exactamente lo que hemos dicho arriba – sana y transforma mientras fluye a través de los músculos principales del cuerpo.
- Luego imagina que otro hilo u otra línea de luz se mueve a través de los vasos sanguíneos del cuerpo, a través de todas las venas principales, las arterias, los capilares, y que se bifurca a través de ti como un río de luz dorada y violeta vibrante y sanador;
- Imagina que fluye a través de todas las ramificaciones de la sangre – cargando y nutriendo los glóbulos blancos y los glóbulos rojos, exactamente como es requerido, alimentando la sangre para que sostenga la alimentación pura mientras corre en su camino a través del cuerpo exactamente como es necesario.
- Mientras la luz violeta alcanza las arterias o las venas que necesitan ser curadas, que empiezan a colapsar o que están sangrando a causa de problemas con las válvulas o cosas similares, imagina que la luz violeta inmediatamente las cura y reconstruye estas áreas problemáticas o el sistema de válvulas, si fuese necesario.
- Imagina que la sangre rica y nutritiva corre a través del corazón y que toda la luz violeta que se mueve en esa dirección, cura las arterias o los capilares bloqueados o cualquier otro problema en el sistema ventricular del corazón.
- Ahora imagina que otro rayo láser de luz fluye a través del chacra de la coronilla o se bifurca desde él y atraviesa el sistema linfático. Al igual que lo mencionado arriba, imagina que lleva la frecuencia perfecta para que todo se revitalice y se calibre nuevamente en un estado de salud perfecta a través de todos los líquidos del cuerpo, a través del sistema de glándulas, del sistema endócrino, a través de los líquidos en la espina dorsal y alrededor del cerebro.
- Ahora imagina otra línea de luz que pasa a través de todo el sistema nervioso del cuerpo, siguiendo todo el sistema de nervios desde lo más profundo del cuerpo hasta la parte exterior de la piel, pasando a través de cada órgano.
- Imagina también otra línea de luz pasando a través de los órganos; primero a través del cerebro como un río que corre por el hemisferio cerebral izquierdo y derecho, alimentando el cerebro, nutriéndolo, activando todos los centros que necesitan ser activados para que experimentes tus poderes paranormales.
- Imagina la luz violeta corriendo a través de las sinapsis alrededor de la corteza cerebral, a través del cerebro, del cerebelo, del hipotálamo, del tálamo y de las glándulas pituitaria y pineal.
- Mientras lo piensas, imagina que esto sucede inmediatamente cuando digo estas palabras o cuando tú las dices en tu grabación. Imagina que todo tu cerebro se recalibra y se activa. Mantén la idea de que esto es real y que esta luz tiene el poder de hacer todo lo que queremos.
- Imagina que esta luz sanadora atraviesa todas las partes del cerebro y después fluye hacia abajo por los pulmones, llenándolos como un río de luz violeta, transformando

toda la tristeza, o el dolor o cualquier otra cosa que haya dentro de los pulmones y que ya no te sirva.

- Cuando imaginas que los pulmones están totalmente llenos de esta luz sanadora, imagina que esta luz violeta atraviesa el corazón, sanándolo, re-energizándolo y limpiándolo y después

- Baja hacia el bazo, disolviendo toda la preocupación y la ansiedad y después de haber atravesado todo el bazo,

- Envíala hacia los riñones. Imagínala disolviendo todo el miedo y cualquier otro viejo patrón de energía que ya no necesitas en los riñones, y después imagina que

- Este rayo de luz violeta sanadora entra en el hígado y disuelve todos los patrones de enojo y resentimiento o celos o cualquier cosa que haya quedado almacenada allí.

- Imagina que sigues este rayo de luz violeta y, si puedes, escanea tu cuerpo y busca áreas de energía oscura que intuyes que ya no te sirve, y luego

- Imagina que este rayo láser de luz violeta alcanza esas nubes de energía oscura y las disuelve y las transforma, haciendo que cuando la luz entra en cada órgano, este quede claro como el agua y baile con la luz violeta y dorada de la salud, la vitalidad y la juventud, la regeneración, el rejuvenecimiento y la transformación – confía en que esto es lo que hace este rayo.

- Ahora envía este rayo de luz a través del estómago para limpiar su camino a través de él y luego imagínalo fluyendo como un río a través de todos tus órganos intestinales y después en los órganos sexuales.

- Finalmente, vemos otro rayo de luz que se mueve desde el chacra de la coronilla y corre como un río alrededor de la piel, a través de los niveles sutiles de la piel mientras envuelve todo el cuerpo, las millas y millas de piel directamente a través del cuerpo.

- Imagina que la piel se hidrata adecuadamente y se cura de cualquier lesión cicatrices del tejido o cualquier lunar que no quieres que esté allí.

- Tómate el tiempo de visualizar cicatrices o lunares en cada área y visualiza cómo la luz sana todo esto porque cada vez más de esta luz entra desde todos los otros sistemas, desde las líneas de energía que fluyen a través de ti para apoyar este instante de transformación del cuerpo y de tu piel.

- Finalmente, imagina otro rayo de luz violeta moviéndose desde el chacra de la coronilla hacia arriba y empezando a iluminar horizontalmente alrededor de todo tu cuerpo, pero moviéndose solamente unos centímetros desde tu cuerpo a través del campo del aura.

- Imagínalo como con un efecto de huracán, de aspiradora, excepto que también está pasando a través del campo del aura y curando cualquier cisma, y cortando cualquier lazo psicológico, cualquier vínculo de energía que ya no te sirve y también se mueve a través de las emanaciones de los campos de energía del cuerpo emocional y mental mientras se extiende a través del campo del aura.

- Ahora imagina que todo tu cuerpo se momifica y se envuelve completamente dentro de estos círculos de luz violeta. Imagina nuevamente que esta luz violeta gira alrededor de tu cabeza, hacia tu cuello, alrededor de tus hombros, alrededor de los brazos, e imagina que extiendes tus brazos y la luz violeta momifica cada brazo, cubriendo cada parte de tus brazos antes de girar para arriba otra vez para empezar a

147

girar alrededor del torso, y luego alrededor de cada pierna, hacia los pies y hacia cada uno de los dedos del pie.

- Es como si todo tu ser ahora se sellara dentro de esta hermosa matriz de luz violeta pura que sana tu cuerpo, lo transforma, lo realinea, lo regenera y lo rejuvenece y recalibra todos tus campos de energía hacia un estado de armonía con las energías del amor divino, la sabiduría divina y el poder divino como corren ahora todas las líneas de luz a través de todo tu bio-sistema físico.
- Ahora Imagina que se conectan a través de la planta de tus pies fluyendo hacia fuera desde allí, energizando el chacra de los pies y bajando hacia la tierra para vigorizarla con cada paso que das mientras te mueves a través del mundo.

- Puedes añadirle a esta meditación que mientras la luz violeta se mueve a través de todos los aspectos del sistema físico y que mientras pones estas líneas de energía a través de la matriz, uno por uno a través de cada sistema, programas esta luz violeta para una entrega perfecta de vitaminas, de nutrición, de minerales, de todo lo que necesitas para alimentar el sistema además de la armonía elemental y el equilibrio perfecto para hidratar cada nivel de tu cuerpo con la perfección y los líquidos que necesita ahora y para siempre.
- Imagina que, mientras esta luz violeta fluye a través de ti, está constantemente conectada al océano universal de todas las partículas cósmicas y recibiendo energía desde él de la manera que necesitas para alimentar e hidratar tu sistema interno.
- Revisa si tu sistema interior tiene ahora todos estos hilos o rayos de luz fluyendo hacia tu chacra de la coronilla y si todos están permanentemente conectados con tu cuerpo de luz, el sistema de los chacras, el sistema meridiano, el esqueleto, los músculos, los vasos sanguíneos, el sistema endócrino, el sistema nervioso, los órganos, el tejido de la piel, y si atraviesa tus campos de energía emocionales y mentales.
- Pídele a tu SDI que haga todos los ajustes finales que sean necesarios para este sistema de matriz para que puedas mantenerte sana y bien nutrida y para que tu sistema pueda mantenerse en un perfecto estado de regeneración.
- Imagina que se hacen estos ajustes.
- Luego recita tres veces... "¡Así es! ¡Así es! ¡Así es!"
- Bebe otro vaso de agua e imagina que el agua es un conductor de energía que lleva todos estos nuevos programas hacia cada célula, mientras fluye a través de ti.
- Termina con unos minutos de respiración profunda, fina y conectada e invoca "Soy amor, yo amo".

Información adicional para hidratar el sistema:

Una de las cosas que recité durante el retiro del cuarto oscuro era: "*Equilibrio perfecto de todos los elementos – libertad AHORA. Armonía perfecta de todos los elementos – libertad AHORA*". Este es un mantra que usaba mientras mantenía la imagen visual de olas de agua azul líquida del Dios del agua fluyendo a través de mí en todos los niveles, re-hidratando mi sistema. El elemento en que nos concentraríamos mientras recitamos esto podría ser cualquier elemento que quisiéramos que se reequilibre dentro de nuestro sistema. El corazón, por ejemplo, siempre trae el elemento del fuego cósmico porque es la puerta entre los campos y, según los maestros taoístas, es la energía de compasión de amor y fuego la que sostiene el flujo de los otros elementos en el sistema. Con respecto a la hidratación, mi foco en esta meditación e invocación en particular está en visualizar el agua azul refrescante de un fresco claro alimentado por una cascada, o las olas ondulantes del océano fluyendo a través de mí mientras recito esto y lo imagino rehidratando cada parte de mi ser.

Con respecto al mantra de hidratación, también puedes añadir a la programación mencionada arriba *"Piel – ¡Hidratación perfecta ahora!"* mientras visualizas el movimiento del océano universal moviéndose a través de ti; o *"Cuerpo – ¡Hidratación perfecta ahora!"* pero solamente deberías usar estas instrucciones si sientes que en algún nivel tu piel o cuerpo están deshidratados.

Junta la saliva en la boca e imagina que, al hacerlo, atraes la fuerza de la vida cósmica de la nutrición divina, absorbiéndolo a través de los niveles, desde los campos interiores, desde el cosmos; mientras respiras, imagina que atraes todo el elixir y el néctar de la vida, para hidratar tu cuerpo perfectamente y luego, cuando tragas la saliva, visualízala como una luz violeta nutritiva que entra en tu sistema y te rehidrata en otro nivel.

El tema de la deshidratación y la rehidratación es muy importante en un sistema que elige ser libre de líquidos. No solamente es necesario tener un equilibrio perfecto con todos los elementos, sino también adaptar los porcentajes de este flujo elemental a través del sistema, tomando en cuenta que:

a) somos un bio-sistema humano viviendo en un mundo físico
b) este sistema elige ya no alimentarse por el mundo físico
c) este sistema también es influenciado por flujos de energía dentro del mundo físico que no son naturales sino hechos por el hombre, como la contaminación, el aire acondicionado y el humo, por ejemplo, humo de cigarrillo.

La contaminación en este caso incluye la contaminación emocional, mental, física y espiritual, porque todas estas son contaminaciones fuertes con las que cualquier bio-sistema tiene que lidiar mientras se mueve a través de los campos de la vida.

Teniendo en cuenta lo anterior y dado que necesitamos confiar cada vez más en nuestro sistema interno de alimentación y luego entrar en el océano cósmico y el flujo elemental de agua a través de este océano, podemos usar la técnica mencionada arriba, el código de programación a ritmo con nuestra respiración, para que, mientras respiramos profundamente podamos, por ejemplo, recitar: *"hidratación física perfecta"*. Imagina que el océano cósmico nos atraviesa desde los niveles internos, a través de los átomos, entrando en las células y en el cuerpo y rehidratando el cuerpo exactamente como este lo necesita, y luego cuando exhalamos invocamos: *"AHORA"* en un estado de dominio magistral. Entonces, inhala: *"hidratación física perfecta"* y exhala: *"AHORA"* y así una y otra vez.

Cuando usamos esto en línea con la inhalación y la exhalación, e imaginando al océano cósmico como la marea que entra a ti cuando inhalas y la marea que sale cuando exhalas. Además, trabaja con estas invocaciones, lo que nos da un nivel triple de poder que combina la imaginación visual, el pensamiento, las instrucciones, el ritmo de la respiración y la intención. Así, el mecanismo triple es la imaginación visual combinada con la programación, el pensamiento, la intención y las instrucciones; combinada también con el mecanismo de respiración de inhalación y exhalación para guiar el flujo de energía o el Chi, recordando, naturalmente, que el Chi sigue a la mente y la sangre sigue al Chi.

Quisiera señalar aquí una vez más que actualmente estamos emprendiendo un viaje de involución, no solamente de evolución. Esto significa que, como todas las dimensiones alrededor de los mundos están puestas capa sobre capa, ellas existen aquí ahora mismo, dentro de nosotros y alrededor de nosotros. Realmente es solo una cuestión de cambio de frecuencia que las puertas a estos campos se nos revelen o que los velos que separan nuestras realidades desaparezcan.

Es cierto que muchos Chamanes hacen que estos velos desaparezcan usando estímulos externos como el Peyote y otras sustancias que expanden la consciencia, pero estas son herramientas que deben usarse con la mayor consciencia espiritual porque simplemente amplifican lo que ya existe; así, te pueden llevar hacia los puntos más altos, pero también hasta los más bajos. Como he compartido en mis libros anteriores, este tipo de herramientas chamánicas se daban a la humanidad para explorar las capas de las dimensiones y los diferentes mundos. Una vez que habíamos encontrado estas puertas, teníamos que usar el método natural de ajuste de frecuencia para viajar de vuelta a estos reinos sin ayuda externa.

Hemos tratado brevemente la ciencia de la mecánica de matriz en mi libro *Bio-campos: Cuatro Cuerpos Sanos* como una ciencia futurista que se descarga hacia atrás en el tiempo a través de la mente universal. El trabajo de cuadrícula se basa siempre en el antiguo poder alquímico del espectro de la luz violeta, por las razones mencionadas anteriormente.

Llegará un momento en que la mecánica y la física cuántica habrán entendido más del poder de las partículas cósmicas y lo que hacen exactamente cuando alcanzan nuestra tierra en los niveles interior y exterior, y los regalos que estas partículas traen.

Con algo de suerte, estas ciencias también comprenderán pronto el poder de la mente para manipular el flujo de estas partículas a través de cosas simples como la forma en que las personas eligen pasar su tiempo y el foco de sus pensamientos, palabras y acciones; a todas estas cosas responderán estas partículas porque ellas estarán magnetizadas a nuestros campos o serán refractadas de ellos, según corresponda.

Imagino que en el futuro la ciencia de la mecánica de matriz con sus mecanismos de luz violeta se ofrecerá a través de libros de aprendizaje, junto con las herramientas de estilo de vida básicas para el ajuste de frecuencia y la expansión de la consciencia, de manera que el ser humano pueda aprender cómo trabajar con todos los cilindros a tope. En otras palabras, cómo podemos trabajar como instrumentos bien afinados, en vez de instrumentos mal afinados, como lo son muchas personas actualmente, simplemente a causa de la falta de educación en la ciencia de la luz superior de la cual forma parte la mecánica de matriz.

La educación es la clave para que nuestro futuro elimine todo el miedo, la ignorancia, las enfermedades, la pobreza y todas las otras expresiones enfermizas y caóticas que encontramos actualmente en el nivel de la tierra.

Otra vez tenemos que resaltar que esto tiene que enseñarse con un entendimiento de la Ley del Amor y, preferentemente, con un entendimiento absoluto de todas las leyes universales, cómo operan particularmente la Ley de la Resonancia y la Ley de Causa y Efecto. Ten en cuenta que estas Leyes se tratan en detalle en mi libro *En Resonancia*.

Ten en cuenta también que aplicar las herramientas, los mecanismos de matriz de la luz violeta o incluso las herramientas de estilo de vida que recomendamos no es suficiente para tener éxito con los tipos de libertades que estamos buscando. Hay un ingrediente que falta que un modelo no te dará nunca y es el de tu propia frecuencia, tu clave, la pureza de tu corazón y ningún modelo te enseñará cómo encontrarlo.

Como he señalado una y otra vez en mis libros anteriores, la sinceridad, la humildad, la rendición, un corazón puro, el altruismo, la amabilidad, la compasión, la capacidad de amar incondicionalmente, el estar abiertos a la alegría, la paciencia, la dedicación, la devoción, todas estas y muchas virtudes más deben caminar de la mano con la ciencia de toda herramienta o mecanismo de matriz. Esto se debe a que si no tenemos suficiente de estos ingredientes – de virtudes, de emoción – las puertas a estas libertades quedaran ocultas. Esta es la enseñanza y el camino de la Ley del Amor, pues estas virtudes proporcionan el fuego creativo para que el puro Tao de la vida sea revelado.

LA LEY DEL AMOR

HACERLO

HERRAMIENTAS DE RE-CALIBRACIÓN y PROCEDIMIENTO – resumen

HERRAMIENTA/S DE LA MENTE: - RAYOS DE LUZ VIOLETA; RE-IMAGINACIÓN usando la claridad, la visualización, la voluntad y la intención; CORTE; RECUBRIMIENTO; FUSIÓN; ACTIVACIÓN

HERRAMIENTA/S DEL CORAZÓN: - RESPIRACIÓN DEL AMOR; AMOR AL CUERPO; APRECIACIÓN

HERRAMIENTA/S FÍSICAS: - DIETA; EJERCICIO; AGUA PROGRAMADA

HERRAMIENTA/S EMOCIONALES: DESEO – MÚSICA DEVOTA; SONIDOS SANADORES

HERRAMIENTAS ESPIRITUALES: PODER DEL SDI – Rendición, alineamiento, fusión, meditación y mantras

Capítulo 17 – Mecánica de Matriz Interdimensional
Sinopsis de las Herramientas y Meditaciones

El cuerpo físico perderemos,
Con pensamientos más altos, más rápidos,
En una cama de luz nos tumbaremos.

Cuando un corazón humano se llena de amor por su ser, por otros y por nuestro planeta, el enfoque de este corazón lo lleva automáticamente al flujo de la Ley del Amor y permite que fluya más Gracia en *sus* vidas; también permite que sus códigos de libertad originales se activen más fácilmente, manteniéndolos en su matriz de cuerpo de luz. Esta actitud o espacio de sentimiento de 'mi corazón está lleno de amor sincero por toda la vida' puede realzarse usando la mecánica de matriz, un sistema que utiliza cuadrículas de energía además de programación específica para dirigir y activar la matriz.

Las matrices pueden crearse tanto dentro del bio-sistema humano como alrededor de él para asistirlo y crearle un viaje más fácil a través de los campos de la vida. Las matrices individuales también pueden anclarse en matrices de comunidad y matrices globales para realzarlas y alcanzar niveles superiores usando poderes combinados.

Las cuadrículas de matrices funcionan mejor cuando se las alimenta con luz violeta. Cuando la energía del chi, el prana, la fuerza de la vida universal elige expresar su frecuencia de libertad, lo hace a través de la luz violeta porque la luz violeta, cuando está refractada, contiene las tres frecuencias primordiales detrás de la creación – amor divino, sabiduría divina y poder divino. Hemos hablado en detalle sobre las propiedades de la luz violeta en el libro *Nutrición Divina*.

Antes de que prosigamos y presentemos algunos de los mecanismos de matriz que pueden manifestar resultados muy particulares, basta decir aquí que lo más importante a tener en cuenta sobre la luz violeta es que tiene las propiedades más maravillosas de sanación, regeneración y rejuvenecimiento, hidratación y alimentación en todos los niveles. Aparte de la belleza de su fuente de poder, la luz violeta es la única luz que puede programarse y dirigirse, por lo que es la frecuencia subyacente perfecta para usar para todo trabajo de cuadrícula en los mecanismos de matriz y yo no recomendaría ninguna otra. Durante eones la han utilizado los antiguos maestros inmortales del Tao y también las antiguas escuelas del misterio en sus prácticas alquímicas. Cuando se la combina con la mecánica del sonido y la intención, toda la creación puede ser redirigida o realzada, por lo que funciona en múltiples dimensiones.

Puedes usar la luz verde para la sanación, la luz rosa para la radiación de amor suave y la luz blanca y dorada que contiene todo el espectro del arco iris; sin embargo, la luz violeta es el séptimo rayo de libertad y su regalo, cuando se la usa para apoyar una matriz dentro del bio-sistema humano, es la libertad.

Durante los años en que empecé mi entrenamiento con la mecánica de matriz inter-dimensional hace casi una década, descubrí que recibí de la mente universal una capa tras otra, a medida que aumentaba mi necesidad de un sistema semejante. Ser una persona sensible y existir puramente de prana en un mundo del campo Beta es virtualmente imposible si absorbemos continuamente las radiaciones del campo Beta, que luego necesitamos transformar y/o liberar. Así recibí el *bio-escudo* en su forma más simple, visualmente en la meditación, junto con las instrucciones de uso. Estas instrucciones se desarrollaron y maduraron a través del tiempo a medida que más y más capas y usos del bio-escudo empezaban a revelarse.

El bio-escudo personal es, posiblemente, uno de mis mecanismos de matriz favoritos porque, como he mencionado arriba, es un mecanismo multi-propósito, en especial cuando se lo usa con la programación extensiva. En un nivel, es una herramienta que nos ayuda a enfocarnos totalmente en el ahora e ir más allá de la vida constante en el pasado y el futuro por la que deambula nuestra mente. Podemos alcanzar esto programando el perímetro de este capullo para que irradie señales y mensajes muy particulares hacia el campo universal, ese campo que nos rodea y nos pregunta constantemente qué puede hacer para nosotros, porque cree que somos Dios.

Mientras nos visualizamos en este escudo, podemos ver todos los aspectos de nuestra vida, todos nuestros deseos, todos nuestros anhelos y podemos hacer declaraciones positivas, intensas y muy claras sobre quiénes somos, y qué queremos, y pedir a las fuerzas universales que nos dejen estas cosas en nuestra puerta. Siempre y cuando nos hayamos entregado totalmente al ser divino interior y nos hayamos comprometido a actuar impecablemente y a estar al servicio del bien del universo, estos deseos se harán realidad en perfecto alineamiento con el tiempo divino y con nuestra propia matriz. Esto nos ahorra el pensar constantemente en este tipo de cuestiones, particularmente con respecto a la abundancia y las relaciones y cosas como esas.

Este escudo también puede tener impresas imágenes holográficas sobre las realidades visuales del modo en que deseamos nuestro bio-cuerpo perfecto, además de nuestro entorno para que se manifieste en este campo. Cuando este campo se llena de energía intensa de luz violeta, también actúa como un capullo que es como un hotel cósmico que mantiene nuestro ser físico, mental, emocional y espiritual constantemente en una frecuencia que permite apoyar la radiación máxima de nuestra naturaleza divina. El perímetro exterior del bio-escudo también se puede programar con redes de interceptación para que, mientras nos movemos por este mundo, solo absorbamos información que nutra y apoye las cosas que deseamos que se manifiesten en vez de tener energías físicas que se mueven directamente hacia nuestro campo de aura y tener que tratar constantemente con ellas.

El bio-campo personal también está conectado a un flujo eterno de amor divino, sabiduría y poder que irradia constantemente desde la parte superior de una burbuja, alrededor de ella y dentro de ella. Esta luz también puede fluir a través de la base de la burbuja hacia la tierra para alimentarla y nutrirla.

Hay muchas variaciones que se pueden añadir a esta burbuja o capullo. Todas las otras matrices que mencionamos luego pueden estar ancladas dentro de este capullo y pueden operar simultáneamente sin interferencia.

Aunque los mecanismos de creación para el bio-escudo y los dispositivos mencionados abajo están tratados en detalle en los manuales *Nutrición Divina* y *Cuatro Cuerpos Sanos: Bio-campos y Bendición*, los siguientes datos muestran un poco más de la forma en que han surgido y por qué son beneficiosos.

Recibí el ***sistema de cuadrícula digestiva*** cuando decidí investigar el interés de mi cuerpo emocional en socializar y la ingestión voluntaria de capuchinos de soja que venía incluida en ello, la cual se convirtió en mi bebida social estable por un tiempo. Obviamente, hacer algo como esto podría causar una reacción química negativa fuerte para un sistema puro, cuando el sistema no digiere nada más, *a menos* que el cuerpo pudiera manejar las sustancias sin recibir estrés; algo similar ocurría con el trocito de chocolate que ingiero una vez al mes, cuando tengo mi período. Esto ha horrorizado a muchos puristas de comida alrededor del mundo – pensar que una persona que vive de prana también podría, de vez en cuando, comer chocolate o tomar café es demasiado para algunas personas.

Sin embargo, como hemos compartido tantas veces, cuando un ser es completamente libre de la necesidad de tomar vitaminas o minerales de la comida normal, porque puede absorberlos a través de los niveles interiores usando la luz violeta, es libre para dejarse llevar de vez en cuando por el sabor simplemente por placer. Siempre que ese ser sea capaz de transformar este 'golpe de sabor', no habrá reacción física negativa. He ahí la entrega y el propósito del sistema de cuadrícula digestivo, que fue diseñado y entregado como una matriz para la transformación.

Hemos tratado esta matriz en mi libro *Nutrición Divina*, pero, en pocas palabras, es un mecanismo de luz violeta programado para que la comida o el líquido que ingerimos a través de la boca se transforme automáticamente en la frecuencia perfecta que nuestro cuerpo necesita.

Mis colegas cósmicos me descargaron el ***modelo auto-sostenible*** un día que estaba en meditación profunda tratando de ver y ser instruida sobre la forma en que la consciencia podría crear una forma física adulta en lugar del proceso que ocurre cuando elige encarnarse como un bebé. Pedí ver el proceso de lo que podría suceder si nuestro SDI eligiera manifestarse en un sistema adulto. En la entrega de estos datos vi cómo se formaba la matriz original y cómo esta matriz podría tener capas adicionales, como virtudes que venían de experiencias previas que el alma había disfrutado. Vi como todo lo bueno, el aprendizaje, el entendimiento que habíamos obtenido con anterioridad, podría juntarse para ejecutarlo como un nuevo programa de cuerpo emocional y dejar atrás en la memoria celular todas las otras experiencias que nos trajeron estos regalos: el sufrimiento y el dolor del viaje de la vida, experiencias que teníamos cuando obteníamos semejantes virtudes. También vi cómo podríamos descargar las virtudes de los arquetipos en este nuevo modelo o cuadrícula.

Durante esta meditación aprendí a crear un nuevo modelo de bio-cuerpo o de matriz de energía, a moldear las moléculas alrededor de él trabajando con los siete elementos, a empapar esta nueva matriz de cualidades emocionales y también a programar nuevos códigos de libertad de nuestras limitaciones actuales.

Observando todo esto, también pude ver cómo podría nacer un nuevo modelo auto-sostenible, un modelo que tenía una armonía y un ritmo diferente con los elementos y con la cuadrícula de 'paraíso, forma perfecta' – un modelo que se alimentaría y se hidrataría a sí mismo, que se auto-regeneraría y que nunca envejecería, se enfermaría o moriría.

Vi que si pudiésemos crear un sistema como ese, una matriz con una base puramente emocional y un programa de base poderoso que pudiésemos superponer sobre nuestro bio-sistema actual, podríamos apoyar nuestra agenda de libertad en un nivel más profundo.

La base de programación que dirige el nuevo modelo se basa en una agenda y es la manifestación total del ser divino que somos, apoyado por nuestra matriz de ADN divino original con todos sus códigos de libertad.

Seguramente, pensé mientras observaba todo esto manifestarse, también podríamos fusionar este modelo con nuestro sistema de meridianos existente, fusionarlo dentro del cuerpo de luz y también anclarlo en el bio-escudo. Mientras creaba esto en mi propio sistema en esta meditación, sabía que cuando los sistemas se fusionan de esta manera, la fusión final no podrá completarse hasta que las frecuencias no se correspondan; después, los dos sistemas – el viejo y el nuevo – pueden juntarse como mercurio e integrarse para ser un solo sistema.

Por supuesto que si superpones el modelo del bio-cuerpo perfecto o el modelo auto-sostenible, y si estos modelos ya son perfectos como diseños nuevos, entonces el factor determinante para el éxito estará dentro del bio-sistema fisiológico ya existente. Con esto quiero decir que también tenemos que alterar nuestro propio fundamento personal y cambiar nuestra propia mezcla de frecuencias para llevar a nuestro sistema actual a una resonancia perfecta que facilite la fusión.

Entendiendo esto, parte de la programación dentro del modelo auto-sostenible es que cuando los campos están en perfecta resonancia, la fusión ocurre y todos los nuevos códigos de programación se activan automáticamente porque no pueden activarse antes de que el cuerpo físico, emocional, mental y espiritual esté lo suficientemente puro y energizado para manejar la descarga de nuevas frecuencias que una fusión como esa liberaría a través de los campos. Debido a la naturaleza de los programas y al nivel de luz violeta en que se basan las nuevas cuadrículas de modelos el apoyo de nuestro sistema actual es necesario para que se puede manifestar *sin* que se queme nuestro circuito.

El modelo auto-sostenible es una matriz de energía similar al cuerpo de luz, aunque ha sido activado para traer frecuencias de luz violeta muy intensas para regenerar y rejuvenecer al cuerpo constantemente. También está programado para extender líneas de luz a través de las realidades del pasado, el presente y el futuro para descargar todas las virtudes emocionales y mentales y los regalos y talentos de las vidas anteriores, que necesitamos para trabajar en nuestra realidad consciente y poder manifestar lo que hemos venido a hacer hoy.

Otra vez, puedes encontrar más detalles sobre esto en los manuales *Cuatro Cuerpos Sanos* y *Nutrición Divina*. La Receta 2000> es el estilo de vida clave que facilitará la fusión al alterar el fundamento de nuestro bio-sistema existente.

En el capítulo anterior presentamos el sistema curativo de 11 hilos, que es otra capa del **sistema de la luz violeta de la columna del chacra giratoria.** Este sistema irradia de manera constante y simultánea millones de rayos de luz hacia todos los órganos mayores del cuerpo y hacia nuestro sistema circulatorio, sistema linfático, sistema muscular, sistema óseo, la médula ósea, a través de las células, de las moléculas y de los átomos, abriendo las puertas hacia los velos entre los átomos y, en un nivel más profundo, hacia los universos interiores. También está programado para moverse al ritmo de nuestra exhalación, sale a través de los universos interiores y, cuando alcanza su máxima expansión, empieza a contraerse al ritmo de nuestra respiración y lleva consigo todo el sustento de las partículas cósmicas y más luz violeta de los universos interiores a los átomos para alimentarlos, luego a las moléculas, a las células y así de vuelta dentro del cuerpo. Este mecanismo de alimentación se trata en detalle en el manual *Nutrición Divina* y su objetivo principal es construir una fuente constante de alimentación en el nivel interior que alimente nuestro cuerpo, trayendo las vitaminas, los minerales y todo lo que necesitamos para mantener la salud.

El *sistema curativo/nutritivo de 11 hilos* era un sistema que descargué en meditación en respuesta a que recientemente me habían enseñado los niveles uno y dos de Reiki y decidí que sería más fácil construir un flujo de energía Reiki permanente a través del cuerpo, en vez de tener que hacerlo conscientemente de manera diaria. Esto se debe a que el mecanismo, una vez creado, anclado y activado, podía operar permanentemente con o sin mi atención.

Mi intención al crear este mecanismo era que este flujo de energía universal limpiara, alimentara, nutriera y rejueneciera mi cuerpo de manera constante y así mantenerlo en un estado de libertad y salud.

Obviamente, mecanismos de matriz como este necesitan ser apoyados por sentimientos y hábitos de pensamiento de calidad. También me parecía obvio que este mecanismo de matriz tenía que pasar a través de cada nivel del bio-sistema físico y extenderse hasta el nivel emocional, mental y etérico del cuerpo. Cuando me llegó este sistema, me di cuenta de que esta matriz también podía hacer otras cosas además de curar; podía regenerar.

Entendí que, apoyando la reprogramación de las glándulas pineal y pituitaria para frenar el proceso de envejecimiento produciendo solamente hormonas vitales – como era la intención original de nuestro ADN divino –podríamos llevar esta matriz un paso más allá y no solamente rejuvenecer el cuerpo, sino también tener un sistema que nos proporcione minerales y niveles de hidratación en un flujo perfecto. Naturalmente, esto tenía mucho sentido para mí: tener una cuadrícula como esa anclada permanentemente en el sistema con líneas de luz violeta ancladas a través de cada sistema para enviar los resultados esperados.

Todo esto era similar al modelo auto-sostenible; la diferencia es que estas 11 líneas de energía atraviesan todo el sistema, desde el cuerpo de luz a los meridianos, el sistema óseo, el sistema muscular, el sistema nervioso, el sistema del chacra, el sistema endócrino, los órganos, la piel y el campo emocional y mental. El sistema auto-sostenible es como una cuadrícula eléctrica, que funde al bio-sistema en uno ya existente para reforzarlo y regenerarlo, cuando este resuena con una frecuencia determinada. El sistema curativo de 11 hilos es una herramienta sanadora básica.

Cuando recibí el sistema de 11 hilos, no era consciente de que también podría usarse para hidratar y alimentar el sistema. Cuando lo descargué yo solo buscaba la sanación mediante el poder transformador de la luz violeta. Hace poco entendí que podía usar este sistema como una matriz de base y añadir las capas adicionales de alimentación en el nivel interior con la meditación de inundación y alimentación de luz violeta que se menciona en *Nutrición Divina* y también que podía añadir la intención de la hidratación perfecta.

Se puede instruir a la luz violeta para que, mientras se mueve a través del sistema óseo y de la médula ósea, también derrita la grasa que hay allí y la transforme en un tipo de agua bendita para fortalecer y regenerar también la médula ósea. Esta es una práctica usada por los maestros inmortales del Tao como una manera de alimentar al cuerpo con frecuencias más refinadas.

El sistema de matriz de 11 hilos de luz violeta que entra a través del chacra de la coronilla también se puede usar como un mecanismo de alimentación del nivel interior, pero, lo que es más importante, se lo concibió originalmente como una matriz de sanación y transformación para que todos los sistemas que forman el bio-sistema físico queden limpios de toda materia toxica, transformando los patrones de energía bloqueada o la energía que ya no necesitamos. Como no puedo recordar en qué manual hemos tratado esta herramienta, la cubro en detalle en el capítulo Tao y Herramientas.

Con el tiempo he descubierto que cada mecanismo de matriz puede agregarse a otro y puede ser elaborado. Por ejemplo, la matriz del *anclaje de los tres cables cósmicos*, que tratamos en *Nutrición Divina,* es una versión más simple de esto. Esta matriz fue diseñada para energizar los chacras del Tan Tien superior, medio e inferior, y para inundarlos con amor divino, sabiduría divina y poder divino, al igual que la matriz de respiración del amor inunda y alimenta el corazón con una fuente infinita de amor.

Recibí la matriz de cuadrícula de *las anotaciones de Akasha* cuando fui guiada a afinar la glándula pituitaria como un receptor cósmico y la glándula pineal como un emisor para la comunicación telepática con el nivel interior. Es la activación de estas glándulas lo que nos permite seguir nuestro sistema intuitivo de guía superior y estar así más alineados con la Ley del Amor.

Sin embargo, la fuerza con que nos alineemos con la Ley del Amor, será determinada por nuestra frecuencia o base total. Esto está determinado no solo por el uso del tipo de mecanismo de matriz mencionado arriba, sino también mediante nuestro estilo de vida y la cantidad de toxicidad que permitimos a través de nuestros hábitos de pensamiento, sentimiento y alimentación.

La programación exitosa del cuerpo y el uso de los mecanismos de matriz puede realzarse mediante un conocimiento profundo de la mecánica del bio-sistema físico. Por lo tanto, para una persona metafísica, un manual de anatomía y fisiología puede ser de gran ayuda. Con la mecánica de matriz fusionamos el bio-sistema físico con la comprensión metafísica de la ciencia de la luz superior. Cuanto más comprendamos las operaciones físicas de nuestro cuerpo y más aprendamos a escuchar su voz y a cooperar con amor, honor y respeto, más podrán nuestras capacidades superiores revelarse a nosotros, ya no ahogadas por nuestras voces limitadas del status quo y nuestro acondicionamiento cultural, especialmente cuando existimos en sociedades con estructuras corporativas que obtienen beneficios económicos manteniendo las enfermedades humanas. Los seres humanos que se desprenden de la dependencia de la industria médica y farmacéutica también ayudarán a crear cambios económicos allí.

Recibí cada uno de los mecanismos de matriz mencionados arriba y también a continuación cuando buscaba respuestas a los cambios físicos en mi propio cuerpo mientras progresaba cada vez más con mi investigación experimental y con el viaje de alimentación pránica, mientras permitía que mi consciencia se expandiera en meditaciones más profundas para abrir las puertas universales dentro del cosmos interior; puertas que se me revelaron de repente cuando mi fundamento personal empezó a cambiar. Cuanto más permitía que la luz violeta fluyera a través de mi sistema y me alimentara física, emocional, mental y espiritualmente, más rezaba, meditaba y desarrollaba un sistema sincero de comunicación divina, más tiempo pasaba en silencio y disfrutaba de la belleza de la naturaleza, más daba de mí a otras personas sin buscar nada a cambio, más cantaba canciones de devoción y usaba mantras sagrados, más puertas interiores empezaban a revelárseme, como si los velos desaparecieran frente a mis ojos.

Siempre me han gustado las matemáticas de la vida y durante un tiempo estudié la ciencia de la computación en la universidad, pues me fascinaba el lenguaje y los sistemas de creación y escritura de software para ejecutar un sistema de computación. Durante todo ese tiempo, vi al cuerpo como una matriz de luz y vi también cómo nuestra mente es un programa de software que dirige al chi y a las moléculas alrededor de las cuadrículas naturales del cuerpo en maneras que permiten al sistema trabajar con salud en su potencial de realidad más alto, o bien trabajar con enfermedades cuando el flujo de chi está débil.

También en este momento me parecía obvia la influencia que la dieta y el ejercicio tenían sobre el bio-sistema, pues en ese momento de mi vida necesitaba mantener mi sistema fuerte y sano para poder sostener mi estilo de vida de madre soltera con salud y felicidad.

Sé que para algunas personas, los mecanismos que tratamos aquí y en los capítulos anteriores pueden parecer complejos o repetitivos en sus resultados, pero recuerda que me fueron revelados como un proceso de capas cuando estuve liste para descargar cada paso, sintiendo la necesidad y luego haciendo las preguntas adecuadas.

Si miráramos en el plano interior, podríamos ver las estructuras de cuadrículas más complejas a nuestro alrededor, que naturalmente se activan por la luz violeta. Todas ellas trabajan constantemente a través de un sistema de bio-retroalimentación con los campos de la inteligencia universal. Los mecanismos de cuadrícula naturales de mucha gente han sido abrumados y ahogados por otras proyecciones que vienen del subconsciente, de la falta de educación holística y, por lo tanto, de la elección de pensamientos, sentimientos y patrones de alimentación tóxicos.

Para mí, saber a consciencia que mis matrices están allí y que he reconstruido cuidadosamente cada cuadrícula con intención y con instrucciones, me permite caminar a través de este mundo con Gracia. Hay un gran confort en saber que el campo universal de inteligencia está a nuestro alrededor y nos atraviesa, que responde a instrucciones muy claras y que nuestros campos fuertes lo apoyan energéticamente. Esto significa que tengo una relación totalmente diferente con los campos universales y un conjunto de experiencias totalmente diferentes en este mundo físico que las de muchas otras personas, por lo que la realidad de los tipos de libertades que tratamos en este manual no es difícil para mí, cuando hemos utilizado la mecánica de matriz inter-dimensional para abrir a semejantes campos.

Hay canales de realidad que son como películas cósmicas, que son como televisión de cable y en el mecanismo humano es tan simple como activar interruptores para afinarnos a mundos más puros y libres. También hay códigos de acceso como la pureza de corazón, la humildad, la sumisión. Estos códigos pueden ser apoyados e impulsados por los tipos de mecanismos de matriz que hemos presentado. Lo que quiero decir es que cuando sentimos que nuestro desarrollo está bloqueado y buscamos una solución, la ciencia de la luz superior puede darnos soluciones que ni siquiera podríamos imaginar hasta que las pedimos.

Hay mucho que no vamos a encontrar en nuestro mundo del campo de frecuencia Beta, especialmente en nuestro campo científico o médico; de hecho, no vamos a encontrar estas soluciones en un campo que no se haya expandido hacia las ondas mentales más creativas de Alfa, Zeta y Delta, donde habitan las soluciones a todos los problemas.

Solo cuando expandimos nuestra propia consciencia a estos campos, podemos entrar en la mente universal y descargar exactamente lo que necesitamos. Naturalmente, la clave para hacer esto está en nuestro estilo de vida y en la forma en que pasamos nuestro tiempo de reloj y nuestro tiempo psicológico.

El juego de 'hazlo una vez o hazlo regularmente':

Esta es una realidad interesante con respecto a la aplicación de mecanismos de matriz y recientemente he hecho un cambio con respecto a esta realidad. Creo que cuando estamos en ciertos niveles de dominio, podemos ver y crear instantáneamente mecanismos como esos que nos den resultados poderosos. Sin embargo, resultados inmediatos pueden verse minados por:

a) deshechos celulares de memoria y emociones; es decir, programas de sabotaje internos;
b) el plano de la visión más amplia;
c) nuestras agendas escondidas que pueden no ser apoyadas universalmente debido a b);
d) y
e) simplemente, la elección del momento oportuno.

Como metafísicos calificados, hay mucho que podemos hacer para re-afinarnos y salir de la influencia de los campos de a) y c), y también podemos afinarnos y ser más conscientes de b) y d) para quedar más alineados a estas cosas y menos minados por ellas. Sin embargo, la fe de una persona en su propio dominio y su propio poder divino es completamente personal. Esto se basa en la fe y, más importante, en la experiencia pragmática. Cuanto más seamos testigos de la Gracia y de la Ley del Amor en acción como consecuencia de alinearnos conscientemente a estas cosas, más fácil es creer en nuestro dominio y en las capacidades de creación de la realidad.

Mientras algunas cosas en las que pienso y me concentro parecen manifestarse casi inmediatamente, hay otras en las que me he concentrado que no se han manifestado. Sin embargo, mantener un enfoque claro con respecto a lo que nosotros, como maestros, exigimos para trabajar completamente fortalecidos en nuestro mundo, es una parte básica de la alquimia del nivel interior.

También hay una gran diferencia entre los conceptos mentales y los pensamientos esperanzados y la realidad celular. Por lo tanto, recomiendo lo siguiente una vez que un mecanismo de matriz se haya creado, activado e integrado:

- Si tienes pruebas de tu propio dominio y de la habilidad de manifestarlo instantáneamente, entonces hazlo una vez. 'Hazlo' se refiere al proceso de creación de la matriz y la meditación, según la hemos proporcionado para los mecanismos en nuestros diferentes manuales.

- Todos los demás hagan todos los días cada meditación para la creación del mecanismo de matriz que les interese por un mínimo de 21 días, o hasta que sientan que cada célula de su cuerpo se ha familiarizado con los caminos de la nueva cuadrícula, las órdenes y su intención en la utilización de esta matriz.

Para que un mecanismo de matriz funcione, tenemos que tener intenciones e imágenes visuales muy claras de lo que queremos crear, además de una idea clara de los resultados, para que el modelo puede ser dirigido. Además, necesitamos usar códigos de programación muy específicos, que no sean ambiguos y que sean apoyados por actitudes muy puntuales, y necesitamos usar sistemas energéticos que tengan el poder de realizar todo lo mencionado arriba. Por lo tanto, el único sistema de luz para una cuadrícula que yo usaría es el de la luz violeta. La actitud que se necesita es aquella en que somos maestros absolutos del sistema y que, como maestros de la creación, podemos ejecutar cualquier sistema de cuadrícula energética a través de nuestro bio-sistema actual y establecer imágenes visuales y órdenes muy específicas en el sistema. Dada nuestra maestría, sabemos que esto puede hacerse y recibiremos los resultados que buscamos.

Una de las diferencias entre las enseñanzas de los maestros taoístas y la realidad del mecanismo de matriz es que a mí me gusta hacer las cosas una vez y luego tenerlas permanentemente ancladas en el sistema, donde corren sin más atención ni pensamiento. Sin embargo, me doy cuenta de que la mayoría de las personas no tiene la capacidad de 1) crear un mecanismo semejante, luego 2) anclarlo permanentemente y luego 3) mantener la energía y la fe de que el mecanismo hará aquello para lo que fue diseñado por tanto tiempo como le es requerido. En el caso de muchas personas, si no repiten el proceso diariamente, esto quedará como una experiencia fugaz en el cuerpo y una memoria temporal en la mente, pero no tendrá poder debido a la falta de atención. De allí surge la cuestión de 'hazlo una vez o hazlo regularmente'.

Aunque he tratado de compensar mis modelos con la programación que dice que el modelo y sus programas serán más fuertes cada día independientemente de la atención que le demos, las cosas no se manifiestan porque la manifestación de una visualización necesita no solamente el concepto mental sino también la fuerza emocional del deseo que la respalde. Por ejemplo, podemos tener un jardín que tiene las mejores macetas, la mejor tierra, las mejores semillas y fertilizantes, un sistema de riego automático y las mejores condiciones de crecimiento; sin embargo, si tenemos otro jardín con las mismas condiciones y añadimos la interacción del elemento humano, de la ternura del contacto y el sonido y la música, el segundo jardín crecerá incluso más magníficamente, pues lo estará alimentando la energía intangible llamada amor, atención y cuidado.

Los mecanismos de matriz son como el primer ejemplo y el sistema de las enseñanzas antiguas del Tao, en las que enfocamos nuestra mente en el cuerpo usando las herramientas antiguas cada día es como el segundo ejemplo porque añade otra capa al juego: la capa del poder del amor y la atención. Así, ambos sistemas pueden combinarse para obtener los mejores resultados y pueden utilizarse según la fe de cada persona en su propia maestría.

Básicamente, el mecanismo de matriz erige una estructura de apoyo energético en acción para mejorar las probabilidades de obtener un resultado específico, particularmente cuando empapamos la matriz con imágenes holográficas e intenciones muy claras.

Hay personas que encontrarán un sistema, una práctica espiritual o de energía, y que, después de haber aplicado los beneficios de los principios y de haber y disfrutado de ellos, se concentrarán en esta práctica por muchos años, a veces enseñándola, constantemente estudiándola y observando los matices sutiles y apoyando estrictamente el principio lo mejor que puedan y manteniendo, por lo tanto, la tradición intacta y viva.

Hay otras personas que pasan por la vida parando aquí y allá para estudiar las diferentes tradiciones, tomando de cada una lo que sienten correcto para ellas y lo que les funciona, descartando el resto; eventualmente, forman un modelo que les es propio y que funciona para ellas; un modelo que les proporciona unos resultados determinados.

Los creadores de milagros crean ciertos modelos, basados siempre en su propia experiencia y en diferentes verdades metafísicas tradicionales, porque sin este hilo conductor de verdades tradicionales y ley metafísica, los modelos en si no podrían funcionar. Algunas personas toman las verdades tradicionales dentro de un modelo y las refinan y las combinan con otras herramientas para hacer el sistema tradicional más simple, para hacer que trabaje con más fuerza o para que pueda proporcionar una variedad de beneficios más grande.

Por ejemplo, la enseñanza mediante muchas de las tradiciones de la necesidad de tener un corazón lleno de amor, compasión y misericordia, debe combinarse, en mi opinión, con la práctica de Ahimsa –la práctica de no violencia, no matar animales o personas. Cuando añadimos esta práctica de Ahimsa, el poder del amor, de la misericordia y de la compasión que irradia desde los campos de la persona se vuelve aún más fuerte, pues viven el amor, la compasión y el honor y el respeto por toda la vida. Esta actitud, por sí sola, abre las puertas a los milagros.

El control consciente de nuestra dieta es una de las maneras más simples de cambiar el flujo de energía dentro y alrededor de nosotros, al igual que el control consciente sobre nuestros patrones de pensamiento y sentimiento y las actitudes que elegimos tener en la forma que percibimos el mundo. Una forma de ver esto es la de algunas personas que piensan que las libertades que tratamos en este libro son una realidad tan natural como respirar; para otras personas, este tipo de realidad pertenece a un mundo que, muchas veces, es ajeno a su propia realidad.

Si los milagros son el dominio de la creación, de lo Divino, de Dios y el resultado de fuerzas supernaturales que se juntan, entonces seguramente pueden ser también la creación del mundo humano, pues es una verdad metafísica que cada ser humano fue creado a imagen del Divino y tiene todo el poder de Él.

Como decía Jesús, todo lo que he hecho, tu puedes hacerlo y más. Solo cuando un ser humano abraza completamente su naturaleza Divina, su corazón Divino, su espíritu Divino, su esencia Divina, se alinea conscientemente con esto y lo manifiesta conscientemente, puede ser buscador de milagros, que ha encontrado los milagros y disfruta de ellos y puede convertirse también en creador de milagros y creador de modelos que forman milagros.

Para mí, la mecánica de matriz inter-dimensional es una manera de apoyar energéticamente la creación de milagros utilizando estructuras de cuadrícula y software alienados con la ley universal.

Hay cosas que he presenciado en mi propia vida que hace décadas hubiera clasificado como milagros y que sé que otras personas las hubieran considerado de la misma manera. Las cosas que comparto de semejantes casos son mis encuentros con los Santos en mi libro *Radiación Divina: Viajando con los Maestros de la Magia*; para mí, todo esto hubiera parecido algo fuera de alcance en un nivel y totalmente milagroso. Sin embargo, como he entrado más profundo en el campo de la mente metafísica buscando perspicacia sobre sus operaciones y aplicando el entendimiento de la ley universal, he llegado a comprender, como ya he compartido tantas veces, que todo es simplemente una ciencia.

Una ciencia de porcentajes, de matemática del tiempo, la ciencia de las órdenes sobre la estructura molecular, la ciencia del entendimiento del Chi universal y su aspecto visual del espectro del arco iris y la luz violeta, la ciencia del entendimiento de la alquimia interior. Quizás es una ciencia metafísica y, aun así, el papel de muchos de los creadores de milagros en este mundo moderno es tender un puente entre el mundo de la metafísica y el campo cuántico para que los expertos en el campo cuántico puedan reflejar este puente hacia nosotros. Sin embargo, para mí, la ciencia es más sobre el resultado. Por ejemplo, sabes que si sumas A más B, obtendrás C, que es un resultado determinado. Después de todo, la metafísica es una ciencia de la vida, de vivir la vida con nuestro máximo potencial en línea con todas las leyes que gobiernan los mundos para que se puedan disfrutar todos los aspectos de nuestro ser y no se los olvide ni se los ignore.

Que lo hagamos en armonía con otras formas de vida es un don en el mundo de una persona consciente y compasiva.

LA LEY DEL AMOR

MECÁNICA DE MATRIZ INTERDIMENSIONAL

MODELOS – CUADRÍCULAS, PROGRAMAS e INTENCIÓN
ELECTRICIDAD DIVINA – LUZ VIOLETA - ONDAS DE SONIDO – RAYOS DE LUZ
ACUERDOS y PRE-CODIFICACIONES para EL VIAJE DE LIBERTAD y SERVICIO
MODELO DE BIO-CUERPO PERFECTO – mantras y poder de la mente.
BIO-ESCUDOS – PERSONAL, COMUNITARIO, GLOBAL – el equipo DEL BIO-ESCUDO del ÁNGEL (según el manual Cuatro Cuerpos Sanos)
MECANISMOS AUTO-SOSTENIBLES – CREACIÓN y FUSIÓN – alimentación e hidratación en el nivel interior – la FORMULA GSC – Glucosamina, Chi, Partículas Cósmicas y Saliva
Hazlo una vez vs hazlo 21 días
PROPÓSITO DEL CAMPO – COLOCACIÓN – DESACTIVACIÓN – REFINAMIENTO – REACTIVACIÓN y FLUJO de CAMPO PERFECTO

EL CHI SIGUE A LA MENTE

Capítulo 18 – El Cuerpo Inmortal
y el Tao del SDI

Acecha las imperfecciones con gran sigilo,
Encuentra el Yo interior y conéctate con él,
Nuestro núcleo inmutable sostiene lo que en verdad vale.

El título original del primer libro que escribí en la serie Nutrición Divina era *Prana e Inmortalidad*, pero mis editores alrededor del mundo lo re-titularon *Vivir de Luz*. Yo le cambié el título a este libro y le puse *Alimentación Pránica - Nutrición para el Nuevo Milenio* porque es la alimentación que viene del Chi, de la fuerza Universal del Tao la que tiene el poder de llevarnos hacia libertades del tipo de las que tratamos en este manual.

Tras pasar tres semanas intensas en el cuarto oscuro con el maestro taoísta Mantak Chia como si fuésemos un grupo de estudiantes dentro de una profunda cueva en las montañas del Himalaya aprendiendo secretos antiguos, intenté juntar el entendimiento teosófico occidental con las enseñanzas taoístas, pues en las prácticas superiores los taoístas hablan mucho del cuerpo inmortal. Así, en este capítulo me gustaría tratar de presentar una correlación entre las enseñanzas y también iluminar un poco sobre el poder del SDI y sobre la forma en que el modelo auto-sostenible puede trabajar junto con las enseñanzas del Kan y Li más grande del Tao como un mecanismo de cuadrícula.

La creación taoísta del feto inmortal comienza con nuestro enfoque inicial en los campos interiores del SDI y el uso de herramientas para animar a este ser interior a crecer, y el modelo auto-sostenible es un campo de energía o una matriz del cuerpo inmortal completamente adulta que solamente puede activarse cuando nos hemos alineado más poderosamente con nuestro SDI. Así, desde nuestro enfoque inicial damos a luz a nuestro SDI, o lo revelamos, y cuando estamos alineados con él, podemos experimentar los beneficios de los mecanismos de matriz que luego se auto-activan. Los mecanismos de matriz también pueden usarse para ayudar a esta alineación.

He escrito mucho sobre las prácticas del Kan y Li en mi libro electrónico *Descargas del Cuarto Oscuro* y también se pueden encontrar prácticas más detalladas sobre esto en los cuadernillos de Mantak Chia, por lo que no quiero entrar más en detalle con las practicas del Kan y Li. Solo me queda decir que los maestros del Tao llaman a nuestro SDI feto inmortal porque a) es eterno e inmortal y b) es un feto dentro de la mayoría de las personas simplemente porque es pequeño como un bebé. Aunque nuestro SDI existe en cada célula, es pequeño para muchos porque lo ignoran. Cuando lo alimentamos a través de nuestra atención y estilo de vida, crece y revela su naturaleza llanamente inmortal.

Hay dos maneras en que nuestra consciencia inmortal puede manifestar su presencia en los campos físicos. En primer lugar, puede elegir entrar a través de los canales habituales en que dos personas hacen el amor, el esperma y el óvulo se juntan, un feto nace y crece y se nutre y, eventualmente, entra en nuestro mundo a través del proceso habitual llamado nacimiento. La segunda manera es manifestar un cuerpo completamente adulto según el modelo auto-sostenible, lo cual ocurre dependiendo de la matriz de servicio de la persona.

Con el primer proceso de entrar como un bebé recién nacido, esta alma inmortal normalmente atraviesa el canal del olvido – el canal del nacimiento – donde juntará amnesia suficiente para entrar en el mundo sin la confusión de memorias de otras líneas de tiempo.

A pesar de este proceso, todavía hay algo completamente consciente dentro de nosotros que sigue en contacto con los mundos ocultos, contacto que, generalmente, se mantiene hasta que el niño cumple siete años. A esta edad, el niño ya ha empezado a sobrecargarse con frecuencias Beta del mundo externo y, lentamente, esto subyuga los impulsos divinos y entorpece nuestra consciencia, creando dentro del sistema un peso tal que el SDI parece dormido. Sin embargo, como no nos enfocamos en nuestro SDI, él juega en otros niveles dimensionales hasta que lo llamamos, lo invitamos y le damos permiso para que manifieste toda su gloria en nuestro mundo.

Una vez que tomamos consciencia de nuestro SDI – nuestra naturaleza iluminada – podemos acelerar el proceso de manifestación de sus regalos en este nivel al aprender a escuchar su guía y seguir sus instrucciones. Esto significa tomarse el tiempo para sentarse en silencio en meditación, escuchando y sintiendo su esencia. Muchas veces nos guía a alivianar nuestra dieta para que el sistema pase menos tiempo descomponiendo y digiriendo las sustancias de la comida y, con comida más liviana, pueda desviar su energía para desarrollar nuestros poderes paranormales y activar nuestros sentidos superiores. Muchas veces nos guía a hacer ejercicio físico como yoga, tai chi, qigong etc., donde podemos desarrollar, a través de los movimientos, una conexión fuerte entre la mente y el cuerpo y también una sensación física de la forma en que el prana, el chi, se mueve a través de nuestro cuerpo para traer otro nivel de salud y flexibilidad a través del templo en el que quiere manifestarse más completamente.

También está el acto de rendirse, en el que reconoces el potencial y el poder de Aquel que nos hace respirar. Como he mencionado tantas veces en otros libros, cuando frenas un momento y sometes cada célula, cada átomo, cada molécula al ser divino que te hacer respirar y lo invitas a que irradie toda su gloria a través de ti, a que te guíe, a que te enseñe, a que te sane, si es necesario, a que te alimente, a que te nutra, a que hidrate tu sistema si hace falta, este Ser puede darte lo que sea que te sientas guiado a pedir y todo esto dependerá de tus libertades pre-programadas. Y por la Ley del Amor – porque el amor es su naturaleza, su esencia – por esta ley así será.

Cuando devolvemos la cadena de órdenes clara a Aquel que nos ha creado, que nos hace respirar, cuando comprendemos que los sistemas físico, emocional, mental y espiritual están aquí con un propósito que es apoyar la manifestación de nuestra esencia divina en este nivel mientras experimenta la vida en el mundo de las formas, entonces todo el equilibrio de poder cambia simplemente porque la naturaleza de nuestro SDI es tan amorosa y tan sabia, tan compasiva y tan atenta y tan en línea con todas las necesidades de la tela de la creación. Nuestro SDI es el que maneja la tela de la creación – es lo que impulsa a nuestros compañeros seres humanos, es el lazo común con toda la vida, a través de todos los niveles. A causa de lo que nuestro SDI es, todas las fuerzas universales son guiadas a apoyar este pedido, este cambio consciente en la cadena de órdenes que viene a través del acto de la rendición; al hacer esto, nuestro SDI puede dar sus regalos de libertad e inmortalidad.

Como nuestro SDI existe multi-dimensionalmente, puede llevarnos en viajes a través de los campos interiores, viajes restringidos por nuestro fundamento personal que determina nuestra capacidad de ir más allá del velo que hay entre los mundos. Cuanto más permitamos que esta presencia amable irradie a través de cada nivel de nuestro sistema, más serán los campos a los que podremos acceder y más libertades obtendremos. Así, en este contexto, el cuerpo inmortal es un cuerpo poderoso que podemos ayudar a manifestarse.

Supongamos, entonces, que esto es algo que queremos apoyar con un mecanismo de matriz, un sistema de cuadrícula; entonces podemos imaginar que el Ser Divino Interior es el maestro alquimista del sistema y, como tal, puede – usando la luz violeta – tejer el modelo auto-sostenible con toda su programación y sus virtudes a través de bio-sistemas, para existir como un modelo que estará dormido y que se activará cuando el sistema físico existente pueda apoyar su activación. Esto así ya que, si nuestro SDI tiene el poder que hemos compartido, entonces la creación instantánea de un modelo auto-sostenible no es algo difícil. La elección de llevar esto más allá y luego superponerlo y activarlo dentro de nuestros sistemas existentes, entonces, depende de nosotros.

Como ya he mencionado, la segunda manera en que la consciencia puede manifestarse en este nivel es en un cuerpo completamente adulto, un cuerpo inmortal, como hemos tratado en el capítulo de los mecanismos de matriz. No elaboraré sobre la mecánica de crear y usar el modelo auto-sostenible porque ya hemos tratado esto en gran detalle antes, pero basta decir lo que un maestro alquimista me dijo una vez: cuando nos concentramos en estar aquí y ahora, completamente presentes en este momento, esto es, en sí mismo, una llave que abre todas las puertas dimensionales, pues todo está superpuesto.

Para aquellos que obtuvieron un 'sí' como respuesta en el capítulo Tao y Herramientas, si es parte de sus codificaciones abrazar la inmortalidad física en esta vida, me gustaría llevar esta discusión a otro nivel.

Crear un sistema que sea libre de la necesidad de envejecer, morir o enfermarse, un sistema que tenga armonía suficiente para escapar conscientemente al proceso de la muerte física, no significa necesariamente que, como un sistema inmortal, vayas a quedar confinado a este nivel físico, porque un sistema inmortal puede entrar y salir de todos los niveles a voluntad. Cuando terminan su trabajo en este nivel como un ser divino, algunas personas – como los lamas – simplemente dejan el sistema físico o lo desintegran en el cuerpo de arco iris y lo llevan consigo a otro espacio y tiempo. Esto es lo que Cristo hacía con su resurrección, transfiguración y ascenso a la luz. Es sabido que después de este proceso, el ser puede re-manifestarse en el nivel físico para continuar con otros trabajos que se estiman necesarios para ayudar a la evolución hacia la humanidad. Hay muchas opciones abiertas para el *inmortalista*.

Muchos de los seres de los reinos inmortales ven a su cuerpo como un templo para que el Ser divino puede irradiar su amor y sabiduría. Muchos no sienten apego por el cuerpo, así que una vez que su trabajo está terminado muchas veces eligen dejar el cuerpo atrás y así parece que atravesara el proceso de muerte. La muerte para un *inmortalista* es muy diferente a la muerte para una persona que no es consciente.

Para una persona que no es consciente, la muerte ocurre generalmente como una descomposición del sistema físico, lo que significa que el espíritu ya no puede habitar ese cuerpo y debe dejarlo y más tarde ingresar nuevamente en el ciclo de la vida con una forma nueva. Un *inmortalista* elige el momento de su muerte y deja el cuerpo una vez que su trabajo está completo – normalmente lo hace a través del chacra de la coronilla y, muchas veces, su cuerpo no se ha descompuesto de ninguna manera.

Algunos lo llevan consigo a la luz y vienen y van a voluntad; algunos pasan siglos en diferentes continentes continuamente en servicio cuando se los llama; algunos descansan en Shamballa y solamente aparecen cuando se los llama y cuando es necesario; algunos se transforman y cambian su estructura molecular a voluntad. Muchos quedan invisibles y modestos, y prefieren no llamar la atención.

Para abrazar la inmortalidad física necesitamos mantener los órganos en un estado de auto-rejuvenecimiento.

Los maestros taoístas también hablan sobre el espíritu de los órganos, espíritu representado por animales que tienen diferentes virtudes y fuerzas. En los pulmones, por ejemplo, los maestros taoístas trabajan con un sistema de energía blanco glacial, aire puro de montaña limpiador y el tótem animal del tigre blanco como el espíritu que trae sus virtudes a los pulmones. Cuando los pulmones están sobrecargados con la toxicidad de la tristeza, el tigre se debilita más y más. Los taoístas fortalecen y limpian los pulmones visualizando un flujo de aire de montaña puro y fresco que fluye a través de los pulmones y visualizando un tigre en cada pulmón que crece y se vuelve más y más fuerte, impartiendo las virtudes de valentía y rectitud. Los pulmones están conectados con el planeta Venus y el elemento metal y son un órgano de energía yin que responde al sonido curativo de "Ssssss".

Para los taoístas, los riñones tienen la energía azul del ciervo dulce y tímido, plácido en la naturaleza fluyendo como la dulce agua de la vida. Sin embargo, el ciervo desaparece cuando permitimos que nuestros miedos aparezcan y los alimentamos y no podemos expresar las virtudes del ciervo, por lo que los riñones cesan de funcionar lo suficientemente bien para apoyar la inmortalidad. Los riñones están asociados con el planeta Mercurio y los taoístas muchas veces imaginan que los riñones, el 'órgano Yin', están conectados a los océanos universales en los niveles interiores y que este elemento azul relajante y refrigerante del agua de estos océanos fluye constantemente a través de los riñones para mantenerlos hidratados, limpios y calmados, de manera que el ciervo pueda expresar sus virtudes lo suficiente para mantener a estos órganos en un estado de regeneración natural. Para los taoístas, el sonido curativo para los riñones es "Chooo".

En el capítulo Tao y Herramientas elaboramos sobre el uso de los sonidos curativos y las virtudes de los órganos, y también proporcionamos una manera de purificar estos órganos, por lo que no vamos a explayarnos otra vez sobre esto aquí. Basta decir que el camino a la inmortalidad física solamente tendrá éxito cuando se mantienen los órganos en un estado de auto-rejuvenecimiento y cuando el bio-sistema es impulsado por una persona pura de corazón. Si se intenta hacer por una razón que no sea el entendimiento de que la inmortalidad es un regalo de la Presencia Divina que irradia todo su poder y su gloria a través de nuestros sistemas, entonces por la naturaleza de la Ley del Amor, esto no podrá manifestarse.

La inmortalidad física requiere que el sistema humano trabaje con la Ley del Amor. Sin el ingrediente de un corazón puro y sus virtudes de misericordia y compasión por uno mismo, por los demás y por toda la vida, este regalo simplemente no se manifestará. La inmortalidad física viene de una expansión de la consciencia, donde cada célula y cada átomo de nuestro ser llega a comprender y experimentar la naturaleza inmortal de nuestro SDI; donde cada nivel de nuestro ser se ha rendido a su contacto y su caricia, en una experiencia de amor del SDI. En este estado de fusión y entrega todas las libertades aparecen.

Capítulo 19 – Ir hacia la Luz

La esencia, lo que tendrá que nacer,
Puede cultivarse como el maíz,
Muchas semillas de la mazorca se pueden poner.

Ir hacia la luz también significa permitirte descubrir un camino hacia la iluminación. Una manera de ser en este mundo que lo ilumina para ti, en una forma que libera sentimientos de alegría, felicidad y paz dentro de ti; estas son las emociones clave en el secreto de la inmortalidad. Cuanta más alegría, más amor y más felicidad sintamos, más recibirán todas las células de nuestro cuerpo la comida y el cuidado correcto para inmortalizarse en un estado en el que tienen la capacidad de existir naturalmente, un estado basado en sus programas de ADN divino.

Me gusta el titulo para este capítulo "Ir hacia la Luz" porque todo el proceso evolucionario para el hombre en este momento, mientras trabajamos con la Ley del Amor, se trata de volver a ir hacia la luz. Volver a salir a la luz del entendimiento de que nosotros, como especie, podemos aprender la manera de los campos, podemos aprender a controlar el flujo de energía interior y exterior y a ser los observadores de los campos. Salir a la luz significa recordar cómo trabajar juntos con amor y armonía y darnos cuenta de que esto es parte de nuestro próximo paso natural de la evolución.

Volver a la luz también se trata de permitirnos realmente que la luz de nuestro SDI brille a través de nosotros y se nos revele en toda su gloria. La Ley del Amor nos inspira y nos empuja hacia el recuerdo pleno de la esencia de nuestro ser; toda su sabiduría y su poder están esperando revelarse a nosotros. Ya sea que descubramos este aspecto de nuestra naturaleza o no, hasta que verdaderamente comprendamos la naturaleza de aquel que nos hace respirar, será como si siempre estuviésemos funcionando con dos cilindros en vez de cuatro.

Ir nuevamente hacia la luz significa comprender la fuerza de la vida dentro de las partículas cósmicas que brillan constantemente a través de todos los campos de la vida y las propiedades que pueden proporcionar a través del espectro de la luz violeta. Ir nuevamente hacia la luz significa entender el poder de la luz violeta y las frecuencias de amor divino, sabiduría divina y poder divino que lleva consigo, y como estos son los impulsos detrás de toda la creación. Se trata de entrar en la fuente de la alimentación más pura, que se lleva toda nuestra hambre – las realidades que hemos tratado en gran detalle en el libro *Nutrición Divina*.

Para algunas personas, ir nuevamente hacia la luz, particularmente después de participar en algo como el retiro del cuarto oscuro, es como tener la oportunidad de sentarse y evaluar todo en sus vidas con honestidad y nacer otra vez con un nuevo entendimiento. Es como haberse tomado el tiempo para evaluar todo y haber encontrado la valentía para hacer los cambios que necesitan para adaptar sus modelos de realidad, para que pueden trabajar de una manera más armoniosa y vivir un resultado más deseado, en lugar de continuar viviendo la vida como siempre sin cuestionarse si sus acciones, pensamientos y palabras los llevan a los niveles de libertad que verdaderamente desean dentro de su corazón.

Hay unas preguntas simples que un ser humano debe preguntarse antes de que pueda progresar en la frecuencia de la libertad. La primera de estas preguntas es: ¿Qué tipo de libertad quieres? ¿Qué significa la libertad para ti realmente? Con estas preguntas, puede formarse una nueva luz de comprensión, pues cuando preguntamos obtenemos la respuesta.

Ir hacia la luz puede ser tan simple como cambiar nuestra percepción, de pedir la Luz Divina dentro del todo a percibirla. El ir hacia la luz muchas veces llega después de abrazar nuestra oscuridad.

Durante mi estancia en el retiro del cuarto oscuro, conocí a uno de los devotos de Osho, que me dio para leer el Vigyan of Bhairav Tantra volumen dos, capítulo once, titulado "Volver a la existencia" (Come back to an Existence) publicado por Osho en 1973 en Bombay, India.

En el libro, Osho se concentra en discutir los beneficios de la meditación en la oscuridad diciendo que los esenios fueron probablemente la única escuela esotérica antigua que creían o veían a Dios como la oscuridad absoluta y que todos los grupos religiosos tienden a ver a Dios como luz por su miedo a las cosas desconocidas que habitan en la oscuridad y por la vulnerabilidad del hombre cuando hay oscuridad. Sin embargo, Jesús era esenio y los esenios también enseñaron que era importante ser uno con esta oscuridad, entrar en ella y que la oscuridad es de hecho la Madre Divina, una fuente que es infinita y eterna. De la fuente constante de oscuridad nada puede salir, excepto la luz que suele ir y venir.

En esta charla, Osho propone tres ejercicios. El primero es meditar una hora por la noche en la oscuridad, solamente mirando hacia la oscuridad y sentir cómo te vuelves uno con ella. Una de las bellezas de estar en la oscuridad es que ya no te sientes definido y ya no sientes que tienes limites, lo cual es un regalo maravilloso porque empiezas a sentirte sin forma y libre.

Osho decía que tanto los esenios como Shiva ofrecían esta técnica para que las personas pudieran ir más allá de sus miedos, para que pudieran abrirse, ser vulnerables y entrar en el campo cósmico y permitir que el campo cósmico entre en ellas. En un nivel, esto también se trata de ser capaz de acceder a las partículas cósmicas por la comida que traen y, naturalmente, las partículas cósmicas son una parte del océano cósmico o universal, desde el que se pueden absorber los elementos superiores para hidratar nuestro sistema, si elegimos ser libre de líquidos.

Osho habla sobre unas investigaciones realizadas en Japón, donde se deja solas a personas con diferentes tipos de psicosis durante tres a seis semanas y sin luz por la noche; se los alimenta y se los cuida físicamente, pero están en total soledad; cuenta cómo estas personas se curan solas de su psicosis y su locura porque se enfrentan a sí mismos primero en la oscuridad total y luego en la luz total.

Osho recomienda que vivamos en la oscuridad una hora al día durante tres meses, lo que nos permitirá perder esos sentimientos de individualidad y separación y, en lugar de sentirnos como una isla, nos sentiremos como si fuésemos el océano. Sentimos que somos tan grandes y tan eternos y ya no tenemos miedo. En esta técnica, Osho recomienda que nos tumbemos en esta oscuridad y sintamos como si estuviésemos cerca de nuestra Madre, porque la oscuridad es el vientre de la Madre; así, cuando nos tumbamos e imaginamos que estamos otra vez en el vientre de nuestra madre, también nos estamos fusionando con el vientre de la creación, donde no hay separación.

La tercera técnica es llevar una parte de esta oscuridad dentro de nosotros – solamente llevarla, sentirla dentro de nosotros. En mi experiencia en mis tres semanas en el cuarto oscuro, esto se trata de ese sentimiento cuando estamos en profunda meditación en la oscuridad, cuando sentimos que caemos, que nos hundimos en ese universo interior y que, al ser uno con este universo, literalmente estamos llevando esta oscuridad interior con nosotros, porque es como si hubiésemos traído este universo interior directamente hacia la superficie de nuestro ser interior, lo que permite a nuestro cuerpo estar muy relajado, calmado y tranquilo.

Osho dice que cuando tienes esta oscuridad dentro de ti, este cosmos interior como una parte consciente de ti, entonces puedes absorber mucho más de este mundo sin reaccionar, porque simplemente pasa a través de ti hacia el cosmos interior como si fuera hacia un vacío.

Shiva decía que cuando practicas estas tres técnicas:
a) mires a la oscuridad con ojos abiertos y le permitas entrar dentro de ti;
b) sientas la oscuridad como el vientre materno alrededor; y
c) lleves un poco de la oscuridad a donde vayas.

Así, esta oscuridad se volverá luz y tu estarás iluminado. A través de esta oscuridad, nada te molestará y todos tus miedos desaparecerán para siempre. Por lo tanto, para entrar verdaderamente en la luz, primero tenemos que abrazar la oscuridad.

Al haber pasado mi propio tiempo intenso en el cuarto oscuro, estoy de acuerdo en que esta es, probablemente, una de las iniciaciones más interesantes que he atravesado, porque, aunque no sentía miedo en nivel alguno, me ha desafiado y me ha expandido, y ha llevado cosas a la superficie desde muy profundo dentro de mí que fui capaz de transformar poderosamente. Mis meditaciones eran tan profundas, mis sueños tan intensos y yo me siento exactamente como Osho dijo: absolutamente expandida y ya no separada del cosmos de ninguna manera.

Esta mañana pensaba sobre cómo calificaría una conversión exitosa a una dieta libre de líquidos, por lo menos para mí. Decidí que si pudiera mantener 30 minutos a una hora de entrenamiento con peso sólido, una hora a dos horas y media de yoga y, naturalmente, mi tiempo de meditación más pasivo, así como disfrutar de mi hora o dos diarias de caminata en la playa, y todo eso mientras mantengo niveles de energía buenos y un peso estable, así como funcionar con una cabeza clara y no bloquear mi flujo creativo, todo esto sin ingerir líquidos o alimento, entonces consideraré que la conversión es un éxito físicamente.

Como he vivido periodos extremadamente largos tomando agua y un poco de té cada día y he mantenido este tipo de rutina con los resultados mencionados, naturalmente el cuerpo debería ser capaz de hacer estos ajustes para mantener lo mismo, si fuese capaz de hidratarse lo suficiente del océano universal interior y las partículas cósmicas, y luego de entrar en un estado de luz interior tal que estas libertades vendrían naturalmente.

Más allá de todo esto, una conversión exitosa para mi es aquella que ocurre armoniosamente no solo dentro del sistema físico, sino también dentro de los sistemas emocional y mental. Planear esto con alegría y Gracia es también de gran prioridad para mí en este momento, porque sé que dentro del campo de mi SDI, la Gracia y la alegría son los estados más naturales del ser.

Capítulo 20 – El País Puro

El cielo se ha armado con compasión,
El inocente, cargado con pasión:
La calidad está siempre de moda.

Hubo una época en China en que existió una sociedad matriarcal, en que las personas honraban a las Chamanes femeninas que descargaban el conocimiento de los mundos espiritual y natural, conocimiento que recibían con perspicacia y claridad, conocimiento que formaba el núcleo del taoísmo y de la medicina china. En los años 1500-1000 AC empezaban las referencias de una gran Diosa creadora que gobernaba sola, completa y sin un consorte, una Diosa compasiva a quien los primeros taoístas llamaban la Emperatriz del Universo.

Se la conocía como Xi Wang Mu (o Hsi Wang Mu) y se convirtió en la deidad femenina más popular y poderosa en China; su reino en el monte Kun Lun en la lejana China occidental ha sido descripto como un sitio de gran pureza. Se decía que era la guardiana de la medicina y de los secretos de la vida eterna; su imagen cayó con el ascenso del patriarcado y, sin embargo, a medida que el tiempo de la Diosa se reafirmaba, también lo hacía su influencia pues ella incentivaba la fusión de los campos celestial y mundano.

Por su Gracia ha nacido la ciudad de los inmortales.

Conocido como Zhang Chu, se puede acceder a este etérico 'país puro' en los campos interiores a través de la meditación, siempre que el viajero del nivel interior tenga un corazón puro.

La pureza de corazón va de la mano con nuestra capacidad de existir en los niveles superiores de la consciencia que mantiene los campos de Shamballa y la Ciudad Inmortal, campos que irradian visiones del trabajo del potencial más alto de la humanidad.

A este estado de pureza del corazón que trae Gracia, este estado donde sientes amor, eres amado y el amante de todo; este estado de asombro y magia; este estado de sabiduría, aceptación y reconocimiento de algo tan grande, lo he llamado un estado del Ser en lo que Buddha llama el "País Puro". Puro porque experimentar todas estas cosas después de haber sido un buscador de milagros es tan liberador que entras en el estado más puro de felicidad, estado más puro de éxtasis, donde todo tu ser se consume por este estado.

En este estado puro de Emoción Divina o, como dicen los Chamanes, de éxtasis puro, en este estado, una consciencia completa entra en ti y viene un sentimiento de realización tal, que todas nuestras preguntas desaparecen. En este estado se despliega un nivel puro del Ser y no hay nada que sintamos que necesitamos saber; todo está completo, todo es perfecto y, en este momento de consciencia pura, hay claridad pura y visión pura. Este es el séptimo nivel de consciencia del que habla Deepak, es una experiencia de pura frecuencia Delta.

En este espacio no hay nada que buscar, nada que enseñar y nada que tomar. Todo solamente existe, y sin embargo lo ves todo a través de ojos diferentes, como si toda la vida fuese la perfección absoluta.

El País Puro atrae a algunos de los buscadores de milagros por beneficios personales y/o globales. Algunos otros se sienten atraídos para buscar la fórmula perfecta para afinarse al código de este País Perfecto; y otros buscan ir un paso más allá y fusionarse con él para obtener sus regalos o recordarlos.

Como el famoso Shamballa, el País Puro es un estado que existe dentro de nosotros, que reside en cada átomo del espacio y la puerta hacia esto es un corazón compasivo y amoroso. Hay montones de herramientas disponibles ahora para que el Chamán que transforma se fusione con este estado puro de Gracia. Una de ellas es la Receta 2000>, que nos permite conectarnos con el País Puro a través de una simple elección de estilo de vida que nos afina para sentir su latido, su zumbido y sus beneficios.

Xi Wang Mu decía que cuando nos concentramos en alcanzar nuestro potencial más alto, más puro y más divino, alimentamos el país puro de Shamballa y la Ciudad de los Inmortales, permitiendo que estos mundos se fusionen nuevamente con el nuestro y que cuando nos concentramos en el materialismo y en nuestra naturaleza más densa, estos mundos se desvanecen. Los inmortales saben que nuestro amor y nuestra atención son los que alimentan sus mundos lo suficiente para fusionarse con el nuestro, de manera tal que sus poderes se vuelvan nuestros.

Cuando empecé a investigar para este libro escribí las palabras "La Ley del Amor" en una búsqueda en internet y descubrí una historia interesante que narró Joel del Centro de ciencias sagradas (Centre for Sacred Sciences) (https://www.centerforsacredsciences.org/index.php/Articles/the-law-of-love.html). Escribe sobre el siguiente cuento antiguo:

"Erase una vez un Buscador Espiritual quien, tras dominar muchas disciplinas y aguantar mucho sufrimiento en el mundo de la ilusión, llegó a la puerta del Nirvana (o del Cielo como se le dice a veces). Sin embargo, antes de que lo dejaran entrar, tenía que pasar una prueba que le hacía el Guardián de la puerta. Primero, el Guardián comprobaba los registros de la vida del Buscador para verificar que hubiese cumplido todos los preceptos necesarios. El Buscador no solamente había cumplido todos los preceptos necesarios, sino que también había respetado muchos otros preceptos suplementarios.

"Después, el Guardián le preguntaba al Buscador sobre los aspectos más esotéricos de las enseñanzas superiores y el Buscador era capaz de responder a todas las preguntas del Guardián sin titubear, revelando así la profundidad del conocimiento que había obtenido en el camino. Finalmente, con su visión clarividente, el Guardián escaneaba el corazón y la mente del Buscador, buscando cualquier apego que el Buscador tuviese todavía con el mundo de la ilusión, pero no podía detectar nada.

"Parece que has pasado todas las pruebas," dijo el Guardián y estaba a punto de admitir al Buscador en el Nirvana cuando de repente escuchó un sonido como un ladrido. Mirando a los pies del Buscador, el Guardián vio a un pequeño perro saltando excitadamente.

"¿Qué es esto?" preguntó el Guardián.

"Mi perro," contestó el Buscador.

"¡Pero no puedes entrar al Nirvana con un perro!"

"No comprendes," intentó explicar el Buscador. "Este perro ha sido mi compañero fiel en todas las adversidades del camino. No puedo dejarlo atrás ahora."

"Pues tendrás que hacerlo. ¡Así son las normas!" contestó el Guardián bruscamente. Después, al notar una duda en la cara del Buscador, adoptó un tono más razonable. "Escucha amigo, has trabajado muy duro para llegar hasta aquí. Solamente tienes que dar un paso más y serás libre de la ilusión para siempre. Todos tus sufrimientos terminarán y disfrutarás de la Felicidad Eterna. Solamente tienes que dejar este último pequeño apego a tu perro".

"No sé" dijo el Buscador con dudas, y miró a su perro.

Pero incluso el perro le exhortaba a no perder esta oportunidad única. "Escucha, oh Buscador," dijo el perro, "ya has sido muy amable conmigo, y siempre te estaré agradecido. Por favor, no te niegas la Liberación Final por mí".

De repente, el Buscador tomó una decisión. "No lo haré" dijo firmemente al Guardián. "Si abandonar a mi compañero es una condición para la liberación, entonces renunciaré a la liberación". Dicho esto, levantó al pequeño perro en sus brazos. "Si tú tienes que seguir sufriendo, entonces sufriré contigo. Ven, volveremos juntos al mundo de la ilusión".

Todavía cargando al perro, el Buscador empezó a caminar de regreso por el camino por el que habían venido. Pero apenas había dado dos pasos cuando se encontró una vez más ante la puerta hacia el Nirvana. Intentó ir a la derecha y luego a la izquierda, pero no importaba en qué dirección se moviese, siempre aparecía la puerta omnipresente.

"¿Es esto algún tipo de truco?" le preguntó furioso al Guardián.

"Para nada," sonrió el Guardián. "Acabas de pasar la última prueba. Al renunciar a tu deseo de alcanzar la liberación para ti solo, has vencido la última barrera. La ilusión se ha destruido. Ya no hay un mundo de sufrimiento al que volver. Bienvenido al Nirvana."

Joel continúa diciendo: "Aunque este cuento puede parecer nada más que un cuento infantil, ilustra un hecho muy importante para el buscador espiritual: no hay Liberación sin Amor porque, aunque es verdad que el Gnosis (el conocimiento directo de la realidad) es la llave que abre la puerta, nadie pasa por ella si no lo da todo al Amor. Es por esto que Jesús decía que todas las leyes que gobiernan la vida espiritual están finalmente subordinadas a dos Grandes Leyes: "Amarás al Señor tu Dios con todo tu corazón, con toda tu alma y con toda tu mente… [y] Amarás a tu prójimo como a ti mismo."

"Esta enseñanza no es exclusivamente cristiana. En el *Bhagavad Gita*, Krishna le dice a Arjuna, "quien me ama sin otros deseos y no tiene en absoluto mala voluntad hacia cualquier criatura, viene a mí". Del mismo modo, el Buddha instruye a sus discípulos "a no hacer daño a ningún ser vivo, pero a estar lleno de amabilidad", mientras que el gran maestro Sufi Ibn 'Arabi resumió todo su camino diciendo: "El amor es el credo que mantengo; donde Sus camellos giran, el Amor es todavía mi credo y fe".

Es verdad que cuando vivimos nuestras vidas de acuerdo con la Ley del Amor, su frecuencia de libertad se revela; sin embargo, la liberación solamente nos llega cuando estamos en armonía con nosotros mismos y con todos los campos de la vida, cuando sabemos que estar en armonía con nosotros mismos y con nuestro mundo es lo mismo, porque cada uno se alimenta del otro. En la metafísica, sabemos que lo que tememos lo alimentamos, así que la intención de tener armonía al aplicar el Código de Armonía es una manera de hacer que nuestros campos nos magneticen hacia el País Puro y, así, esto es una llave de entrada.

Junto con la Receta 2000> y un corazón puro, el Código de la Armonía también nos permite mantener nuestra presencia en el País Puro. Por lo tanto, me gustaría elaborar sobre este código en un capítulo separado porque siento que, en un nivel, si mantenemos una intención de corazón puro de estar siempre en armonía perfecta con toda la vida y todos los campos de energía, entonces esta intención, cuando se la usa con el código mencionado abajo, tiene el poder de atraernos hacia el País Puro sin esfuerzos.

El código de armonía se me descargó claramente un día, cuando entendí nuevamente que permitirnos tener miedo de algo o preocuparnos por algo crea discordancia en nuestros campos pues perpetúa la separación. En consecuencia, fui guiada a resetear todos mis propios campos instantáneamente para que estuviesen en armonía con todos los campos de la existencia porque, cuando todo está en armonía, no puede haber separación alguna porque todo actúa sabiendo que es parte de un todo. Hacía esto usando la técnica mencionada a continuación.

MEDITACIÓN 12: El Código de Armonía: Cómo poner nuestros campos de energía en armonía con todos los campos:

- Primero, céntrate en meditación usando la herramienta de la respiración del amor o cualquier técnica de respiración que te permita estar alineado y más consciente de tu SDI.
- Luego, llena tu corazón con la luz rosa del amor de la Madre Divina imaginando que tu chacra del corazón está conectado en los niveles interiores a una fuente interminable de amor puro (como en la meditación de la Respiración del Amor).
- Luego, si necesitas entrar en la emoción de sentir amor, piensa unos momentos en la experiencia de amor más feliz de tu vida.
- Ahora imagina que tu chacra del corazón está lleno de amor y que se abre y que tú empiezas a irradiar rayos de pura luz rosa en los campos a tu alrededor en un movimiento de 360 grados, como un faro.
- Mientras estos rayos irradian desde ti, imagina que, mediante esta irradiación de amor, estás conectado con el corazón de cada criatura viva, con el corazón de cada cultura y con el mismísimo corazón de cada institución en la tierra.
- Sigue enviando hacia fuera este amor desde tu corazón, irradiándolo a través de los mundos.
- Imagina que desde tu chacra del corazón salen círculos de pura luz verde sanadora, que ahora irradian como ondas en un estanque donde cayó una piedra, pero esta piedra es el centro – tu corazón – un centro desde el que se emiten ondas tras ondas de luz verde sanadora a través del espacio y el tiempo, lavando a través de todos los otros campos, conectándote con todo de una manera amable, segura y sanadora.
- Mientras mantienes esta imagen en tu mente, empieza a recitar una y otra vez: "armonía de campo perfecto ahora. ¡Armonización perfecta con todos los campos ahora! Sanación y armonización perfectas con todos los campos ahora".
- Pídeles a los campos inteligente cuántico y virtual que conecten tu SDI con el de toda

la vida y declara la intención de que: "a partir de este momento conecto mi SDI con el de toda la vida y fluyo en armonía perfecta a través de todos los campos. Ondas universales de armonía y sincronicidad fluyen constantemente a través de mí".

- "¡Así es! ¡Así es! ¡Así es!"

Cuando se puede crear, duplicar y sostener un modelo mediante la proporción de resultados particulares que para algunas personas pueden parecer milagrosos, entonces este modelo se puede volver, quizás, una paradoja con respecto a la naturaleza inherente de los milagros, pues los milagros, como hemos compartido en el primer capítulo, son cosas que se dicen que operan fuera de las leyes normales de la naturaleza, cosas que parecen ser regalos de lo Divino.

La belleza de los modelos que proporcionan los creadores de milagros es que, con cada uno que los aplica, pueden añadir otro nivel, el nivel del guía de su propio SDI. Los sistemas de matriz pueden volverse más simples, más rápidos y más fáciles de aplicar a medida que entras profundamente dentro de ti y añades herramientas adicionales que has utilizado con anterioridad.

La alquimia no se restringe a las enseñanzas del Tao o del SDI; la alquimia no se restringe a nada ni a nadie. La alquimia puede encontrarse en todas las enseñanzas de todos los sabios alrededor del mundo y a través del tiempo. La alquimia proporciona maneras de transformación porque, como Saint Germaine dijo una vez, el mejor ejemplo de Alquimia Divina es una vida vivida impecablemente.

Ya sea que esa vida se viva siguiendo las enseñanzas del Camino Óctuple de la escuela budista o los Mandamientos de los Cristianos, o las sugerencias más más puras del Corán, o cualquier otra guía que hayan ofrecido los muchos mensajeros radiantes en nuestro mundo, para traer milagros siempre debe haber un modelo trabajando para el bien del todo, que luego apoyará una evolución humana más alta.

Después de todo, solo somos una especie en un planeta aprendiendo como co-crear un mundo más civilizado, un mundo donde la libertad sea nuestro derecho de nacimiento, donde los milagros ocurran a diaria y donde todos comprendan la Ley del Amor.

Los milagros se manifiestan porque hay personas que los buscan. Nacen de los sueños, de los deseos y de la esperanza de los buscadores que buscan la transformación y el cambio, de aquellos que buscan ser testigos de la belleza y de 'la simple corrección' dentro de la creación. Van a aquellos cuyos corazones están abiertos y que tienen los ojos para ver. Pero, más aún, los milagros son solamente ciencia y, en el mundo de la ciencia, la manera en que los milagros se manifiestan depende de los matrices que los apoyan. Cuando la matriz trabaja a su máximo potencial impulsada por la Ley del Amor y apoyada por su regalo de Gracia, los eventos pueden entonces desplegarse dentro de estos parámetros tan sincrónicos, mágicos y alucinantes que tendemos a llamarlos milagros, como si fueran cosas que parecen ocurrir fuera de las leyes de la naturaleza. No obstante, solo considerar las leyes de la naturaleza en lugar de ver las que gobiernan todos los mundos es una manera muy limitada de actuar. Las matrices, como las cuadrículas de luz, tienden un puente entre ambos mundos.

Uno de los regalos de la Ley del Amor es que nos invita a expandir nuestra consciencia y a comprender el funcionamiento en todos los niveles de la creación. Nos invita también a experimentar las profundidades y la magia dentro de cada uno de esos niveles. Cuanta más hambre tengamos, más podrá nuestro SDI revelar su potencial y la matemática de la operación en lo que Buddha llamaba el País Puro.

Así que otra vez quiero subrayar que algunas de las cosas que he compartido en este libro no son milagros técnicamente, porque son simplemente el resultado de sistemas trabajando de la forma en que hemos descripto.

Si algunos de nosotros nos encontráramos con un verdadero inmortalista, aquel que nunca se enfermó, nunca envejeció y nunca murió, si nos encontráramos con aquel que nunca necesitó ingerir comida o líquidos, aquel que se sentó en meditación y sacó su consciencia del cuerpo y visitó a otros necesitados del otro lado del mundo e hizo que esta persona a la que visitó contara su visión; o con aquel que podía desmaterializar su cuerpo delante de ti y luego rematerializarlo en otro lugar y otro tiempo; algunos de nosotros, al ser testigos de otro ser humano haciendo estas cosas, podemos asombrarnos y estar convencidos de que hemos sido testigos de un milagro; sin embargo, en el espacio del País Puro, donde las frecuencias están muy afinadas, nada de esto es un milagro, sino solamente una cuestión de afinamiento de los campos.

Ha sido muy interesante para mí en un nivel personal, pues en los últimos años, mi concentración ha vuelto a enfocarse completamente en este cuerpo, asentándome en este plano para hacer otro nivel de mi trabajo aquí. Ya no necesito comprender el funcionamiento del Cosmos porque después de haber visto todo lo que he visto, mi enfoque ha cambiado para estar aquí y ahora, completamente en cada momento y simplemente permitir que el río de Gracia traiga a mi puerta todo lo que necesito, sabiendo que la fuerza con la que este río fluye y me apoya está determinada por mi propia clave y por la forma en que paso mi tiempo.

Esto es algo que he presenciado una y otra vez y he comprobado una y otra vez que todo depende de nuestra clave personal, el latido de nuestro corazón, la canción que nuestro corazón canta a través de los campos universales del espacio y tiempo.

Mi viaje durante las últimas décadas me ha permitido a explorar tantos campos que ya no deseo estar en ningún otro sitio que aquí, ahora, disfrutando de cada momento, disfrutando de la belleza de toda la creación, sabiendo que todo lo que percibimos es solamente un reflejo de nuestra propia consciencia y que cuando buscamos la divinidad, ella se revela en cada cara, en cada árbol, en cada momento.

Ha sido un viaje dinámico con mi SDI, amando sus regalos, entendiendo su esencia, apreciando todas las cosas sobre las que he escrito, observándolo todo dentro y fuera en todos los niveles que pueden experimentarse y, otra vez, sintiendo siempre que, naturalmente, hay mucho más en este viaje interminable de la oscuridad llena de luz.

El elixir Qi Gong, ¿Demostrará ser un ingrediente vital en la hidratación de mi cuerpo mientras continúo mi viaje siendo libre de líquidos? Esto es algo que el tiempo determinará. Todas las religiones y todas las prácticas antiguas hablan sobre este elixir de la vida, este néctar, aunque cada una, naturalmente, tiene distintas versiones sobre su producción y utilización.

Y sin embargo, sé en mi corazón de corazones que nuestro cuerpo, siendo un mecanismo magnífico de 6,3 trillones de células, contiene todos los ingredientes que necesito para autosustentarse completamente; cómo liberar estos ingredientes y cómo mezclarlos manera perfecta es también simplemente una fórmula de la ciencia. Para el metafísico experimentado, el afinamiento del campo perfecto es muchas veces simplemente un arreglo de la Gracia.

Capítulo 21 – Arreglos de Gracia

La fuerza que maneja la evolución de la vida,
La salsa ligera universal,
La santidad del pensamiento puro es el plato principal.

Una de las alegrías más grandes del silencio y la quietud es la capacidad de ser testigo del flujo de la Ley del Amor en acción y su constante entrega de lo que yo llamo "arreglos de Gracia".

En julio 2003, estaba terminando un retiro de entrenamiento en bio-campos cerca de Oslo, Noruega, cuando empecé a sentir una energía rara pero que me llenaba de amor que parecía venir cada vez que entraba en la sala de conferencias en la que habíamos trabajado toda la semana.

Todas las meditaciones y la programación habían abierto canales de energía muy particulares, que había conectado a nuestro grupo con la R.C.N., (Red Cósmica de Nirvana - Cosmic Nirvana Network), por lo que era entendible que esta nueva energía me hubiese encontrado y se hubiese conectado conmigo. Lentamente, entendí que lo que se estaba comunicando conmigo era una energía familiar; así, confirmé con un bueno amigo mío, Erik Berglund, quien es un canal maravilloso y le dije:

"Sigo recibiendo esta energía que se presenta como una bebé. ¿Tú puedes sentirla?"

Naturalmente podía sentirla y pronto entendimos que esta energía también estaba conectada con mi hija mayor. Así supe que pronto iba a ser abuela y poco después de mi regreso a casa de mi viaje, mi hija anunció que estaba embarazada. Para mí, el momento era perfecto porque estaba empezando mi año sabático después de desengancharme conscientemente de una vida muy creativa y ocupada, y así sería capaz de estar en casa con mi familia y disfrutar de mi nieta durante casi un año.

En línea con la realidad de 'estar aquí y ahora', hacía mucho que había decidido crear un campo en mi vida donde todo simplemente viniera hacia mí, donde usara mi tiempo personal para pensar, sentir y estar y en consecuencia irradiarme hacia canales particulares de energía y mantener todo esto. En mi campo, la telepatía es normal, al igual que el uso de todas nuestras capacidades intuitivas superiores. Por lo tanto, conectar durante esos días de verano en Noruega con el alma por llegar de mi nieta era algo bienvenido y de lo que disfruté. Además, como estaba por leer el libro de Michael Newton *Destino de las Almas (Destiny of Souls)*, todo se volvía aún más fascinante porque yo sabía que nuestra familia estaba por recibir a un alma que ya todos habíamos amado antes.

Había también otro factor interesante para mí con respecto a la creación de la realidad y los arreglos de Gracia porque, como he compartido en mi libro *Radiación Divina*, unos años antes de que comenzara mi deseo por la soledad, me habían dado la llave de la puerta para dejar este nivel y casi me había permitido ser totalmente seducida por la Ley del Amor y, literalmente, dejar mi cuerpo físico y desaparecer.

Cuando la Ley del Amor trabaja completamente a su capacidad máxima dentro de nosotros, nos disuelve y nos fusiona con una consciencia donde todo desaparece, excepto ella misma. En ese momento, somos los que amamos todo y los amados por todo.

La fusión seductora paró cuando mi marido, que estaba sentado a mi lado y que había sentido que algo estaba pasando, empezó a apretar mi mano, lo que me trajo de vuelta hacia un estado mental. Después de unos momentos de discusión interna y con la plena consciencia de lo que me había sido ofrecido, decidí quedarme en este nivel. Esta decisión implicó que una parte de mi quedaría separada de esta zona de amor puro porque, como dije antes, fusionarse con ella significa desaparecer en la Unidad que ella es.

Para algunas personas, este proceso de seducción sucede naturalmente cuando hemos completado lo que hemos acordado hacer aquí porque, con la finalización, una cinta de energía de mucho amor nos encuentra, nos opaca y nos absorbe de vuelta en sí misma. Una de las razones por las que no permití que terminara la seducción era que quería estar aquí para mis nietos. Naturalmente, había otras consideraciones también.

Y así quedé lo suficientemente individualizada para funcionar y quedarme en este nivel y aún ser llevada y mantenida por una onda de Gracia que me tiene fascinada. Mi fascinación actual es con lo que yo llamo 'arreglos de Gracia'. La forma en que la Gracia se arregla en nuestras vidas es muy evidente para nosotros cuando somos el espectador y aquel que está silencioso y quieto.

La co-creación que tuvo lugar desde que atraje el alma de mi nieta hasta la alegría de su concepción, el periodo de más de nueve meses de gestación, la expulsión del vientre de su madre y el paso de la niña al nuestro mundo requiere el más elaborado arreglo de Gracia – un arreglo que me daba un resultado muy particular.

Para mí, este resultado era amor instantáneo.

Yo nunca creí en el amor a la primera vista, pero ahora empiezo a comprenderlo y también comprendo cómo la Ley del Amor puede dar amor instantáneo.

Cuando en los campos a nuestro alrededor y dentro de nosotros todo es completamente consciente de la Ley del Amor y es inundado por ella y nosotros entramos en el país puro y la experiencia de esta frecuencia, cuando ella nos inunda, todo esto es completamente liberador. Elegir quedar individualizado cuando sabemos que existe este canal de amor puro y de Gracia es una experiencia muy rara. Es como graduarse de la secundaria y, en lugar de ir a la fiesta de graduación más increíble y a la mejor universidad, elegimos volver al jardín de infantes.

Para mí, este jardín de infantes tenía que ser un campo de silencio y soledad, un ashram de vida virtualmente célibe donde podría concentrarme en la Ley del Amor y sus principios mientras esperaba recibir a mi nieta y disfrutar de ella. No me había dado cuenta de que esta experiencia sería la demostración más pura de la Ley del Amor en acción que podría disfrutar y ver en la vida.

Y así vi a mi hija florecer y crecer mientras su cuerpo alimentaba y cobijaba a otro ser humano. Finalmente, luego de cuatro días de trabajo de parto, cuando las estrellas cambiaron y entraron en Tauro, mi nieta eligió nacer y el cuerpo de mi hija cooperó lo suficiente para darla a luz en una habitación llena de amor.

Expectación con alegría, lágrimas de felicidad, abrazos cálidos y grandes sonrisas se fusionaron cuando su cabeza coronaba y ella salía a nuestro mundo pura y perfecta.

Y así me enamoré. Instantáneamente.

Me preguntaba por qué se sentía diferente al dar a luz mi propio niño y entendí que mi cuerpo físico no tenía que lidiar con el 'shock de la realidad del parto' y así las emociones de aprecio y asombro podían fluir puramente a través de mi campo. Obviamente, estuve en un estado de mucho menos dolor que mi hija, quien valientemente había meditado durante casi 100 horas con la concentración y el control de respiración más intensos que yo hubiese visto jamás. Para mí, se volvió una Amazona e instantáneamente fue bienvenida en el club de las "mujeres que han dado a luz". Este es un club de personas encendidas por el amor incondicional cuando descubren el papel altruista y a veces de martirio que tiene una madre. Un club que va mucho más allá del intelectualismo, un club de mujeres duras que tienen que excavar en profundidad dentro de ellas mismas para convertir cada día de la vida en un arreglo que funcione para ellas mismas y para aquellos que aman.

A veces esto, al igual que crear la vida perfecta, puede ser un gran desafío, a menos que podamos dirigirnos hacia el canal de Gracia.

En este canal, recibimos todo en nuestra puerta y empezamos a interactuar con todo a nuestro alrededor de una manera mucho más consciente, porque el poder del ahora nos cautiva.

Crear vínculos con el bebé es así y es fácil pasar horas perdido en el país puro de la felicidad del bebé. Mi nieta tiene solo tres semanas y queda absorta mirando el campo que me rodea; sus ojos son conscientes y miran rápidamente todo a mi alrededor, como si viera a mis amigos invisibles; y quizás los ve. De vez en cuando fija su mirada en mí, y sus músculos de la boca se reorganizan en lo que yo elijo ver como una sonrisa.

A los tres meses lo hace más seguido, pero ahora con fianza y Gracia.

En otro nivel, sé que ya hemos pasado tiempo juntas, que hemos tenido otros cuerpos y otra historia y que ahora nos reencontramos a través de uno de los arreglos de Gracia más milagrosos que puedo recordar, solo para enamorarme instantáneamente, con un amor basado en la historia y con un nuevo comienzo.

Toda nuestra vida es un arreglo de Gracia y a cada momento tenemos la oportunidad de enamorarnos. Como ya he probado y aplicado las herramientas en nuestros manuales anteriores, mis campos de energía de alguna manera se han sido ajustado a un patrón donde la Gracia ha entregado a mi puerta la vida más increíble. Tener la libertad de tiempo y estar en una posición en que puedo amar y crear con este nuevo ser humano es un milagro. Empezarlo con un lazo de amor incondicional es incluso mejor y reconocer y apreciar la manera en que la Gracia puede organizar las cosas; permitir que lo haga e incentivarla a eso es una manera de rendir homenaje al potencial humano y al maestro SDI.

Transferir este sentimiento a la humanidad y a cada relación que tenemos es liberador. Significa aceptar la perfección de todo lo que ha sido y todo lo que es, aceptar que ha sido nuestra co-creación. Significa decidir ser más consciente de cómo creamos, qué creamos y por qué lo hacemos, y luego quizás encontrar la valentía de hacer las cosas de manera un poco diferente, para que la Gracia puede organizarse más poderosamente a través de nuestra vida. Hacemos esto en primer lugar al ser seres más despiertos y, en segundo lugar, al tratar a los demás como queremos que nos traten. Después viene el acto de la rendición, donde invitamos sinceramente a nuestro yo superior que vive en el país puro eterno a fusionarnos con el flujo de su amor y finalmente a permitir que la Gracia se reorganice en nuestra vida hasta que lo único que sintamos sea:

Aprecio y amor.

El amante y el amado.
El bendecido y el que bendice.
El observador y el creador.
El sabio y el sirviente.
El sonriente cuyo corazón es puro.
El que se respira a si mismo fuera del país puro lo suficiente para irradiar durante todo el tiempo y a todo espacio y para ser todo lo que es.

Cuando frenamos y estamos quietos y en silencio pasamos de ser buscadores de milagros a aquellos que los han encontrado, porque en la quietud y en el silencio podemos dar un paso atrás y reconocer el milagro de la vida y de la Ley del Amor en acción y finalmente ver que el amor, al igual que la vida, ya está a nuestro alrededor porque no es un estado que se pueda alcanzar sino más bien un estado de solamente estar.

LA LEY DEL AMOR

Cómo influenciar un 'arreglo de Gracia':

Paso 1: Empieza a explorar los 7 niveles de tu consciencia, o continúa explorándolos. Vive la vida con amabilidad y compasión.

Paso 2: Ríndete sinceramente a tu SDI.

Paso 3: A través de tu elección de estilo de vida, afínate para maximizar tu experiencia y tu consciencia de tu SDI hasta que no haya separación y vivas constantemente en el campo de su Gracia.

Paso 4: Comprométete armoniosamente a cumplir tu parte en la agenda actual del paraíso en la tierra.

Paso 5: Abre de manera consciente los canales de comunicación en el nivel interior hacia los campos superiores mediante la activación de tus glándulas pituitaria y pineal.

Paso 6: Aplica el Código de la Armonía.

Paso 7: Se testigo de la Gracia en su flujo, permítela y luego apréciala y disfrútala. Trata de ver lo bueno y el Dios en todo.

Paso 8: Da gratitud.

Capítulo 22 – Viaje a través del Campo del Amor

Cambia tu visión de yo a nosotros,
Florece desde la consistencia,
Vuélvete el fruto de la armonía.

Aunque muchas personas buscan libertades como las que tratamos en este manual, para mí, el regalo más grande de la Ley del Amor cuando es completamente funcional y reconocida en nuestra vida, no son estas libertades en absoluto.

El regalo más grande es la Gracia.

Supongo que para mí es fácil decir esto porque ya no tengo hambre de estas cosas, pero es más que esto. Como yo ya he experimentado estas libertades y también la alegría, el éxtasis Chamánico que viene con este flujo de Gracia continuo, ahora sé cuál aprecio más. Para mí, no hay nada tan mágico como bañarse en la zona de Gracia del país puro; y cuanto más amamos, más magnetizados estamos con su campo.

Los arreglos de Gracia nos rodean y a todos ellos los impulsa el poder del amor, pues es el acto de amar lo que atrae la Gracia a nuestra puerta.

¿Es importante si comemos, dormimos, bebemos, envejecemos o morimos?

No, no en el gran diseño de las cosas donde lo que cuenta es la profundidad del amor que emana desde nuestro corazón.

¿Es posible ser libre de las limitaciones que estas cosas traen?

Si es nuestro deseo más profundo, podemos liberarnos de cualquier cosa.

Sueños y deseos, fe y sentimientos, palabras y acciones; todo esto trae un arreglo de Gracia, un arreglo que puede ser fuerte o débil, satisfactorio o liberador o frustrante cuando parece fuera de alcance.

Sin embargo, la Gracia es la corriente de cada río destinado a llegar al mar y la Gracia viaja en el río del amor cuyo flujo alimenta nuestro destino. La Gracia es el maná en acción, mueve el fuego creativo del chi, trae poder al prana y la evidencia para que nosotros veamos, porque la forma en que mágicamente se organiza a través de nuestra vida confirma su existencia.

¿Se puede garantizar la creación de milagros?

Otra vez: depende de a qué llamemos milagro; sin embargo, para mí, los milagros son solamente arreglos de Gracia. Hemos compartido que no se puede capturar la Gracia y tampoco podemos capturar la compasión; sin embargo, un corazón lleno de compasión es uno de los transformadores del campo más poderosos.

Si nos ofreciéramos como co-creadores del paraíso o incluso como co-creadores de la paz para nuestro mundo, ¿Qué dinámica necesitaríamos seguir para hacer que se manifieste este estado de paz y paraíso?

Sabemos que la forma en que pasamos nuestro tiempo de reloj determina nuestros niveles de libertad, así como sabemos que nuestra intención determina elecciones en acción para obtener ciertos resultados. También sabemos lo suficiente sobre el poder de la sensibilidad del campo, los por qué y los cómo y los beneficios que obtenemos cuando exploramos nuestra naturaleza más sensible. Muchos de nosotros incluso tenemos razón y motivación, visión común y sabiduría y una sed de estar alineados con el campo del amor que nos da la vida. Sabemos por experiencia personal que la Gracia encuentra y rodea a aquellos puros de corazón y a aquellos cuyos campos emanan compasión.

Esto es mucho saber.

Sin embargo, saber algo y vivirlo son cosas que a veces no coinciden.

Fue interesante encontrarme viviendo en la playa rodeada por mi familia después de muchos años de visitas esporádicas. Aunque había disfrutado al involucrarme con mis hijas mientras ellas crecían como mujeres jóvenes en el mundo, con la muerte del patriarca de la familia y con la matriarca habiendo fallecido hacía tiempo, la dinámica del campo de la familia cambió. Por primera vez en mucho tiempo me había puesto de manera consciente en una situación de comunidad estable rodeada por mi familia y nuevos amigos, lo cual me ha dado la oportunidad de aplicar más poderosamente la Ley del Amor.

Es tan fácil sentir ola tras ola de amor puro emanando desde mi corazón cuando tengo en brazos a mi nieta. Su olor, calor y consciencia, su inocencia y apertura, todo añade al tirón mientras nos envolvemos en el campo del amor. No obstante, transferir este amor a través de la ola de humanidad es otra habilidad, pero no se puede forzar el amor porque, como el Tao, el amor solamente puede fluir.

Los taoístas dicen que si quieres comprender las enseñanzas del Tao, solamente tienes que comprender la cocina y el sexo. Aunque esto es simplista, naturalmente es bastante cierto porque en las prácticas sexuales taoístas aprendemos a hacer el amor con nuestras células, a trabajar con las energías de procreación y nuestra glándula sexual opuesta –la glándula pineal y su liberación de pinealina – y a mezclarlo todo con una buena dosis de amor, de virtudes del corazón.

La combinación de esta mezcla perfecta es el proceso de cocina interior para que se manifiesten los cambios alquímicos verdaderos usando todas estas energías. Sin embargo, esto empieza con el deseo de hacer el amor con nuestras células, de amarnos verdaderamente a nosotros mismos, de combinar nuestros atributos superiores y nuestras hormonas y cuando estos ingredientes se juntan en la mezcla perfecta, nuestra clave cambia –la clave de todo nuestro sistema físico y de cada célula.

Cuanto más permitimos que nuestro SDI domine nuestra resonancia interior, más libertad y magia magnetizamos en la vida. Esto así, ya que cuanto más cambia nuestra clave, más fácil es ver lo bueno y el Dios en todo, en particular cuando se fortalece el flujo del campo del Chi. Sé que cuanto más me sumerjo en el campo Chi del amor, más pierdo mi deseo de alimentarme de cualquier otra manera.

Debo admitir que admiro a personas como Zinaida, que puede moverse directamente a este sistema, surfeando una ola de fe y parece que nunca duda ni luchar contra sus deseos más básicos. No me ayudaba el hecho de haberme puesto dentro de una estructura familiar de personas que aman cocinar y comer, representando así la antítesis absoluta de todo lo que hago, creando por lo tanto un campo de energía al que tuve que acoplarme delicadamente para honrar las elecciones de estilo de vida de las demás personas. Ahora que he elegido vivir sola otra vez en mi ashram de la playa con su espacio sagrado, no hay comida en el frigorífico, lo que es un cambio bienvenido.

A veces me siento un poco como una atleta, porque una atleta tiene que involucrarse cada día en un entrenamiento físico intenso si quiere alcanzar el estado de medallas olímpicas de oro. Sus ojos están pestos en esto y por lo tanto pagan el precio del programa para alcanzar su meta.

Lo mismo ocurre para mí durante la conversión a una dieta libre de comida y líquidos. Sé cuál es la meta, he experimentado los beneficios de ella y, por lo tanto, necesito aplicar un programa de entrenamiento diario que abarque todos los niveles de mi ser para llevarme a un estado de armonía física, emocional, mental y espiritual para que yo pueda no solamente alcanzar la meta, como he hecho en el pasado, sino también mantenerla independientemente de las circunstancias a mi alrededor.

Para aquellos capaces de aislarse en un tipo de entorno más parecido a un ashram/santuario continuo sin la exposición constante a niveles más altos de contaminación física y emocional que he encontrado esta última década, el viaje quizás sea más rápido y más fácil de mantener. Pero mi camino no era hacer una conversión de esto y quedarme con ello, sino que mi camino era aprender a cambiar el sistema de un lado al otro y experimentar esto e informar sobre ellos de manera constante– todas las cosas que hemos compartido en nuestros manuales anteriores.

Ahora veo que mi cuerpo me está llevando más allá en su deseo de seguir y está anulando – a través de acciones y respuestas físicas – impulsos en mi cuerpo emocional que parecen ser cada vez más débiles, lo cual es una cosa maravillosa de presenciar. Haber sido capaz de atravesar durante la década pasada periodos prolongados sin nada de comida es un logro maravilloso, especialmente cuando he podido mantener los niveles de plena salud y vitalidad.

Imagina lo que podría suceder a los recursos de nuestro mundo si todos pudiesen existir sanamente solo con una taza sabrosa de algo al día, solamente porque lo quiere y no porque lo necesite. Incluso reducir la dieta a necesidades tan minimalistas similares a las de la dieta del lama de ingerir un tipo de comida una vez al día tendría un impacto muy grande en la forma en que funciona nuestro sistema físico, particularmente si todos hemos aprendido cómo obtener las vitaminas y los minerales que necesitamos de las fuentes de energía pránica y su campo del amor.

Imagina también el impacto a nivel global con respecto a la sustentabilidad de los recursos, la eliminación de basura y toda la economía de las industrias gastronómica, farmacéutica y médica, pues la dieta de prana va de la mano con la libertad de enfermarse y así cambiarán nuestra economía global y las estructuras sociales. Imagina la libertad de tiempo que esto traería y el esfuerzo que se pone en la producción y distribución de comida y líquido para nutrir a 6 mil millones de personas.

Todavía tenemos mucho camino por recorrer en nuestros viajes personales en esto de investigar, experimentar, aplicar las herramientas, refinar, afinar y modificar todo mientras aprendemos a escuchar al cuerpo y a nuestro SDI; y aunque sé que todavía hay mucho que necesita atención hasta que todos podamos alcanzar las libertades finales que tratamos en este manual, hay muchas cosas que ya se han logrado.

Dicen que el orgullo viene antes de la caída y yo, sin embargo, quiero reconocer y agradecer nuestros logros hasta ahora porque, aunque el viaje ha sido arduo en algunos niveles, también ha sido fructífero y gratificante. Es agradable parar un momento, sonreír y mirar hacia atrás con gratitud hacia todas las fuerzas que han apoyado lo que hemos hecho y reconocer la valentía que hemos tenido al recorrer el camino que nos ha conducido hasta este punto.

Así, a mi propio ser interior y a las miles de personas que ahora recorren este camino conmigo de manera consciente simplemente les digo Gracias. Lo que ya hemos hecho ha creado un cambio en el campo morfogenético que ha creado un espacio para otro cambio en la evolución humana, un cambio que se ha grabado en la historia. Aunque quizás todavía no es una ciencia o un evento histórico que se ha comprendido totalmente en su significado, o que ha recibido el apoyo o respeto debido de nuestros sistemas del nivel físico, sí está grabado para siempre en el tiempo y, desde este punto, solamente puede crecer a medida que más personas reconocen que la devoción por el SDI es la llave para abrazar un futuro más brillante y un ahora más brillante.

Reconozco que para algunos los tipos de libertades que tratamos en este manual pueden parecer intangibles o incluso de poco interés y también reconozco que para mí, personalmente, este aprendizaje de estar en armonía completa con mi sistema molecular, es una versión previa de las cosas fantásticas que vendrán, cosas que me tientan por su utilidad y por la libertad que traen. Más allá de todo, como he compartido muchas veces, la atracción más grande es el amor que viene cuando te has ubicado para presenciar y sentir la belleza y alegría que vienen con el flujo de la Gracia pura.

Durante un año afiné mi sistema con Lucinda y completé todo con el diagnóstico L.I.S.T.E.N. (E.S.C.U.C.H.A.), que me declaró en excelente estado de salud. Mediante el trabajo con Lucinda, mi cuerpo confirmó un peso aceptable en el que se establecerá con una existencia libre de comida y líquidos y por esto estoy agradecida. Sin embargo, llega un punto en que tenemos que dar el siguiente paso solos, habiéndonos preparado bien y entonces el viaje la libertad es nuestro para caminar rodeados solo por un campo amable que nos llama a casa.

Han pasado diez meses desde que recibí mi tarea de libertad mientras caminaba por la Plaza de Gracia en Barcelona, diez meses de estar libre de viajar, diez meses de estar concentrada en mi familia y presenciar la Gracia de la Ley del Amor. Aunque todavía no he alcanzado mi libertad del interés en el sabor de los líquidos, Sí he obtenido un aprecio puro de la Ley del Amor y de la consecuente duplicación de mis niveles de felicidad personales.

Y así vuelvo a la misma conclusión a la que llegué cuando terminé el libro *Nutrición Divina*: que realmente es el amor el que nos alimenta y nos libera. No hay un modelo para el amor y no hay un milagro con respecto a nuestra capacidad de amar.

El amor se expresa en tantas maneras a través de todas las dimensiones, primero latiendo un camino de ondas de sonido como el corazón amable y divino de la madre de la creación, latiendo a través de la tela de toda la existencia y luego reestructurándose en sus diferentes expresiones de amor incondicional, amor romántico, amor paternal, amor fraternal, amor maternal y todos los otros amores que podemos experimentar a través del viaje de la vida.

¿Se puede crear un modelo de esto?

Quizás se pueda en un mundo futuro, donde se acepte la ciencia de la luz superior cuya práctica se basa en entender la Ley del Amor y los beneficios de bañarse en el campo del amor. Pero esta no es una ciencia a la que se le haya dado el sitio que le corresponde en nuestro mundo humano y, sin embargo, es la naturaleza propia de la Ley del Amor que todo tiene que volver a la fuente de la que ha salido. Y así presenciamos un periodo no tanto de evolución humana, sino más de involución dado que el viaje hacia el interior nos lleva a un sitio donde somos libres de todas las limitaciones que hemos conocido.

Mientras termino de editar este libro, pienso que el título "La Ley del Amor" puede ser engañoso pero el subtítulo es la clave. Se han escrito incontables libros sobre el amor y, aunque muchos contienen perspicacias maravillosas, pocos tratan sobre el regalo más grande del campo del amor, su frecuencia fabulosa de libertad. He sido bendecida al conocer mucho amor en mi vida y así mi viaje podía moverse rápidamente a través del campo del amor hacia los niveles más profundos de sus libertades, particularmente de las limitaciones humanas auto-impuestas.

Una consecuencia natural de haber nacido en un campo de amor y de haber sido criada por mi familia y situaciones de mi infancia es que rápidamente obtenemos una apreciación de la Ley del Amor además del interés de explorar más de las libertades del amor porque cuando uno tiene un conocimiento natural del campo del amor, es más fácil abrazar los regalos del campo, pues el campo de amor es en sí mismo un campo muy tentador.

Si mirara mis memorias de esta vida, podría constatar lo nutritivo que es ser amado puramente en los niveles maternal y paternal, disfrutar del abrazo de una madre, una madre que siempre está allí para ti, amándote y apoyándote, tener una familia que te cuida y te estimula, mientras te empuja fuera de tus zonas de confort, tal y como una madre empujaría a un polluelo de su nido para que pueda aprender a volar.

He conocido la pureza del amor adolescente, de voluntad de explorar los lazos que se forjan entre el hombre y la mujer y el florecimiento de la intimidad y la sexualidad. Me he tumbado en el campo del amor de ser madre, de dar a luz a almas que luego se convertirían en amigos increíbles y sistemas de apoyo durante las décadas venideras. Me he tumbado en el campo del amor con un amante del Tao, cuyo compromiso al Tantra igualaba el mío y todavía camino en el campo del amor con este.

Me he bañado en los campos del amor instantáneo e incondicional con la llegada de mi nieta, sintiendo un lazo que solamente una abuela puede conocer, como un secreto de las mujeres.

He conocido el amor de los Santos, de seres que residen en las bandas más puras de la consciencia, que, como yo, han surfeado los campos del amor en este estado de meditación de estar despierto o a veces hambriento, aquellos cuya compañía he encontrado a mi lado, de manera inesperada pero apreciada y disfrutada.

El campo del amor es eterno en su profundidad y rango de experiencia.

Podemos conocer el amor cuando estamos rodeados por la naturaleza y sentimos la belleza de la creación o cuando nos sentamos bajo un cielo lleno de estrellas sintiendo la enormidad del todo y vislumbrando dónde encajamos en el campo superior de la creación. En este estado sentimos el pulso de un flujo de amor eterno que primero da a luz a todo y luego atrae todo de vuelta hacia sí mismo cuando su tiempo ha acabado.

He conocido el amor de amigos que, sin importar qué tan seguido los veas, te aman incondicionalmente, te apoyan siempre y son siempre reales y ven la parte más profunda de ti, más allá de los patrones y campos que cambian que te fascinan de vez en cuando.

He conocido el amor de animales – de pájaros, ratas, perros y gatos y todas las criaturas grandes y pequeñas con las que podemos conectar a las que podemos apreciar y a las que podemos divertir o divertirnos con ellas. He conocido el amor de los delfines y las ballenas cuya capacidad intuitiva y consciencia de quiénes somos exactamente es espectacular, porque son criaturas de quienes no podemos escondernos, pero que quieren compartir y jugar.

Hay mucha alegría para conocer cuando nos sumergimos en el campo del amor y buscamos allí la alimentación al abrirnos al sentimiento del campo del amor; sin embargo, todos estos son sentimientos que no se pueden describir hasta que hayamos accedido al campo y hayamos amado.

A través de mis viajes en el nivel interior he visto la matemática de la vida y los códigos que impulsan la creación y he visto y sentido la fuerza que luego respira la vida en la ecuación. Y todo esto añade profundidad a nuestro viaje a través del campo del amor y nos llama hasta que buceamos lo suficientemente profundo para encontrar, eventualmente, su frecuencia fabulosa de libertad, pues los buscadores siempre encuentran.

Mientras camino en mi playa bañada por la luz del sol, consciente del cielo azul despejado, olas cálidas acarician mis pies mientras un océano verde jade suavemente me llama a nadar. En lugar de eso, sigo caminando y canto canciones de alabanza para esta vida y el campo del amor que ahora veo fluir constantemente a través de la vida.

Y mi SDI empieza a sonreír.

Cuanto más aprecio el campo del amor, más profunda y más anchamente sonríe mi SDI y me doy cuenta de que las sonrisas del SDI se han convertido en el mejor barómetro para saber cuándo la Ley del Amor está más presente en mi vida.

¿Y mi viaje hacia la libertad?

Me tienta con amor para disfrutar simplemente de cada momento porque la libertad, como la felicidad y la iluminación, no es un destino, sino un estado de Gracia.

Métodos de calibración y prueba personal para alcanzar la agenda de la libertad de manera segura

Epílogo de Jasmuheen – enero 2005

En el 2002, se publicó un libro llamado *Poder vs. Fuerza* que se leyó con gran interés. En él, David Hawkins, autor del libro, psiquiatra y maestro espiritual, comparte los resultados de su investigación sobre un método simple para calibrar los niveles de consciencia humana y los diferentes caminos espirituales que muchos de nosotros emprenden, y mucho más. Recomiendo mucho este libro, que es un estudio profundo de veinte años poniendo en práctica la ciencia aplicada de la kinesiología del comportamiento.

Emocionada por las posibilidades que ofrecía su sistema de calibración como una manera de revisar nuestros modelos de libertad, empecé a aplicarlo durante mi gira en octubre/noviembre 2004. Me di cuenta rápidamente de que podemos usar este sistema como base para movernos hacia niveles que David Hawkins quizás no haya explorado y, durante esta gira, aproveché a probar mis resultados y confirmarlos con cientos de sujetos especiales de prueba de cuatro países diferentes – Francia, Italia, Alemania y Suiza.

Para comprender lo que voy a compartir en este epílogo, es importante para que leas y comprendas lo que David Hawkins dice en su libro *Poder vs. Fuerza*, aunque voy a hacer una breve sinopsis aquí para que sea más fácil comprender su relevancia con respecto a nuestros propios resultados.

Hawkins ve el potencial de la kinesiología como "el 'agujero de gusano' entre dos universos – el físico, y el mental y espiritual– una interfaz entre dimensiones ... una herramienta para recuperar esa conexión perdida con la realidad superior y mostrarla para que todos la puedan ver".

El Dr. George Goodheart fundó la Kinesiología Conductual y el Dr. John Diamond extendió su aplicación; la Kinesiología Conductual es una ciencia bien establecida que examina el cuerpo a través de los músculos, donde un estímulo positivo provoca una respuesta fuerte del músculo mientras que un estímulo negativo provoca una respuesta débil.

Usando el sistema del Diamond, Hawkins desarrolló "una escala calibrada de consciencia en la que los números enteros del 1 al 1.000 determinan el grado de poder de todos los niveles de consciencia humana posibles". En este modelo, el 200 representa emociones de estímulos positivos en la que la respuesta del músculo se mantiene fuerte; números menores al 200 representan la respuesta del músculo debilitada porque emociones como la rabia, el miedo, la culpa o la vergüenza empiezan a influir en el cuerpo.

El 200 es la energía de la verdad y la integridad; el 310 es la calibración para la esperanza y el optimismo, el 400 es la energía de la razón y la sabiduría, el 500 es la energía del amor, el 540 es la alegría, el 600 es la paz y la felicidad perfectas y del 700 al 1000 representan niveles de iluminación superiores.

Hawkins dice: "la mente humana individual es como un terminal de ordenador conectado a una base de datos gigante. La base de datos es la consciencia humana en sí, de la que nuestra propia consciencia es simplemente una expresión individual, pero con sus raíces en la consciencia común de toda la humanidad. Esta base de datos es el reino del genio; porque el ser humano está para participar de esa base de datos, todo el mundo, en virtud de su nacimiento, tiene acceso a ser un genio. La ilimitada información contenida en la base de datos se ha demostrado ahora que está fácilmente disponible para cualquier persona en unos pocos segundos, en cualquier momento y en cualquier lugar. Este es de hecho un descubrimiento sorprendente, que tiene el poder de cambiar la vida, tanto individual como colectivamente, hasta un grado nunca antes previsto".

"La base de datos trasciende el tiempo, el espacio y todas las limitaciones de la consciencia individual. Esto la distingue como una herramienta única para la investigación futura, y abre todavía insospechadas áreas para una posible investigación". Por supuesto, está hablando sobre acceder el campo universal de la inteligencia, que está dentro de todos nosotros y a nuestro alrededor.

Aplicar el principio de kinesiología y los resultados de las pruebas con respecto a la agenda de libertad:

Cuando empiezo a descargar un libro desde la mente universal, siempre recibo la información necesaria dado, particularmente cuando la investigación es beneficiosa para mis resultados. En consecuencia, sentí gran alegría cuando leí el trabajo de David Hawkins, porque entendí que finalmente pude dar una prueba de seguridad para el modelo de libertad, particularmente para alguien que obtiene un sí en las preguntas hechas en la meditación 4 del capítulo 16.

Por ejemplo, entre los cientos de personas que hemos analizado en los países mencionados:

- el 80% dijo que sí es parte de su matriz crear una vida libre de las enfermedades.
- el 70% dijo que sí es parte de su matriz aprender a ser libre de nutrirse a través de comida y a alimentarse del flujo de alimentación divino dentro de ellos.
- el 18% dijo que sí busca crear una realidad de ser libres de la necesidad de líquidos en esta vida, permitiendo que esta fuente de nutrición divino del prana dentro de ellos hidrate su cuerpo perfectamente, sin la necesidad de líquidos externos.
- el 40% dijo que demostrar la inmortalidad física sí era parte de su matriz de servicio preestablecida;
- el 15 % dijo que sí a preestableció aprender y demostrar el arte de la desmaterialización y rematerialización; y
- el 70% dijo que sí a desarrollar la capacidad de frenar el proceso de envejecimiento.

Como puedes ver en estas cifras, el tipo de personas que se sienten atraídas por la agenda de libertad y por los talleres que doy es un grupo muy particular con una calibración muy específica. Por lo tanto, tener un modelo que pueda determinar nuestro nivel de calibración antes de que entremos en la liberación de estos tipos de limitaciones añade una capa muy beneficiosa.

Lo que me gustaría ofrecer, por lo tanto, es el uso del trabajo de David Hawkins como una capa en un sistema de prueba de tres capas, algunas de las cuales ya hemos tratado en el capítulo sobre los sistemas de apoyo sagrados.

UN SISTEMA DE CONFIRMACIÓN EN TRES NIVELES

Este sistema de prueba de tres capas se compone de lo siguiente:

1) El SDI – Ser Divino Interior– nuestra voz interior. Esta siempre tiene que ser nuestro primer método de prueba, pues es la única fuente confiable de confirmación, que es completamente incorruptible. Esto nos exige establecer una línea de comunicación clara entre nosotros y nuestra naturaleza divina – ya sea que la llamemos nuestro SDI, Monad, Atman o de cualquier otra forma. Este nivel de comunicación viene a través de nuestro sexto y séptimo sentido de intuición y sabiduría y tiene que ser, en mi opinión, nuestro primer barómetro de guía en todo lo que hacemos en la vida, particularmente en acceder a nuestros pre-acuerdos y en manifestarlos. Nuestro SDI es lo único que toda la humanidad tiene en común, es puro, nos da la vida, nos hace respirar, nos ama y nos guía para evolucionar hacia nuestra perfección. Aprender a escucharlo y a confiar en su guía es una parte básica de nuestro auto-dominio y auto-conocimiento.

2) El segundo nivel de prueba es el uso del arte de la kinesiología para obtener la confirmación de la información usando las respuestas de los músculos en el cuerpo. La kinesiología, como saben muchas de las personas capacitadas en este campo, tiene sus limitaciones pues depende de la forma en que se use y la fuerza con que reaccionen los músculos de las personas. También depende de la pureza de calibración de la persona siendo examinada, la persona que realiza la prueba y las preguntas que se hacen. Leer el libro de David sobre este tema proporcionará un entendimiento más profundo. También recomiendo que, cuando usemos la kinesiología, le pidamos al Ser Divino Interior que confirme los datos usando el sistema de prueba muscular a través del cuerpo, en lugar de preguntarle a la consciencia del cuerpo.

3) El tercer nivel de prueba, un sistema de apoyo maravilloso para nosotros cuando viajamos a través de la agenda de la libertad, consiste en pedir una confirmación clara del campo universal de inteligencia que está a nuestro alrededor. Esto nos lleva nuevamente al cuento sobre las personas que, buscando respuestas, entran en una librería y ven que un libro cae desde el estante más alto, les golpea la cabeza, luego gira sobre sí mismo y cae a sus pies, abierto, en la dirección correcta; cuando recogen el libro, encuentran allí la respuesta a su pregunta. Esta es una forma en que el campo universal de inteligencia responde a nuestros patrones de pensamiento telepáticos cuando tenemos un fuerte deseo de más conocimientos, particularmente cuando el conocimiento que buscamos nos apoya en nuestro camino de evolución de una manera positiva y resulta también beneficioso para el mundo.

Estos tres niveles de prueba, 1) acceder a la voz divina dentro y escucharla, 2) confirmar su guía o tu pregunta a través de la comprobación muscular con la kinesiología y c) pedir más confirmación por parte del campo universal, son tres maneras maravillosas para proporcionar un sistema de guía muy claro y un mecanismo de seguridad para los seres humanos que están listos y dispuestos, a mostrar la 'libertad de la limitación humana' hasta los niveles que hemos mencionado en este libro y que son capaces de hacerlo y han sido pre-programados para ello.

Cuando las personas atraviesan el programa de prueba del capítulo 16 para determinar sus pre-acuerdos, si obtienen un sí claro como respuesta, descubrirán que el universo les dará todo el apoyo que necesitan para realizarlos. Hay muchas maneras diferentes de movernos hacia esta agenda, y establecer la intención de que llenemos nuestras agendas pre-establecidas con alegría, tranquilidad y Gracia, permite al campo universal a proporcionar toda la información y las herramientas que necesitemos para hacer esto. Además, a medida que pasa el tiempo y cambia la calibración del campo de masa morfonogénico, entonces la manera de alcanzar y demostrar estas libertades será más fácil.

Ha habido muchas personas que obtuvieron un 'no' como respuesta durante la meditación, a pesar de que su propio sentimiento interior era que les gustaría abrazar estas libertades. Obtener un 'no' del mecanismo de prueba significa simplemente que no es parte de tu matriz 'pre-establecida'; sin embargo, como un ser con libre albedrío, puedes elegir exhibir estas libertades como una parte secundaria junto con tu agenda de servicio principal.

También pedimos a algunas personas que probaran lo siguiente usando el sistema de David Hawkins de *Poder vs. Fuerza*, y creo que podría interesarte mirarlas en ti con más detalle:

a) La prueba de tu calibración de nacimiento.
b) La prueba de tu calibración actual.
c) La prueba de la calibración en tu campo del hogar – que te permitirá cuánto apoyo recibes de tu campo del entorno del hogar para entrar en estas agendas.
d) La prueba de la calibración en tu campo del trabajo.
e) La prueba de tu edad biológica actual
f) La prueba de la edad biológica que tu cuerpo quiere apoyarte a mostrar.

De estas pruebas hemos obtenido algunas cosas interesantes. En primer lugar, es imperativo que, si alguien obtiene un 'sí' como respuesta para una agenda libre de líquidos, solamente podemos recomendar que dejen los líquidos cuando la calibración del bio-sistema pueda apoyar esto de manera saludable y segura.

Al comprobar primero si está en tu matriz y luego, después de una preparación intensiva usando los métodos explicados en los libros *Nutrición Divina* y *La Ley del Amor*, el momento en que el bio-sistema está listo y es capaz de sostener esto, si es que es así, entonces tenemos un sistema seguro para aconsejarnos. Intentar hacerlo sin el apoyo de la calibración correcta es pedir problemas físicos potenciales.

Otros puntos a tener en cuenta con respecto a la prueba de los niveles de calibración:
Limitaciones de la calibración: aunque David Hawkins decía en su libro que la mayoría de las personas en sociedad rara vez se mueven más de 5 puntos de calibración durante su vida, esto no es verdad para el estudiante espiritual que vive un estilo de vida que le permite descargar e irradiar más de su esencia divina o de su poder del SDI; porque esta esencia es capaz de crear cambios instantáneos, siempre que nuestro bio-sistema puede manejarlos.

Otra anomalía con el sistema de David Hawkins es un proceso al que yo llamo tejido.

El tejido de los campos: Esto se relaciona con un descubrimiento que hice cuando quería comprobar la calibración de mi hija menor. Lo primero que hice fue comprobar con su propia fuerza divina si que yo recibiera esta información, a lo que rápidamente recibí una respuesta afirmativa. Sin embargo, cuando comprobaba su calibración usando la prueba muscular en mi cuerpo, continuamente recibía algunas lecturas muy raras que intuitivamente me llevaban a pensar que no podían ser correctas. Al cambiar al cuerpo de Erik, que estaba probando conmigo, entendimos que, como yo tenía un apego emocional hacia ella, las lecturas a veces podían ser incorrectas; además, entendimos que como había tejido conscientemente mi energía a través de sus campos de energía para apoyarla estos últimos años, su calibración cambiaba según la forma en que yo calibraba, y así teníamos que mirar la cuestión de una manera diferente. Usando el cuerpo de Erik para la comprobación, obtuvimos una lectura más verdadera, que luego confirmamos usando metodologías adicionales.

Curiosamente, su calibración era todavía bastante alta, incluso a pesar de que en este momento ella no medita ni hace yoga ni las practicas que recomiendo en el libro *Nutrición Divina*; sin embargo, lo que este ser particular tiene es un corazón increíblemente abierto, amable, cariñoso y compasivo. Ella es una persona que tiene una enorme red de amigos y siempre está allí para los demás. Esto, en sí mismo, llevará a un ser humano a niveles de calibración maravillosos y a veces puede compensar un estilo de vida, que quizás no apoya el bio-sistema físico tanto como podría.

El proceso del tejido es muy interesante también porque puede permitir el acceso consciente a otros seres de gran luz y gran amor. Por ejemplo, cuando nos conectamos fuertemente a través de las puertas del amor y la devoción con la Madre María o con cualquiera de los otros Santos, se abre un camino energético a través de nuestra voluntad y nuestra intención para conectarnos con su campo de energía, lo que luego podemos tejer nuevamente hacia nuestro campo, porque somos todo uno y conectados.

El reconocimiento de este tipo de conexiones y posibilidades permite que comience el tejido y es también una manera de afinar nuestra calibración y de fortalecerla rápidamente. Para las personas que juegan con estas realidades y que no viven el estilo de vida metafísica que recomendamos en nuestros manuales anteriores, se vuelve cierto lo que dice David Hawkins con respecto a que la mayoría de las personas se mueven solamente 5 puntos de calibración durante su vida.

Requisitos de calibración personal para la Agenda de Libertad de la Ley del Amor:
Cuando se probó por primera vez a través de dos sujetos de prueba y mediante el uso de la kinesiología y del sistema de David Hawkins, y cuando se confirmó esto a través de dos fuentes adicionales usando el péndulo y la confirmación del nivel interior del Ser Divino Interior, usando así una prueba ciega triple con herramientas metafísicas – originalmente, encontramos lo siguiente con respecto a los modelos de la libertad. Aproximadamente 500 sujetos de prueba confirmaron estas calibraciones y hemos observado lo siguiente:
- A fin de establecer una existencia libre de las enfermedades físicas, emocionales, mentales y espirituales, un bio-sistema humano necesita una calibración personal de 635.
- Para la creación de un sistema libre de envejecimiento en el que el proceso de envejecimiento se frena literalmente, un bio-sistema humano necesita una calibración mínima de 637; esto es interesante porque está muy cerca de la calibración para una existencia libre de enfermedades.

- Para existir de manera segura solamente con un flujo pránico de alimentación y no tener la necesidad de ingerir comida física, un bio-sistema humano necesita una calibración de 668.
- Para existir de manera segura libre de líquidos, un bio-sistema humano necesita una calibración de 777.
- La calibración para la inmortalidad física de un bio-sistema humano es 909.
- Y la calibración para una desmaterialización y re-materialización exitosa es 1367.
- Luego pregunté por la calibración de los milagros clásicos; para experimentar realmente el flujo de Gracia de una manera tan poderosa que la mayoría de las personas lo consideren un milagro, el campo a su alrededor necesita una calibración de aproximadamente 1450.

Las últimas dos calibraciones están por encima de la escala de Hawkins 0-1000. Ellas son posibles gracias al tejido de los campos y a entrar en la consciencia de la Unidad pura.

Reconozco en los resultados que hemos obtenido que cuando cambia el campo morfonogénico general de la masa de humanidad, entonces el centésimo sistema de mono entra en acción para cambiar estos niveles de calibración. Según Hawkins, mientras el 78% de las personas calibran a menos de 200, la consciencia de las masas en conjunto registra una calibración de 207 debido al proceso de incorporación, en el que el 22% de las personas de calibración superior dominan el campo lo suficiente para llevarlo a un nivel de verdad e integridad en masa.

Otra cosa que le preguntamos a los bio-sistemas de los grupos fue que preguntaran a la consciencia del cuerpo del peso, en kilogramos, en el que sus cuerpos se estabilizarán una vez que entren en una existencia primero libre de comida y luego libre de líquidos. Sentía que preguntarle esto a la consciencia del cuerpo era otra manera maravillosa de confirmar nuestra preparación. Por ejemplo, cuando hace unos años verifiqué en qué peso se estabilizaría mi cuerpo en una existencia libre de líquidos, vi que era 45 kg. Rechacé esto intelectual y emocionalmente porque sentía que no era bueno para mí tener un aspecto tan esquelético y, quizás, no podría mantener la salud que buscaba y así postergué mi decisión de entrar en una existencia libre de líquidos. Cuando hice esa misma pregunta este año, la respuesta fue que mi cuerpo ahora podría sostener una existencia libre de líquidos con 51 kg. porque mi calibración había cambiado durante los últimos años. Esto es mucho más aceptable para mí, lo que hace el cambio hacia este nivel de libertad mucho más atractivo.

Así, si obtienes una confirmación de tu cuerpo de un peso que sientes es inaceptable para ti, el consejo es que esperes e incrementes tus niveles personales de calibración antes de entrar en este nivel de libertad adicional.

La manera más rápida de incrementar los niveles de calibración, como todo sabemos, es simplemente amar un montón en la vida, porque el amor es uno de los mecanismos de alimentación más poderosos que tenemos para igualar nuestros niveles de calibración con los de nuestro SDI, puesto que la esencia divina es un ser de amor puro e ilimitado.

Como hemos mencionado en capítulos anteriores, establecer la calibración del campo del hogar y refinarla es algo que se puede hacer fácilmente a través del arte del Feng Shui, y también a través de la forma en que se maneja la vida dentro del campo del hogar. Es importante tener una calibración del campo del hogar de un mínimo de 200; esto es, como ha compartido David Hawkins, los primeros niveles de trabajo con la verdad y la integridad. Cuanto más alta sea la calibración del campo del hogar obviamente será mayor el apoyo que recibas de tu entorno para que entres en estos niveles de la agenda de libertad y los mantengas.

Cuando se publicó el libro de Hawkins por primera vez en 1995, su investigación mostraba que solamente el 4% de la población mundial tenía una calibración mayora a 500, mientras que ahora en el 2004 esa población es del 6%; en 1995 solamente 1 persona de cada 10 millones tenía una calibración mayor a 600. Sin embargo, una persona cuya calibración sea 300 tiene radiación del poder del SDI suficiente para influenciar energéticamente a 90.000 personas; con una calibración de 700 podemos contrarrestar la energía de 700 millones de personas. Estas cifras confirman que si lo único que hacemos es refinar nuestros niveles de calibración personal para irradiar el máximo poder del SDI, esto es en sí mismo un servicio valioso, porque no solamente nos lleva naturalmente hacia la agenda de libertad, sino que también permitirá que nuestra presencia aquí influencie el mundo positivamente.

♥ Namaste – Jasmuheen

La Ley del Amor
Epílogo y Actualización junio de 2007

Es increíble darse cuenta de que cuando estamos listos para dejarlo ir todo, no perdemos nada y en su lugar, ganamos mucho más. Tiendo a olvidarme cuánto revelo de mi misma al plasmar mi investigación porque a veces pasan muchos años desde que se escribe un libro hasta que se publica. Aquellos que han leído todos los libros desde *En Resonancia* hasta *Nutrición Pránica (Vivir de Luz)* ahora, a través de *La Ley del Amor,* están íntimamente conectados con mi viaje personal mediante el Programa del Prana.

Muchas veces, cuando estoy de gira, como ahora que estoy en Rusia, la gente para y me pregunta sobre varias novedades de mi vida personal y yo, inocentemente, pienso "¿Cómo sabe eso este extraño?" Aunque ellos son extraños para mí, yo para ellos no lo soy, gracias a mis escritos. Naturalmente, muchas de las grandes iluminaciones que recibimos en el día a día se revelan cuando escribimos.

Algunas personas revelan muy poco sobre sí mismas cuando escriben, ya sea que escriban ficción o no ficción, mientras que otras, como lo he hecho yo, se exponen abiertamente. Personalmente, he descubierto que las enseñanzas que se basan en experiencias personales tienden a tener un impacto mayor que aquellas que el autor no ha vivido personalmente y no ha comprendido en profundidad. Como todos sabemos, hay una gran diferencia entre algo que hemos vivido y se ha anclado en nuestras células como una verdad y algo que es simplemente una idea que nos gusta y que conocemos solo como parte de un buen modelo intelectual.

Tuve que esperar hasta fines del 2006 para alcanzar las libertades que establezco como meta al principio de este libro; para comprender realmente el camino del verdadero respirador y saber, mediante experiencias personales poderosas, que mi cuerpo puede nutrirse e hidratarse de una fuente interna inter-dimensional. Habiendo alcanzado este conocimiento pragmático experimental, me encuentro ahora ante una encrucijada y ya no tengo impulso para seguir pues lo que recibí con esta revelación final fue una experiencia inimaginable; una experiencia que deja a un buscador sin nada más que buscar.

Como trato este tema en detalle en mi libro *La Bendición de Brasil y la Segunda Vuelta (The Bliss of Brazil & The Second Coming)*, no voy a expandirme aquí. Basta decir que cuando realmente buscamos experimentar la Ley del Amor y viajar con alegría a través de sus campos multidimensionales, descubrimos na fuente de tal poder y nutrición que el buscador ya no puede ser buscador y el creador de milagros se sienta para mirar y disfrutar de los milagros que abundan a nuestro alrededor.

Mi esposo y yo estamos bien establecidos en nuestros ashrams separados y disfrutamos enormemente cada momento que compartimos. Esta es una elección de estilo de vida que nos ha traído los beneficios de pasar tiempo en quietud y silencio y de tener momentos más emotivos cuando estamos juntos y compartimos. Esta puede no ser una elección adecuada para otras parejas casadas cuyas agendas so distintas a las nuestras, pero para nosotros es una elección correcta. Es maravilloso tener gente en nuestra vida que conozcan la fuente del amor puro y puedan también amar incondicionalmente; este es uno de los regalos más grandes que he recibido.

Ser lo suficientemente libres con nuestros seres amados para poder mantenernos verdaderos con la voz de la canción de nuestro propio corazón mientras damos y recibimos amor incondicional es una bendición enorme, en especial en un matrimonio. Sin embargo, cuando ambas partes se comprometen con el Matrimonio Divino, donde se dan cuenta de que al fusionar sus seres más altos y más bajos encuentran todo lo que buscan y luego comparten con el otro como seres completos, todo se vuelvo mucho más fácil.

Y aún hay más.

Cuanto más profundo nos sumergimos en el campo de la red infinita de amor que late a través de nosotros, más sutil y más profundo se vuelve todo. En esta red he encontrado los niveles más profundos de una paz y una alegría que parecen ser permanentes; en esta red he encontrado ese sentimiento como el champagne que burbujea en una capa que yo llamo el campo de la alegría pura del amor.

Y todavía hay más.

Nuestro sistema físico solo maneja lo que puede con respecto al voltaje de esta Matriz Divina que fluye a través de nosotros encendiendo nuestros chacras, la luz del cuerpo y el sistema meridiano; aun así, siempre podemos ajustarnos para que pueda manejar más. A veces paramos un ratos, dejamos de buscar y nos sentimos llenos como si nuestras células dijeran "es imposible, no puede haber más, estoy llena, de hecho, estoy inundada de amor, luz y diversión y ahora estoy contenta y llena de paz – esto es la perfección…" y entonces, tal vez, descansamos un rato solo para disfrutar de este sentimiento; y al descansar de alguna forma nos acostumbramos a este nivel de flujo y nos expandimos en este viaje a través del campo del amor y descubrimos que sí, hay más.

A veces, en el trabajo, me siento como el yogui que atraviesa la vida en ese estado de bendición extática, tan encerrado en el Samadhi que no hay nada que decir, nada que explicar, nada que hacer. A veces, una parte de mi quiere simplemente tocar una multitud con un pequeño dedo y hacerles sentir esta paz, esta alegría, para que sepan que su viaje vale la pena, que hay un caldero del oro más puro al final del arcoíris, aunque a veces parezca que no es así.

A veces, cuando comenzamos nuestro viaje de auto-exploración, auto-dominio, parece que nos enfrentamos a desafío tras desafío mientras tratamos de comprender la imagen completa detrás de la vida y nuestro papel en ella. Sí, los lagos de paz, los campos de diversión y los regalos más reales del amor llegan al corazón hambriento como explosiones inesperadas del pasado que nos agarran desprevenidos. Aunque la forma en que pasamos el tiempo puede ubicarnos en la vecindad de estos campos o en sus capas más densas, la llave para acceder a sus aspectos más profundos está en el reino de las virtudes que obtenemos a medida que vivimos nuestra vida. Todo esto son cosas que ningún libro puede enseñar.

Las virtudes se obtienen viviendo la vida, interactuando y aprendiendo al poner manos a la obra para que en nuestras células quede impreso algo real, algo verdadero que va más allá de la comprensión del plano mental. Algunas de las personas más sabias que conozco tienen muy poco conocimiento metafísico y tampoco leen mucho. Sin embargo, su corazón es puro y real, por lo que parece que atraen a sus vidas un flujo constante de Gracia y magia.

Esta es la alquimia de la Ley del Amor; es que las virtudes obtenidas liberan una frecuencia a través de nosotros que nos alineará magnéticamente en los niveles más profundos del campo puro del amor; y es aquí donde un sistema humano puede comenzar a florecer realmente y conocer la comida más real de la vida.

Vaciate de todo.
Deja que la mente descanse en paz.
Diez mil cosas suben y bajan mientras el ser observa su retorno.
Crecen y florecen y luego regresan a la fuente.
Regresando a la fuente de la quietud, que es la manera de la naturaleza.
La manera de la naturaleza es inmutable.
Sabiendo constancia, la mente está abierta.
Con una mente abierta, tendrás un corazón abierto.
Con un corazón abierto, actuarás espléndidamente.
Actuando espléndidamente, alcanzarás lo divino.
Siendo divino, serás uno con el Tao.
Siendo uno con el Tao serás eterno.
Y aunque el cuerpo muera, el Tao nunca desaparecerá.
Del Tao Te Ching

Y cuando comprendemos la Ley del Amor, nada muere jamás.

Información adicional

Información sobre dónde encontrar las meditaciones mencionadas en el capítulo Mecánica de Matriz Interdimensional:

1. La meditación de Respiración del Amor – Anclaje de cables cósmicos al canal del Amor Divino, la Sabiduría Divina y el Poder Divino usando ritmos de respiración específicos. Aprender a alterar nuestros campos de energía externo e interno usando la Respiración del Amor Divino. Esto funciona de manera similar al sistema curativo de 11 hilos. Capítulo 6. *Nutrición Divina*.

2. Electricidad divina de la Meditación del Amor –Herramienta del Amor al Cuerpo, inundación de luz violeta y descargas de datos, activación de las glándulas pituitaria y pineal. Capítulo 6 *Nutrición Divina*.

3. Creación del Bio-escudo: Libros que contienen información sobre esto: *Cuatro Cuerpos Sanos: Bio-campos y Bendición* además de una versión extendida en capítulo 11 de *Nutrición Divina*. La meditación guiada por audio también se puede descargar como un archivo MP3 desde: http://www.jasmuheen.com/books-mp3s/

Se la puede encontrar como Meditación 1 en la sección en portugués y, como es en inglés con traducción al portugués, es apta para todos. También hay una versión en alemán.

4. Cuadrícula Digestiva – Libro que contiene información sobre esto: Capítulo 11 de *Nutrición Divina*. No hay meditación guiada por audio en este momento.

5. La Plantilla Auto-Sostenible – Libros que contienen información sobre esto: *Cuatro Cuerpos Sanos: Bio-campos y Bendición* además de una versión extendida en capítulo 11 de *Nutrición Divina*. No hay una meditación guiada por audio en este momento.

6. Sistema Curativo de 11 Hilos – La meditación guiada por audio también se puede descargar como un archivo MP3 desde: http://www.jasmuheen.com/books-mp3s/. Es el archivo número 11. Meditación Auto-Curativa y es una meditación que utiliza la visualización creativa y la luz para activar el cuerpo de la luz y re-afinar y revitalizar el sistema óseo, el sistema nervioso, el flujo de sangre, los órganos e incrementar el flujo de energía a través de los meridianos. Lo mismo ocurre con las meditaciones 1 y 2 mencionadas arriba.

7. Los registros de Akasha – Puede encontrarse información sobre los registros de Akasha en el manual *En Resonancia*.

La meditación guiada por audio de esto se puede descargar como un archivo MP3 desde: http://www.jasmuheen.com/books-mp3s/ Meditación de los Registros de Akasha – Activar la Pirámide Interior y Acceder a los Registros de Akasha: Activar los chacras de la coronilla y del tercer ojo, el bulbo raquídeo, las glándulas pituitaria y pineal para formar la pirámide interior para tener una telepatía activa y comunicaciones superiores. Luego, usar las cuadrículas de energía para enlazarse con los Registros de Akasha para obtener información para nuestro propósito de vida y matriz.

Otras herramientas mencionadas en el libro: **Nutrición Divina**
NIVEL 2 y 3 Herramientas de Desarrollo de la Alimentación y la Sensibilidad

Capítulo 6
Técnica N° 1: Respiración del amor
Técnica N° 2: Respiración Védica Sagrada
Técnica N° 3: Sonrisa Interior
Técnica N° 4: Amor al Cuerpo
Técnica N° 5: Receta de Estilo de Vida
Técnica N° 6: Herramienta de Minimización
Técnica N° 7: Herramienta de Conversión
Técnica N° 8: Acceso a Comida Solar

Lectura Beneficiosa

Lectura recomendada para comprender más sobre la Ley del Amor:
En Resonancia, Radiación Divina: De Gira con los Maestros de la Magia (In Resonance, Divine Radiance: On the Road with the Masters of Magic), La serie de Nutrición Divina de Vivir de Luz, *Embajadores de la Luz y Nutrición Divina*; Trilogía Bio-campos y Bendición de Cuatro Cuerpos en Forma, Co-crear el Paraíso y el Programa de Paz Mundial la Frecuencia Madonna (*Co-Creating Paradise & the Madonna Frequency Planetary Peace Program*); *Flujos de Consciencia (Streams of Consciousness).*

Los libros electrónicos mencionados arriba se pueden comprar y descargar en:
http://www.jasmuheen.com/books-mp3s/

Enlaces a la serie Nutrición Divina:
http://www.jasmuheen.com/products-page/living-on-light/

Enlaces a la serie Bio-campos y Bendición:
http://www.jasmuheen.com/products-page/biofield-technology/

Bibliografía

1. Mantak Chia, *Cosmic Smile* y otros manuales relevantes
2. Deepak Chopra M.D, *Synchrodestiny: Harnessing the infinite power of coincidence to create miracles*, Rider & Co, July 2005, ISBN: 1844132196 y cualquiera de sus libros
3. David R. Hawkins M.D, PhD, *Power vs. Force: The Hidden Determinants of Human Behavior*, Hay House, April 2002, ISBN: 1561709336
4. Doc Childre & Howard Martin, *The HeartMath Solution*, Harper San Francisco, August 2000, ISBN: 006251606X
5. Michael Newton PhD, *Journey of Souls: Case Studies of Life Between Lives*, Llewellyn Publications, September 2002, ISBN: 1567184855 & *Destiny of Souls: New Case Studies of Life Between Lives*, Llewellyn Publications; 2nd edition, May 2000, ISBN: 1567184995
6. John Perkins, *Shapeshifting: Techniques for Global and Personal Transformation*, Destiny Books, September 1997, ISBN: 0892816635
7. Don Miguel Ruiz, *The Mastery of Love: A Practical Guide to the Art of Relationship*, Amber-Allen Publishing, May 1999, ISBN: 1878424424
8. Eckhart Tolle, *The Power of Now: A Guide to Spiritual Enlightenment*, New World Library, September 2004, ISBN: 1577314808
9. Jasmuheen, libros relevantes como los mencionados arriba

Cualquier otro libro que seas guiado a leer para afinarte más con la Ley del Amor.

Antecedentes de Jasmuheen

♥ Autora de 24 libros;
♥ Ponente internacional,
♥ Investigadora principal sobre la alimentación pránica;
♥ Fundadora de la Academia de Auto-Empoderamiento (Self Empowerment Academy);
♥ Co-facilitadora de A.C.I. – Academia Cósmica de Internet [Cosmic Internet Academy]; editora y
♥ Editora de la revista on-line M.A.P.S. Ambassadry Newsletter – *The ELRAANIS Voice (TEV)*.

1957 – Nació en Australia hija de inmigrantes Noruegos

1959 – Empezó a enfocarse en el vegetarianismo

1964 – Empezó a estudiar el Chi

1971 – Descubrió los Idiomas de la Luz

1974 – Se inició en la Meditación Antigua Védica y en la filosofía oriental

1974 – Empezó ayunos periódicos

1974 – Descubrió habilidades telepáticas

1975 - 1992 – Crió a sus hijos, estudió metafísica y la puso en práctica, tuvo diferentes carreras

1992 – Se retiró del mundo corporativo para perseguir la vida metafísica

1992 – Conoció a los Maestros de la Alquimia

1993 – Se inició en el Prana y empezó a vivir de la luz

1994 – Empezó un proyecto de investigación de 7 años sobre Nutrición Divina y alimentación pránica

1994 – Empezó la agenda de servicio global con los Maestros Ascendidos

1994 – Recibió la primera de 5 partes de mensajes canalizados de los Maestros Ascendidos

1994 – Escribió *En Resonancia*

1994 – Fundó la Academia de Auto-Empoderamiento en Australia

1994 – Empezó dar clases de metafísica y el dominio de nuestro yo

1994 – Fundó la revista *El Arte de la Resonancia (The Art of Resonance)*, que luego cambiaría su nombra a *La Voz ELRAANIS (The ELRAANIS Voice)*.

1995 – Viajó mucho por Australia, Asia y Nueva Zelanda compartiendo la investigación sobre el dominio del yo

1995 – Escribió *Nutrición Pránica (Vivir de Luz) Nutrición Para el Nuevo Milenio [Pranic Nourishment (Living on Light)–Nutrition for the New Millennium]*

1996 – Fue invitada a presentar la investigación sobre Alimentación Pránica en el escenario global

1996 – Empezó el programa de re-educación con los medios globales

1996 – Fundó la Embajada Internacional M.A.P.S. [International M.A.P.S. Ambassadry] Establecido en 33 países

1996 – Fundó la A.C.I. – Academia Cósmica de Internet – un sitio web libre para descargar datos para el progreso positivo personal y del mundo. Dirección web: www.selfempowermentacademy.com.au

1996 - 2001 – Viajó mucho por Europa, el Reino Unido, EE.UU. y Brasil con la agenda "De Vuelta al Paraíso" ('Back to Paradise')

1996 - 2004 – Habló sobre el Poder Divino y la Nutrición Divina a más de 900 millones de personas a través de los medios globales

1997 – Comenzó a establecer proyectos científicos de investigación para *Vivir de Luz*

1997 – Empezó la trilogía Nuestro Camelot (Our Camelot), escribió *El Juego de la Alquimia Divina (The Game of Divine Alchemy)*

1997 – Fundó la Alianza de la Embajada M.A.P.S. (M.A.P.S. Ambassadry Alliance) un grupo de personas comprometidas a la armonía y paz global

1998 – Gira internacional para compartir la Agenda del Dominio Impecable

1998 – Escribió *Nuestra Descendencia – la Re-generación X (Our Progeny – the X-Re-Generation)*

1999 – Escribió *La Caja de Herramientas del Mago (Wizard's Tool Box)*, que más tarde se convirtió en la serie Bio-campos y Bendición.

1999 – Escribió *Bailando con mi SDI: Medios-manía, Dominio y Alegría (Dancing with my DOW: Media Mania, Mastery and Mirth)*

1998 – 1999 Escribió y publicó *Embajadores de la Luz – Proyecto Salud Mundial y Hambre Mundial) Ambassadors of Light – World Health World Hunger Project)*

1999 – Empezó a contactarse con gobiernos del mundo con respecto a soluciones para el hambre y la salud

1999 – Gira internacional para compartir el Plan para el Paraíso (Blueprint for Paradise)

1999 - 2001 – Empezó los Retiros de Entrenamiento para Embajadores Internacionales M.A.P.S. (M.A.P.S. Ambassadors Internacional Training Retreats)

2000 – Gira internacional "Bailando con los Divino" ('Dancing with the Divine') para facilitar la elección de un Gobierno Etérico en 28 ciudades claves y también compartió el Programa del Estilo de Vida Exquisito – P.E.E.

2000 - 2001 – Escribió *Un Crucero hacia el Paraíso (Cruising Into Paradise)*, un libro esotérico para la mesa de café

1999 - 2001 – Escribió *Radiación Divina- De Gira con los Maestros de la Magia* y

2001 – Escribió *Cuatro Cuerpos Sanos: Bio-campos y Bendición libro 1*

2000 - 2001 – Lanzó la agenda UPAUP Una Persona en Armonía con Un Planeta [OPHOP One People in Harmony on One Planet]

2001 – Escribió el libro *Co-crear el Paraíso: Bio-campos y Bendición libro 2*

2001 – Empezó la Receta 2000> como una herramienta para co-crear la salud y la felicidad mundial; paz y prosperidad para todos en la Tierra

2002 – Empezó www.jasmuheen.com con sus Programas de Alineación Perfecta, Acción Perfecta y Educación Holística [Perfect Alignment Perfect Action Holistic Education]; y su enfoque I.R.R. para Incentivar, Registrar y Resumir la co-creación del paraíso de la humanidad.

2002 – Hizo la gira mundial "Radiación Divina CUATRO CUERPOS SANOS – Unidad 2002" ['Divine Radiance CUATRO CUERPOS SANOS – Unity 2002']

2002 – Recibió, escribió y lanzó el Programa de Paz Mundial la Frecuencia Madona *The Madonna* como un libro electrónico gratuito, *Bio-campos y Bendición libro 3*.

2002 - 2003 – Escribió *Nutrición Divina*.

2003 – Gira mundial "Nutrición Divina y el Proyecto de Paz Mundial la Frecuencia Madona" ['Divine Nutrition y The Madonna Frequency Planetary Peace Project'].

2004 – Escribió *La Ley del Amor*, y luego se fue de gira con la agenda "La Ley del Amor y su Frecuencia Fabulosa de Libertad" ['The Law of Love y Its Fabulous Frequency of Freedom'].

2005 – Escribió *Sanación en Armonía y los Caminos Inmortales (Harmonious Healing and The Immortals Way)*, y luego se fue de gira con la agenda "Sanación en Armonía" ('Harmonious Healing').

2005 – Comenzó a trabajar en *La Libertad de los Caminos Inmortales (The Freedom of the Immortals Way)*, y siguió escribiendo la *Trilogía del Reino Encantado y el Programa de Prana (The Enchanted Kingdom Trilogy & The Prana Program)* para Países del Tercer Mundo.

2005 – Presentó el PROGRAMA DE PRANA (THE PRANA PROGRAM) ante la Sociedad Para la Vida Consciente (Society for Conscious Living) en el edificio de las Naciones Unidas en Viena – noviembre de 2005

2006 – Gira internacional con EL PROGRAMA DE PRANA

2007 – Gira internacional con LA SEGUNDA VUELTA (THE SECOND COMING) y BAILES DE LA SEGUNDA OPORTUNIDAD (SECOND CHANCE DANCES)

Los libros de Jasmuheen ahora están publicados en 17 idiomas.

Sigue las actividades de Jasmuheen
a través de la lista de contactos en la Academia Cósmica de Internet:
http://visitor.constantcontact.com/email.jsp?m=1011160294062
Aquellos que elijan registrarse con nuestra LISTA DE CONTACTOS A.C.I.
recibirán actualizaciones generales mensuales o trimestrales
o cuando en la Academia de Autoempoderamiento y la A.C.I.
sintamos que hay algo valioso para compartir con ustedes.

**Tu información se mantendrá en confidencialidad en nuestra A.C.I.
y no será entregada a terceros.**

Para más copias de este e-book visita:
http://www.jasmuheen.com/products-page/

Para copias de este libro como un libro de tapa blanda visita:
http://www.lulu.com/spotlight/jasmuheen

www.ingramcontent.com/pod-product-compliance
Lightning Source LLC
Chambersburg PA
CBHW080528090426
42733CB00015B/2522